汉译世界学术名著丛书

货币数量论研究

〔美〕米尔顿·弗里德曼 编

王敬敬 孙计领 译

王国成 审校

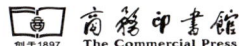

Edited By Milton Friedman
STUDIES IN THE QUANTITY THEORY OF MONEY
Licensed by The University of Chicago Press Chicago, Illinois, U.S.A.
© 1956 by The University of Chicago.
All rights reserved.
根据芝加哥大学出版社 1956 年版译出

汉译世界学术名著丛书
出 版 说 明

我馆历来重视移译世界各国学术名著。从20世纪50年代起，更致力于翻译出版马克思主义诞生以前的古典学术著作，同时适当介绍当代具有定评的各派代表作品。我们确信只有用人类创造的全部知识财富来丰富自己的头脑，才能够建成现代化的社会主义社会。这些书籍所蕴藏的思想财富和学术价值，为学人所熟悉，毋需赘述。这些译本过去以单行本印行，难见系统，汇编为丛书，才能相得益彰，蔚为大观，既便于研读查考，又利于文化积累。为此，我们从1981年着手分辑刊行，至2023年已先后分二十一辑印行名著950种。现继续编印第二十二辑，到2024年出版至1000种。今后在积累单本著作的基础上仍将陆续以名著版印行。希望海内外读书界、著译界给我们批评、建议，帮助我们把这套丛书出得更好。

商务印书馆编辑部
2023年11月

目 录

第一章 货币数量论的重述…………… 米尔顿·弗里德曼 1
第二章 恶性通货膨胀的货币动力学 ……… 菲利普·卡甘 25
第三章 1932—1944年德国的货币与价格
    ………………………………… 约翰·J.克莱因 133
第四章 1861—1865年美国南方联盟的通货膨胀
    ……………………………………… 尤金·M.勒纳 185
第五章 美国的货币流通速度………… 理查德·T.塞尔登 204

附录 A 收入流通速度的定义 …………………… 282
附录 B 比较对美国收入流通速度的估计………… 289
附录 C 对收入流通速度的新估计………………… 308
索引……………………………………………… 318

第一章　货币数量论的重述

米尔顿·弗里德曼

货币数量论听起来容易让人想起只是一个一般性的方法术语，而不是一个明确的定义。这一方法的确切内容不同于把"速率"(velocity)定义为货币数量和价格水平之间一成不变的比率，而人们又在用不止一种的方式来定义货币数量和价格水平。不管速率的准确含义是什么，很显然的一点是：自1929年经济危机和大萧条之后，货币数量论声名狼藉，最近才慢慢在专业圈重新受到推崇。

本书不仅是这种回归趋势的标志，而且是一种传统的延续。在整个二十世纪三四十年代，芝加哥作为为数不多的学术研究中心之一，在这里，货币数量论仍然是口述讲授传统的一个重要并且有活力的部分，学生们继续研究货币理论和撰写关于货币问题的论文。货币数量论所持续发挥的作用，显然不同于追随收入—支出理论者日益萎缩的僵化模仿，这一点可以从数量论学者关于政策研究的大量文献中作出判断。在芝加哥，亨利·西蒙斯(Henry Simons)和劳埃德·明茨(Lloyd Mints)直接传授和发展了一种更加精妙和相关的数量论，弗兰克·奈特(Frank Knight)和雅各布·瓦纳(Jacob Viner)也参与了其中，把数量论和一般价格理论整合在一起，使货币数量论变成了一种灵活和实用的工具，用于解释宏观经济活动的波动并提出相关的政策建议。

据我所知，尽管可以从西蒙斯和明茨的著作中看到很多关于货币数量论的表述，但对这一起源于芝加哥的理论尚无系统的陈述。但它应该是这样，因为芝加哥传统不是一个死板的体系和不变的正统观念，而是一种看待问题的方式。货币数量论是一种坚持认为货币至关重要的理论方法。如果忽视货币的变化和影响，不解释为什么人们愿意持有一定数量的名义货币量，则任何关于短期经济波动的解释都有可能出现重大错误。

本章的目的不是把芝加哥传统奉为圣典，或者说给它一个明确的定义。如果要是这样做的话，这就与芝加哥传统自相矛盾。我的目的是要写下一个独特的数量论"模型"，试图更好地承接发扬口传风格，正是这种口传风格孕育了本书其他的几篇论文。为达此目的，我不准备对每一个观点都做详细的阐述和完整的论证。

1. 首先，货币数量论是一种货币需求理论。它不是关于产出、货币收入或价格水平的理论。关于这些变量的任何表述都需要把数量论和货币供给状况或其他变量的一些说明结合起来。

2. 作为经济中衡量财富所有且最适宜的单位来说，货币是一种资产，是财富持有的一种形式。对于生产企业来说，货币是一种生产资料，是生产性服务的源泉，这些生产性服务与其他生产线服务结合起来能生产出企业所销售的商品。因此，货币需求理论是资本理论中一个特殊的话题，它尤为显著的一个特点是连接了资本市场的资本供给（本章中的第3点到第8点）和资本需求（本章中的第9点到第12点）。

第一章 货币数量论的重述

3.作为全社会中衡量财富所有且最适宜的单位来说,对货币需求的分析在形式上如同对消费服务的需求分析。像一般的消费者选择理论一样,对货币(或其他形式的资产)的需求取决于三个重要因素:(a)以各种形式持有的总财富量,即预算约束;(b)不同财富形式的价格和收益;(c)财富所有者的兴趣和偏好。和消费服务需求分析的本质区别在于:货币需求分析必须要考虑(b)和(c)的跨期替代率,以及从财富角度定义的预算约束。

4.从最宽泛和最一般的的角度而言,总财富包括所有的"收入"来源或可消费的服务。人类的生产能力便是这类来源之一,相应地也是一种财富持有的形式。从这点来看,"特指"利率表示存量(财富)和流量(收入)之间的关系,如果用 Y 表示收入的总流量,r 表示"特指"利率,那么总财富可以表示为:

$$W = \frac{Y}{r} \tag{1}$$

从广义的角度看,这里说的收入不等同于常规意义上测度的收入,后者对人们而言,是一个"总"收入流。广义的收入不需要扣除维持人类生产能力完整性的支出,此外,广义的收入将受到短期因素的影响,使得它或多或少脱离了消费水平稳定这一理论构想,因此广义的收入可以无限地得以保存。

5.财富可以以多种形式持有,在所有限制一种财富转形式化为另一种形式的约束条件下[3 中的(b)],财富所有者可以在各种财富形式之间进行分配[3 中的(a)],使得效用最大化[3 中的(c)]。通常,这意味着财富所有者将会寻求这样的一种财富分配方式,一种财富形式替代另一种财富形式的比率正好与他意愿的交换比率相等。但是在当前情况下，因为必须要同时考虑到存量和流量，这个一般性命题有一些特殊点。我们可以假设所有的财富（以人类生产能力形式存在的财富除外）都能按照当时的货币单位和所考虑的价格水平来表示。一种财富形式替换另一种形式的比率可以简化为 1 美元替换 1 美元，不管财富的具体形式是什么。但是这种表述是不完整的，因为持有一种财富形式而不持有另一种形式涉及收入流构成的差异，这种差异本质上是对一种财富组合的效用起着决定作用。因此，为了全面描述个人可得财富形式的各种组合，我们不仅要考虑市场价格，而且要考虑收入流的形式和大小，除非人力财富可以简单地以美元单位进行标示。

以下财富持有的五种不同形式足以引出上述考虑所提出的重大问题：(i)货币(M)，指在偿还债务中以固定票面价值被接受的债权或商品单位；(ii)债券(B)，指以固定名义单位可以定期获得收入流的债权凭证；(iii)股票(E)，指可以按规定比例得到公司收入的索取权；(iv)物质财富(G)；(v)人力资本(H)。下面分析每一种财富的收益。

(i)货币可以产生货币形式的回报，比如，活期存款的利率。货币具有方便、安全等特点，假设货币仅以同样的货币形式产生收益，那么问题将简化很多，并且不会造成一般性损失。每单位名义货币所获得的实际收益大小显然取决于每单位货币所对应的商品数量，或取决于一般价格水平，我们可以用 P 表示。因为我们决定用 1 美元作为每种财富形式的衡量单位，同样适用于其他财富形式，所以 P 是影响每种财富实际收益的变量。

(ii)如果我们把"标准"债券("standard" bond)看作一个名义

金额不变的永久收入流,那么债券持有者的收益可分为两种形式:一是每年所得到的总额——"息票"(coupon);另一个是由于债券价格变化所获得的收益,这部分收益可正可负。如果预期价格不变,然后价值 1 美元的债券每年收益 r_b,它表示"息票"总额与债券价格之比,那么,$1/r_b$ 就表示每年支付 1 美元的债券价格。我们把 r_b 称为市场债券利率。如果预期价格发生变化,收益不能如此简单计算,因为必须要考虑债券预期升值或贬值所带来的收益,并且债券的收益也不能像 r_b 那样,直接由市场价格计算(至少"标准"债券是唯一这样进行交易的债券)。

在 t_0 时期用 1 美元所购买的名义收入流包括:

$$r_b(0) + r_b(0)\frac{d[1/r_b(t)]}{dt} = r_b(0) - \frac{r_b(0)}{r_b^2(t)} \cdot \frac{dr_b(t)}{dt} \quad (2)$$

其中,t 表示时间。简单起见,在 t_0 时期,该函数可以近似简化为以下形式:

$$r_b - \frac{1}{r_b}\frac{dr_b}{dt} \quad (3)$$

这个总和与上文介绍的价格 P,共同定义了以债券形式持有 1 美元财富所带来的实际收益。

(iii)与对债券的处理方法类似,我们将股票的"标准"单位看作一个实际金额不变的永久收入流,将其视为一种具有购买力自动调整条款的标准债券,从而保证了一个名义单位的永久收入流等同于一个常数乘以一个价格指数。为方便起见,我们可以把这个价格指数视为(i)中所介绍的价格水平 P[①]。

[①] 这是一种过度简化,因为它忽略了杠杆作用,假设企业所有的货币负债等于货币资产。

股票持有者的名义收益可以分为三种形式：在 P 不发生任何变化的条件下，每年所得到的不变名义金额；为适应 P 变化，不变名义金额的盈亏金额；由于利率或价格水平变化而导致的股票名义价格变化。类似于 r_b 的定义，令 r_e 表示股票的市场利率，等于所有时期的"息票"总额（上面公式的前两个）与股票价格之比，所以如果价格水平不变，$1/r_e$ 表示保证每年都支付 1 美元的股票价格；如果根据 $P(t)$ 价格发生变化，$1/r_e$ 表示将保证每年都支付 $\dfrac{P(t)}{P(0)} \cdot 1$ 的股票价格。

如果 $r_e(t)$ 被类似定义的话，那么在 t_0 时期售价为 $1/r_e(0)$ 的股票在 t 时期将售价为：

$$\frac{P(t)}{P(0)r_e(t)}$$

在这里，价格之比需要根据价格的变化进行调整。在 t_0 时期购买 1 美元的名义收入流将包括：

$$r_e(0) \cdot \frac{P(t)}{P(0)} + \frac{r_e(0)}{P(0)} \cdot \frac{d[P(t)/r_e(t)]}{dt} = r_e(0) \cdot \frac{P(t)}{P(0)} +$$

$$\frac{r_e(0)}{r_e(t)} \cdot \frac{1}{P(0)} \cdot \frac{dP(t)}{dt} - \frac{P(t)}{P(0)} \cdot \frac{r_e(0)}{r_e^2(t)} \cdot \frac{dr_e(t)}{dt} \tag{4}$$

同样，在 t_0 时期，该函数可以近似表示为：

$$r_e + \frac{1}{P}\frac{dP}{dt} - \frac{1}{r_e}\frac{dr_e}{dt} \tag{5}$$

这个总和与上文介绍的价格 P，共同定义了以股票形式持有 1 美元财富所带来的实际收益。

(iv) 除了年收益流的形式不同之外，财富持有者的物质财富和股票类似。物质财富的收益流是物质形式，以名义单位表示，这种收益流与股票的收益类似,取决于价格的波动。此外,与股票一样,物质财富必须被视为能产生一种在货币价值上升值或贬值的名义收益。我们假设刚才介绍的价格水平 P,同样适用于物质财富的价值。那么,在 t_0 时期,每 1 美元物质财富的名义收益表示为[①]:

$$\frac{1}{P}\frac{dP}{dt} \tag{6}$$

与上文介绍的价格 P,共同定义了以物质财富形式持有 1 美元财富所带来的实际收益。

(v)因为人力资本是一个有限的市场,至少在现在的非奴隶社会,我们不能很好地用市场价格明确规定人力资本替代其他资本形式的条件,进而不能在任何时候规定 1 美元人力资本所对应的物质资本。在个人持有的财富中,存在着一些用非人力资本替代人力资本的可能。例如,当他订立了一个合同,在指定的时间内提供服务,并在定期得到明确数额的报酬。虽然报酬数额并不取决于他体力上能够提供这种服务的情况,但基本上人力资本与其他形式资本的转换必须发生在对人主体的直接投资和收回投资,并且我们不妨把这看作是唯一的转换方式。因此,对于这种形式的资本,影响个人可得财富组合的限制或障碍却无法用市场价格或收益率表示。在任何一个时点上,在个人的资产组合中存在着

---

① 原则上,令 P 仅表示物质财富的服务价值可能会更好,在前几个例子中,P 本质上均表示服务价值。而且需要考虑这样一个事实:资本货物本身的价格必将随资本化率而变化,所以,仅当相关利率保持不变时,服务及其来源的价格才能以相同速率变动。为简单起见,我忽略了这一细化,这种忽略可以通过财富持有者的物质财富加速贬值所证实。

人力财富和非人力财富的划分。令 w 表示非人力财富与人力财富的比率，或等同于来自非人力财富的收入与来自人力财富的收入之比，这意味着 w 和通常定义的财富与收入之比有紧密的联系。那么，只要考虑到人力财富，w 是一个必须考虑的变量。

6.一般而言，财富所有者对不同财富形式所产生的服务流的偏好，可以简单并且理所当然地被认为决定了需求函数的形式。为了给出这个理论的经验内容，通常必须假定偏好在一定的时间和空间范围内是稳定不变的。然而，可以明确允许偏好做一些改变，当这些改变与客观环境有关时。例如，当其他条件不变时，个人在地域上流动或受制于不同寻常的不确定因素，以货币形式持有的财富会占更大比例，这看起来是合理的。这可能是解释以下这种常见现象的重要因素之一：在战争期间，相对于收入货币持有会增加。但是地理上的移动程度，或许其他不确定性的程度，可以用客观指数表示，比如移民指标、铁路行程的英里数等。令 u 表示任何能预期影响兴趣和偏好的变量（即"效用"的决定变量）。

7.按照第3点提出的思想，结合第4、5、6点，得到如下货币需求函数：

$$M = f\left(P, r_b - \frac{1}{r_b}\frac{dr_b}{dt}, r_e + \frac{1}{P}\frac{dP}{dt} - \frac{1}{r_e}\frac{dr_e}{dt}, w, \frac{Y}{r}, u\right) \quad (7)$$

对这个函数的一系列考察结果如下：

(i) 即使我们假定价格和利率水平不变，这个函数依然包含三种利率：两种特定资产类型的利率 r_b 和 r_e，一种意在适用于所有资产类型的利率 r。可以把这个一般性的利率 r 看作两种特殊利率——适用于人力财富的利率和适用于物质财富的利率的加权平均。因为不能直接观测到后两种利率,假设它们以某种有系统的方式随 r_b 和 r_e 变化而变化。在此假设下,我们可以把 r 的影响完全考虑在 r_b 和 r_e 中,进而把 r 作为一个额外的显示变量给予省略。

(ii) 如果对价格变动和利率变动的问题上没有任何分歧意见,并且债券和股票是相等的,除了债券是以名义单位表示的,那么,套利当然会使得:

$$r_b - \frac{1}{r_b}\frac{dr_b}{dt} = r_e + \frac{1}{P}\frac{dP}{dt} - \frac{1}{r_e}\frac{dr_e}{dt} \tag{8}$$

如果我们假设利率保持不变或者以相同的百分比变化,可以得到:

$$r_b = r_e + \frac{1}{P}\frac{dP}{dt} \tag{9}$$

也就是"货币"利率等于"实际"利率加上价格变动的百分率。在应用价格变化率时,必须把它理解为"预期"的变化率,并且意见分歧不能被忽略。所以不能假设方程(9)成立。事实上,通货膨胀最稳定的特征之一就是方程(9)不能成立[①]。

(iii) 如果扩大资产的范围,使其在有限数量的时间单位里,承诺支付指定金额,比如"短期"有价证券及"统一公债",r_b 和 r_e 的变化率可以体现在长期利率与短期利率的差别上。在某些阶段上,虽然引入不同期限的证券无疑是非常合适的(见下面的第 23 点),但我们可以简化目前的阐述,通过一个限制条件:随时间的推

---

① 见 Reuben Kessel,"Inflation: Theory of Wealth Distribution and Application in Private Investment Policy"(未公开发表的博士论文,芝加哥大学)。

移,r_b和r_e被看作是稳定不变的。因为在任何情况下都单独地需要价格的变化率,这意味着我们可以简单地把债券和股票的名义收益率指定为r_b和r_e,来取代刚才引入的烦琐变量。

(iv) Y可以被解释为包括所有财富形式的收益,包括由最终财富持有者直接拥有的货币和实物资本,所以仅当Y被认为来自于包括货币存量和直接拥有的实物资本的一些推算收入时,Y/r可以作为一种总财富的估计方法。对货币政策分析而言,最简单的程序是把Y看作由最终财富持有者持有的除货币以外的其他所有形式的财富的收益,所以把Y/r看作剩余的总财富。

8.更为根本的一点是,如同所有的需求分析一样,都要用"实际"数量定义的效用函数的最大化为基础,货币需求的方程必须独立于以任何名义单位衡量货币的变量。如果表示价格和货币收入的单位发生了变化,货币的需求数量也应发生相应比例的变化。更为专业的表述是,方程(7)必须被当作是关于P和Y的一次齐次函数,结果是:

$$f\left(\lambda P, r_b, r_e, \frac{1}{P}\frac{dP}{dt}, w, \lambda Y, u\right) = \lambda f\left(P, r_b, r_e, \frac{1}{P}\frac{dP}{dt}, w, Y, u\right)$$

(10)

其中,为了与7(i)和7(ii)的解释一致,括号中的变量已经重写成比较简单的形式。

这个函数的特性使得我们可以用两种可替代并且熟悉的方式改写这一方程。

(i) 令 $\lambda = \dfrac{1}{P}$,方程(7)可以改写为:

第一章 货币数量论的重述

$$\frac{M}{P} = f\left(r_b, r_e, \frac{1}{P}\frac{dP}{dt}, w, \frac{Y}{P}, u\right) \tag{11}$$

这种方程形式是关于"实际"变量的函数,独立于名义货币价值,表示对实际货币余额的需求。

(ii) 令 $\lambda = \frac{1}{Y}$,方程(7)可以改写为:

$$\frac{M}{Y} = f\left(r_b, r_e, \frac{1}{P}\frac{dP}{dt}, w, \frac{P}{Y}, u\right) = 1/v\left(r_b, r_e, \frac{1}{P}\frac{dP}{dt}, w, \frac{Y}{P}, u\right) \tag{12}$$

或者

$$Y = v\left(r_b, r_e, \frac{1}{P}\frac{dP}{dt}, w, \frac{Y}{P}, u\right)M \tag{13}$$

这种方程的形式是常见的数量理论形式,其中 v 表示收入流通速度。

9. 到目前为止,上述这些方程只是针对最终财富所有者所直接持有的货币。正如刚才所提到的,货币也可作为生产性资源被商业企业持有。在最终财富所有者的资产负债表中,与这种商业资产所对应的不是货币,而是一种要求权。例如,个人可以购买公司债券,而公司可以通过这个渠道为企业运营筹措所需要的资金储备。当然,分离企业及其业主的账户这种常见的困难,一般出现在非公司化的企业。

10. 如同其他生产性服务资源一样,商业企业持有的货币数量,取决于这种生产性服务的成本、可替代生产性服务的成本以及这种生产性服务的产品价值。对持有的每一美元来说,成本取决于与此相对应的资本是如何筹集而来的,是以债券还是股票形式筹集额外资金,是否用现金替代实物资本等。这些筹集资金储备的方式与最终财富所有者持有非人力财富的多种形式相似,所以,方程(7)中的变量 r_b、r_e、P 和 $(1/P)(dP/dt)$,可以用来表示商业企业持有货币的成本。然而,出于某些目的,可能需要区分贷款人所得到的收益率和借款人所支付的利率。在这种情况下,需要引入额外的一系列变量。

作为一种生产性服务,货币的替代品是多样的,包括所有节省货币储备的方法,比如通过使用其他资源,使得收入和支出更加同步,缩短付款期,延长账面贷款的使用期,建立清算安排等多种多样的方法。似乎没有特别近似的替代品,其价格值得被挑选出作为企业货币需求的一部分。

由货币这种生产性服务创造的每单位产出的产品价值依赖于生产条件:生产函数。可能特别依赖于生产条件的一些特征,如影响到企业运营平稳性和规律性的特征,还有决定企业规模和特征、纵向一体化程度等的一些特征。再次,在目前的抽象水平上,似乎没有值得挑选出来的变量给予特别注意。这些因素可以通过以下方法加以考虑:把 u 解释为包括所有影响财富所有者兴趣和相关工艺生产条件的变量。在给定每单位产出所需货币量的条件下,总货币需求量与总产出成一定比例,且总产出可以用 Y 表示。

11. 在考虑商业企业的货币需求时,交易量或每一美元最终产品的交易量是一个常被挑选出的变量。并且,对交易量的强调不仅适用于商业企业,同样也适用于最终的财富所有者。使得这个方法具有吸引力的理念是:每单位时间支付 1 美元和为确保这一支付所需要的货币存量存在一个机械的关系,可以说是一个固定的生产技术系数。很明显,这种机械的方法与我们一直采用的方法在理念上迥然不同。按照我们的方法,每一美元交易所持有的平均货币量,应被看作一个经济均衡的结果,而不是一个物理数据。无论出于何种原因,持有货币的成本变得越来越大,那么,将资源专用于使货币交易以更低成本的方式进行,或减少每一美元最终产品的交易量,这些做法都是值得的。继而,在我们的最一般化的最终货币需求函数形式中,并不包含交易量或每一美元最终产品的交易量;而它所包含的是一些更为基本的影响货币储存成本的技术和成本条件,这些影响通过改变每一单位时间每一美元交易所持有的平均货币量,或改变每一美元最终产品的美元交易数量来实现。当然,这并不排除的一个可能是,针对一个特殊问题而言,在需求函数的一个特殊变形中,把交易量看作是给定的可能是有用的,并不去深挖,从而将每一美元最终产品的交易量作为一个显变量。

类似的评论与支付条件的特征有关。支付条件常被描述成"制度性条件",不仅影响到了货币的流动速率,而且在某种程度上是机械地决定的,如工资是按日、按周还是按月发放的条款;账面贷款的使用等。按我们的方法来做,这些也看作一个经济均衡的结果,而不是实物的数据。比如,延长支付周期可为雇主节省簿记等其他费用。因此,与较短的支付周期相比,雇主一般愿意为较长的支付周期相应地支付更多费用。另一方面,这将会增加员工持有更多现金余额或预备现金替代物的成本,因此,对于一个较长的支付周期,员工一般相应地想得到更多的支付。至于在哪里达到平衡,取决于成本如何随支付周期而变化。对员工来说,在某一个固定支付周期内,成本主要取决于影响货币需求曲线的那些因素。如果无论如何他都要持有比较大的平均余额,那么与较小的平均余额相比,由延长支付周期带来的额外成本倾向于更少,因此,在诱导因素较少的条件下,便可让他接受更长的支付周期。所以,在雇主节省费用给定的条件下,与第二种情况相比,第一种情况的支付周期预计较长。的确,在美国过去的一个世纪中,由其他因素引起的平均货币余额增加是一直是导致支付周期延长的因素,而不是相反的因果。再者,恶性通货膨胀的经历表明,在持有货币成本剧烈变动的影响下,支付方式的变化非常迅速。

12. 上述考虑的要点是:商业企业的货币需求函数可以被表示成与方程(7)一样的函数,在方程右边有相同的变量。而且,和方程(7)一样,因为分析是以企业的收益最大化为基础,仅"实际"数量比较重要,所以该方程必须是关于 P 和 Y 的一次齐次函数。因此,假设我们拓宽 u 的解释,既可以把方程(7)及其变形(11)和(13)解释为最终财富所有者的货币需求函数,也可以解释为商业企业的货币需求函数。

13. 严格来说,方程(7)、(11)和(13)是针对单个财富所有者或商业企业来说的。如果我们加总最终财富所有者和商业企业的货币需求函数(7),原则上,这一结果取决于个人和企业单位在这几个变量中的分布。这并不会对 P、r_b 和 r_e 带来任何问题,因为这些变量对所有情况都可以被认为是相同的,或者关于 u,这是一个未指明的多用途变量,可以在不同的需求场合进行完善。我们一直把 $(1/P)(dP/dt)$ 解释为价格上升的预期比率,所以没有理由认为这一变量对所有人都是相同的,并且 w 和 Y 在不同单位间是显然不同的。一个近似方法是忽略这些困难,并且将方程(7)、(11)和(13)应用于总货币需求函数,把$(1/P)(dP/dt)$解释为价格变化的某种平均预期比率,w表示来自非人力财富的收入与来自人力财富的收入之比,Y表示总收入。这是我们一直沿用的程序,并且这种做法看起来是正确的,直到这种线性逼近与经验偏差较大时,才有必要引入一个或多个关于测量误差的变量。

14.也许值得明确注意的是,模型并没有区分"活动余额"和"闲置余额",也没有区分与之紧密联系的"交易余额"和"投机余额",这些都在文献中有广泛的应用。对最终财富所有者和商业企业的货币储备进行区分与这一区分有关联,但关系不大。每一种货币持有者类型可以说货币需求的动机部分来自"交易",部分来自"投机"或"投资"。但作为货币的美元并不按照他们持有货币的这个或那个目的进行区分。相反,每一美元可以说是被看作能提供多种服务,货币持有者会不断改变货币储备。在总服务流中:增加一美元货币存量会增加额外的服务,并增加相应的价值;在他所持资产的其他形式中,减少1美元会减少相应的服务,并减少相应的价值。当二者相等时,货币持有者会停止改变货币储备。

15.以上还没有对"银行"或者说货币生产者有任何论述,因为其主体作用是与货币供给相联系,而不是货币需求。然而,它们的引入会使得上述分析的要点变得模糊不清:银行的存在使得生产企业不需要从最终财富所有者那里融资而获得货币余额。生产企业可以直接把要求权出售给银行,而不是最终财富所有者(以股票或债券的形式),进而在交易中获得"货币"。用曾经在关于货币的教科书中常见的话来说,银行能把具体的负债变成普遍接受的债务。但是这一可能性并在任何本质上改变先前的分析。

16.假设以名义单位表示的货币供给被看成是固定的,或者更一般地,是自主决定的。那么方程(13)规定了名义货币存量将是货币需求量的条件。即使在这些条件下,仅方程(13)不足以决定货币收入。为构建一个完整的决定货币收入模型,十分有必要详细说明利率结构、实际收益和价格水平调整路径的决定因素。即使我们假设利率由生产率和节俭等诸如此类的因素独立地决定,实际收入也是由其他因素决定的,但方程(13)仅决定货币收入的一个均衡水平,如果我们的意思是在这个均衡水平下价格是稳定的。更一般地说,在给定货币收入初始值的条件下,它决定了货币收入的时间路径。

为了把方程(13)变成一个"完整"的收入决定模型,因此,有必要假设货币需求关于 v 中的变量是高度无弹性的,或者把 v 中的变量当作是刚性和固定的。

17.即使在最有利的情况下,例如,货币需求对 v 中的变量相当无弹性,方程(13)至多给出了一种货币收入理论:即货币收入的变动反映了名义货币量的变动。但是它不能说明 Y 的任何变化中,有多少体现在实际产出中,有多少体现在价格中。推断这些需要引入一些外部信息,例如,实际产量达到了它的可行最大值,在这种情况下,任何货币的增加都会引起价格同比例或更大比例的上升,等等。

18.根据前面的论述,出现了这样一个问题:当说某人是或者不是"数量理论家"时,这意味着什么?在一个纯粹正式和抽象的水平上,几乎所有的经济学家会接受前面分析的总路线,尽管每个经济学家会毫无疑问地选择不同的方式对它进行详细的描述。然而,关于这一分析对理解总体经济活动短期和长期运行的重要性问题上,明显存在深刻和根本的意见分歧,主要出现在以下三个问题上:(i)货币需求函数的稳定性和重要性;(ii)影响货币需求和供给因素的相互独立性;(iii)货币需求函数或者其相关函数的形式。

(i)数量理论家接受这样的一个经验假说:货币需求是高度稳定的,比其他函数如消费函数更稳定,因为其他函数是作为替代的重要关系。这一假设需要从两方面加以保证。一方面,数量理论家不必或者一般不就意味着每单位产出的货币需求量,或者说货币的流通速率就被认为在数值上是稳定不变的。例如,数量理论家不把恶性通货膨胀期间的货币流通速度上升看作与货币需求稳定是相矛盾的。正如卡甘(Cagan)已在其论文中清晰地论证,数量理论家预期的稳定性存在于货币需求量与决定其变化的变量的函数关系中,并且恶性通货膨胀期间货币流通速度的急剧上升与稳定的函数关系是完全一致的。另一方面,数量理论家必须严格限制并准备好明确指定在函数中经验意义重要的变量。扩大那些被认为重要的变量的数目,会使得假说的实证内容变得空泛。以下两种主张是没有差异的,即使存在差异也很小:货币需求是高度稳定的;货币需求是一个关于大量变量的非常稳定函数。

数量理论家不仅把货币需求函数视为稳定的,而且认为在分析整体经济时,具有重要作用的变量,比如货币收入或价格的水平,在这些变量的决定中,货币需求函数发挥着重要作用。正是如此,使得数量理论家对货币需求的重视程度高于对大头针的需求,尽管大头针的需求可能与货币需求一样稳定。精确地说明这一点并不容易，而且我不能假装已经做到了[见下面的条目(iii)，沿着这些路线可以看到一个反对数量理论家的案例]。

我认为，在20世纪30年代，对货币数量论的反对意见主要集中在这点上。货币需求被断言如鬼火一般，将会因每一个谣传和预期而变得变化无常、不可预测；货币需求函数被断言，人们无法可靠地明确其所依赖的变量数目。尽管反对主要集中在这点上，但通过随后两点的说明，它在很大程度上将变得合理化。

(ii) 数量理论家还认为，存在一些重要的因素影响货币供给，而不影响货币需求。在一些情况下，存在一些影响铸币供应的技术条件。在另一些情况下，政治或心理条件决定了货币当局和银行系统的政策。为了探寻货币供应变化的影响，一个稳定的货币需求函数是非常有用的。这意味着当货币供应仅受到除了那些影响货币需求之外因素的影响时，一个稳定的货币需求函数才是有用的。

在这点上反对数量论的经典版本就是所谓的真实票据理论：货币需求的变化会引起货币供给的相应变化，而且供给不能改变其他，至少在特定的制度安排下不能。这些争论所采取的形式丰富多样，并且广泛存在。另一个反对的版本是"数量理论"无法"解释"价格大幅上涨，因为价格上涨既引起了对名义货币持有量需求的增加，也引起了货币供给增加以满足货币需求增加。其中隐含的意思也就是说，相同的因素并且以相同的方式同时影响了货币需求和货币供给。

(iii) 与凯恩斯不充分就业分析有关的对数量理论的攻击，主要以方程(7)和(11)的一个主张为基础。按照他们的说法，在一个

第一章 货币数量论的重述

"小的"且为正的利率水平上,货币需求是弹性无限大的。在这种利率下,不管是由价格变化还是名义货币存量变化引起的实际货币供应变化,不会对任何事情产生影响。在不充分就业的条件下,这个说法可能占据上风。这就是著名的"流动性陷阱"。一个相当复杂的版本还涉及其他函数的形状问题:他们认为,是方程(7)中的变量而不是利率进入了经济体系中的其他函数关系,并且这些变量由这些函数关系决定;利率并不进入其他函数关系;所以利率可以被认为在方程(7)中决定。所以,货币存量和货币需求唯一的作用就是决定利率大小。

19.实践是最好的检验。这本书的几篇论文中包含了许多相关的内容,我也许会提及其中有特色的三篇。

当读到勒纳(Lerner)对联盟1864年货币改革的影响,人们可能都会认识到:至少在有些情况下,货币供给很大程度上可以是一个自主的因素,并且即使在非常不稳定的情况下,货币需求也是高度稳定的。三年战争之后,经历了大规模的破坏和军事上的失利,面对即将到来的失败,一场成功减少货币存量的货币改革却停止了,转变为几个月的价格上涨,在大部分的战争期间,持续以每月10%的速度上升。设计一个更好的对照组实验,证明货币供给的关键作用十分困难。

另一方面,克莱因(Klein)对"二战"期间德国经验的考察,并不支持货币需求的稳定性和重要性。尽管他解释,在记录的货币存量变动和价格变动的原始差异中,数据缺陷占据了大部分原因,但是,修正数据缺陷以后,依然存在令人困惑的巨大差异,似乎并不能解释上述理论的阐述中所引入的那些变量。克莱因对德国经验进行考察,恰恰是因为在一个偶然的考察中,它看起来是最不正常的。不仅是德国,还有其他国家的战时经验都值得进一步考察。

卡甘对恶性通货膨胀的考察,是货币需求在高度不稳定的条件下保持稳定性的另一个重要证据。它也是一个数值稳定的速度和稳定的函数关系之间的差别的一个有趣的例子:在恶性通货膨胀期间,流通速率的数值差距巨大,但这是对预期价格变化率的变化的一个可预测反应。

20.尽管本书中的论文包含了一些证据,与第18点中所讨论的问题有关,但这只是一个副产品而不是文章的主要研究目的。这丰富了我们关于货币需求函数特点方面的经过验证的知识。在这一过程中,他们也对理论模型提出了一些问题并提出了一些值得介绍的修改意见。我将对其中的一些进行简单评论,并不准备对这些论文本身进行全面总结。

21.塞尔登(Selden)的材料覆盖了最长的时间以及最"常态"的条件。这既是一个优点,又是一个缺点。说它是优点,是因为它意味着,他的研究结果可以直接地应用于平常的和平时期。说它是缺点,是因为"常态"有可能使得基本变量发生很小的变化,进而难以评断这些微小变化的影响。由于这段时间的长度,一个覆盖面相当广泛的变量就是实际收入。实际收入的长期增长一直伴随着单位产出的实际现金余额的增长,也就是流通速率下降。基于此,塞尔登得出结论,实际现金余额需求的收入弹性大于1,用通常采用的术语说,现金余额是"奢侈品"。这完全有可能的结果也可以被其他国家的证据所验证。

22.塞尔登发现,在各周期中,经济扩张时期,流通速率会上升,经济紧缩时期,流通速率会下降。乍一看,与刚才引用的长期结论似乎相矛盾。然而,有另一种解释与这个长期结论完全一致。它将是我们回忆起方程(7)中引入的财富指标 Y。这对相关的收入的衡量或概念有重要意义。这一理论分析所需要的并不是通常测量的收入(主要对应的是经过双重纠正计算以后的当前收入),而是一个长期的概念,是"预期收入",或者我在别处称之为"永久收入"[①]。现在我们假设在一定的时间内,方程(13) v 中的变量保持不变。假如 Y 表示永久收入,那么,Y 与 M 的比率将不会变化。塞尔登计算的流通速率,表示测量收入与货币存量之间的比率,不会不发生变化。当测量收入高于永久收入,计算的流动速率会相对较高,反之则相反。现在可以推测,在周期的高峰期,测量收入高于永久收入,在周期的低谷期,测量收入低于永久收入。所以,计算的流通速率与收入周期变化之间可观测到的正向一致性,仅反映了测量收入和方程(13)中的相关收入概念的差别。

23. 塞尔登的论文提出了另一个观点是适当划分财富的资产形式。上文提出的划分方式,当然只是建议性的。塞尔登发现,"长期"与"短期"债券划分更有用。他将前者视为"货币的替代品",将后者的收益称为"持有货币的成本"。他发现,二者均与货币需求量显著相关。上文已经提到过,这也是一种考虑利率变化预期的方法。

同样地,"货币"和其他资产之间并没有严格的界限。为了某

[①] 见 Milton Friedman, *A Theory of the Consumption Function*, Princeton University Press, National Bureau of Economic Research。

些目的,区分不同形式的"货币"(比如区分货币和存款)可能是比较有用的。其中一些货币形式可能需要支付利息或涉及服务费用,在这种情况下,收益的正负将是决定货币持有在不同形式之间进行划分的一个相关变量。

24.通过集中研究恶性通货膨胀,卡甘使得一个通常难以评估其影响的变量变得简单很多,这个变量就是价格变化率。这个工作的另一面是忽略几乎其余所有变量的必要性。根据实际价格变化率,他估算了预期价格变化率,这些工作与他的数据很契合。他的这个策略同样也适用于其他变量,所以,在非货币领域也有可能是非常重要的。我已经应用这个策略来估算"预期收入"[1],它是一个决定消费的变量。按照上文提出的路线(第22点),在消费需求函数中,加里·贝克尔已经连续尝试使用"预期收入"。

卡甘的结论明确表示,价格变化率的变化,或者持有财富的替代形式的收益发生变化,都会对货币需求量产生预期效应。价格变化率越高,财富的替代形式越具有吸引力,货币需求量就越小。这个结论非常重要,因为它不仅直接,而且间接地与替代形式的收益变化的影响有关,比如各种债券的利率。关于这些结论,我们的证据在某种程度上不是那么令人满意,因为这些变量的变化范围太小。这些变量变化的影响会朝着预期的方向发展,这个尝试性的研究结论通过卡甘的结论得到很大加强。

根据卡甘的研究,他的一些研究结论在恶性通货膨胀的最后

---

[1] 见 Milton Friedman, *A Theory of the Consumption Function*, Princeton University Press, National Bureau of Economic Research。

阶段并不适用。关于这一点,可能的原因是,正如卡甘的解释以及上文第5点也提到过的,用某一时点的预期变化率来代替价格变动的整个预期模式有时是不可取的。比如,给定一个价格上涨率,假定其只继续上涨一天后就趋于稳定。显然这意味着,(实际)货币需求将高于预期相同的价格上涨速度,且这一趋势将无限期持续下去。与前一种价格相比,为避免支付后一种价格,付出更大的成本是值得的。这种情况同样出现在消费者的需求分析中,当不仅需要考虑现有价格,还需要考虑过去价格和未来预期价格时。这一点不仅可以有助于解释卡甘对最后阶段的研究发现,而且有助于解释塞尔登的研究发现,即把价格变化率作为持有货币成本的一部分,不能改善他的估计,反而恶化了,尽管这个结果可能是多方面原因造成的,换句话说,需要大量的实际价格变动率,才能对不同价格行为产生足够稳定的和一致的预期,使得预期变量发挥关键的作用。

类似的评论显然与利率的预期变动有关。

25.经济学作为一门所谓的经验科学,受到的主要责备之一是,它提供的数值"常量"非常少,因此能提炼出的基本规律太少。人们能对此提出反驳的一个主要例子是货币领域:在经济学中,可能不存其他的经验关系能像短期内大幅变动的货币存量和价格的关系那样,在复杂多变情况下被观察到如此一致的重复发生;一个总是与另一个联系在一起,并且朝同样的方向变化;我认为,这种一致性与形成物理科学基础的许多一致性是同一个级别的,并且这种一致性不仅仅只有一个方向。像收入流通速度这样的变量,从具有超长的稳定性和规律性的经验特征,给那些广泛地研究货币数据的人留下了深刻的印象。这种稳定性和规律性促成了数量理论的垮台，因为用过于简单的表达方式，它被夸大了。不管是收入还是交易量，流通速率本身的数值被视为一个自然的"常数"。但现在不是这样了。流通速率不再是一个常数，起初在"一战"期间和"一战"后，后来在1929年经济危机以后（程度较小），极大地促进了人们对数量理论的反对。本书的研究是以一个形式更为复杂的货币关系的稳定性和规律性为基础而提出的，而不是数值不变的流通速率。我相信，它们对萃取这种稳定性和规律性、归纳货币行为的数值"常量"，做了重要贡献。无论如何，正是根据这个标准，我希望，同时我相信它们的作者，也希望这些研究能得到肯定。

在本章的开始部分，我提及了芝加哥大学在货币领域的传统，也提及了芝加哥全体教师在促进芝加哥传统发展中的作用。我认为，在本章的结尾部分，强调一下学生在保持芝加哥传统具有活力的工作中所发挥的作用，是非常合适的。随后的论文是一种表现形式。未发表的关于货币的博士论文是另一种表现形式。此外，我特别希望能对那些参加货币银行学研讨会的同学表达个人的衷心感谢，这本书是第一个发表的成果。我要特别感谢戴维·I.范德（David I.Fand），菲利普·卡甘（Philip Cagan），加里·贝克尔（Gary Becker），戴维·迈泽尔曼（David Meiselman）和雷蒙德·泽尔德（Raymond Zelder），他们多次在写作中帮助我。

本书作者都非常感谢洛克菲勒基金会（Rockefeller Foundation）对货币银行学研讨会的资助。所得资助为本书的研究报告形成支付了一些费用，这使本书的出版成为可能。

第二章　恶性通货膨胀的货币动力学①

菲利普·卡甘

第一节　恶性通货膨胀的一般货币特征

恶性通货膨胀为研究货币现象提供了一个独特机会。价格和货币以天文数字的速度增长，使得实际收入和其他实际变量的变化显得非常渺小。即使实际收入是在下降（在恶性通货膨胀时期一般不会发生），与典型的价格上涨相比，程度依然会较小。这样一来，我们可以将其从实体经济部门分离的方式来研究货币因素之间的关系。

本研究主要探讨恶性通货膨胀时期货币量变化与价格水平之间的关系。恶性通货膨胀时期的一个特征是，价格指数与货币量指数之比（P/M）往往呈上升态势。表2-1的第6行度量了P/M在7个恶性通货膨胀时期的上升幅度（在月度价格指标可得的时期中，仅有这7个恶性通货膨胀时期）。说明这一特征的另一种

---

① 非常感谢米尔顿·弗里德曼对本文每个阶段提出的有益建议。在一些理论问题上，与雅各布·马尔沙克的讨论使我受益匪浅。以下这些人读过本文的手稿，并提出了宝贵建议：加里·贝克尔，厄尔·J.汉密尔顿，H.格雷格·刘易斯，马克·纳洛夫和我的妻子。

方法是观察该比率的倒数的下降幅度,代表了货币量实际价值的一个指标,即实际现金余额(M/P)。表 2-1 第 15 行给出了这一指标达到的最小值。图 2-1 到图 2-7 也说明了这个指标的下降趋势。在一般的通货膨胀中,实际现金余额并不下降,通常是上升的。"恶性通货膨胀"这一术语必须被正确定义。我把恶性通货膨胀定义为:从物价涨幅超过 50%[①]的那个月开始,到物价月涨幅跌至 50%以下的前一个月结束,并且至少持续一年。这个定义并不排除价格上涨率低于 50%的中间一些月份,并且很多中间的月份价格上涨低于 50%(表 2-1 的第 7 行显示,平均上涨率有 3 个低于每月 50%,反映了中间月份的上涨率较低)。

如图 2-1 到图 2-7 所示,尽管实际现金余额在整个恶性通货膨胀时期是下降的,但它们并不是在每个月都下降,而是呈剧烈波动的状态。并且它们的走势在七次恶性通胀之间表现出的差异较大。第 6 行和第 15 行中的比率范围极大。当只有忽略货币余额短期且剧烈的波动而求平均时(如第 9 行),七次恶性通货膨胀才能暴露出一些相似性。这种相似性表示恶性通货膨胀反映了一些相同的经济过程。为了证明这一点,我们需要一个解释实际现金余额在月与月之间不规则波动的理论。本文提出了一个这样的理论并对此进行检验。

下文提出的理论涉及对剑桥现金余额方程的扩展。剑桥现金余额方程认为,在既定的条件下,实际现金余额是实际收入(X)的

[①] 这个定义完全是任意的,但能很好地满足本文研究目的的需要。一般的通货膨胀很少能达到那么高的比率,即使暂时地。图 2-1 到图 2-7 给出了每月的连续复合变化率。每月 41%的连续复合变化率等于 50%的按月累加变化率。

表 2-1 七次恶性通货膨胀的货币特征[1]

	奥地利	德国	希腊		匈牙利		波兰		俄国	
1. 恶性通货膨胀的大致开始年月	1921年10月	1922年8月	1943年11月		1945年8月		1923年1月		1921年12月	
2. 恶性通货膨胀的大致结束年月	1922年8月	1923年11月	1944年11月		1946年7月		1924年1月		1924年1月	
3. 恶性通货膨胀持续月份	11	16	13		12		11		26	
4. 结束月份与开始月份的价格比率	69.9	1.02×10^{10}	4.70×10^8		3.81×10^{27}		699.0		1.24×10^5	
5. 结束月份与开始月份的货币流通量比率	19.3	7.32×10^9	3.62×10^6		$1.19 \times 10^{25[2]}$		395.0		3.38×10^4	
6. (4)与(5)的比率	3.62	1.40	130.0		320.0		1.77		3.67	
7. 价格平均上涨率(每月百分比)[3]	47.1	322.0	365.0		19180		81.4		57.0	
8. 货币流通量的平均上涨率(每月百分比)[4]	30.9	314.0	220.0		12200[2]		72.2		49.3	
9. (7)与(8)的比率	1.52	1.03	1.66		1.41		1.13		1.16	
10. 价格上涨最大的年月	1922年8月	1923年10月	1944年11月		1923年7月		1923年10月		1924年1月	
11. 月度价格最大上涨率(每月百分比)	134.0	$32.4 \times 10^{3[5]}$	$86.5 \times 10^{6[6]}$		98.0		275.0		213.0	
12. 价格变化最大月份的货币流通量的变化(每月百分比)	72.0	$1.30 \times 10^{3[7]}$	$73.9 \times 10^{3[7]}$		46.0		106.0		87.0	
13. (11)与(12)的比率	1.86	24.9	1160		2.13		2.59		2.45	
14. 流通货币实际价值最低的年月	1922年8月	1923年10月	1944年11月		1946年2月		1923年11月		1924年1月	
15. 流通量货币月末实际价值之比的最小值	0.35	0.030[8]	0.0069[9]		0.0031[2]		0.34		0.27	

注:[1]所有比率和速度均显示三位有效数字,除了第15行显示两位有效数字;[2]包括银行存款;[3]使得(1+[x/100])'等于价格上涨幅度(第4行)的x值,t是恶性通货膨胀的持续时间(第3行);[4]使得(1+[x/100])'等于货币流通量上涨幅度(第5行)的x值,t是恶性通货膨胀的持续时间(第3行);[5]1923年10月2日到10月30日,换算成30日的百分百;[6]1944年10月31日到11月10日,换算成30日的百分百;[7]1923年9月29日到10月31日,换算成30日的百分百;[8]1923年10月23日;[9]1944年11月10日。

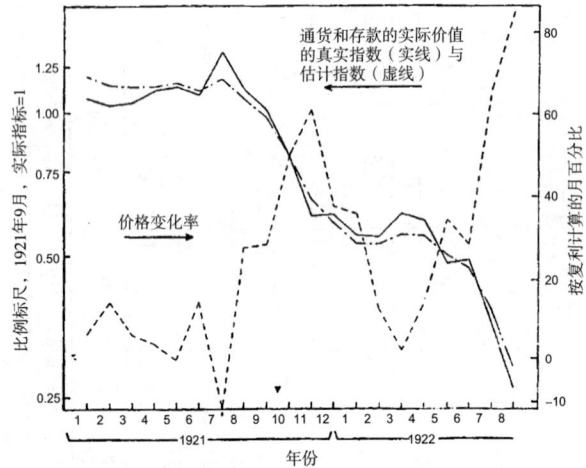

图 2-1 奥地利:1921年1月到1922年8月,月末的价格变化率,通货与存款实际价值指数(▼表示恶性通货膨胀开始的月份)

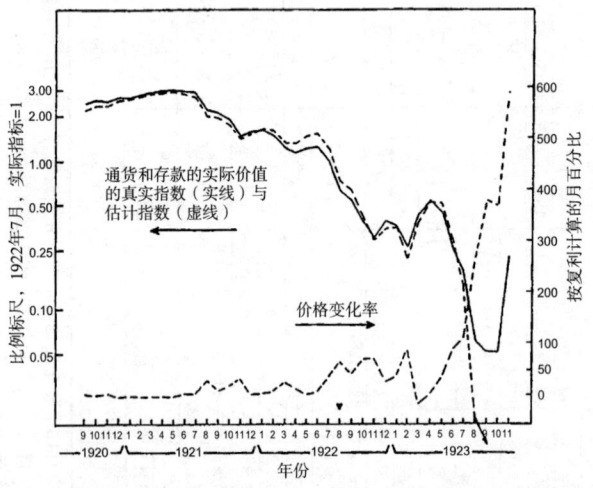

图 2-2 德国:1920年9月到1923年11月,月中的价格变化率,通货与存款实际价值指数(▼表示恶性通货膨胀开始的月份)

第二章 恶性通货膨胀的货币动力学

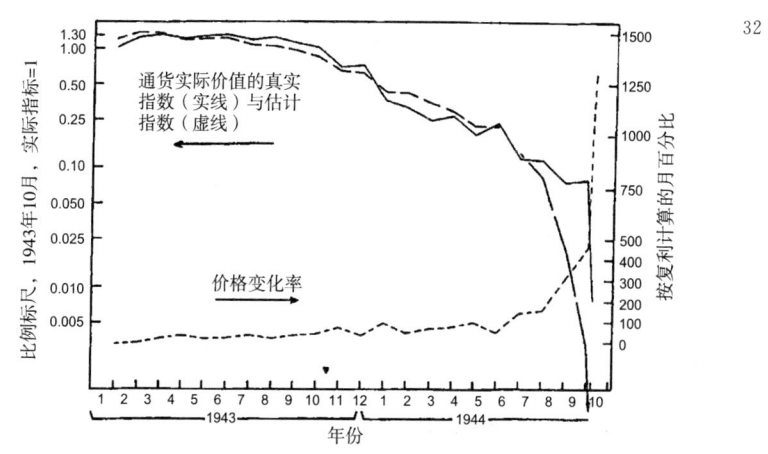

图 2-3 希腊:1943 年 1 月到 1944 年 10 月(包括 1944 年 10 月),月末的价格变化率,通货实际价值的指数(▼表示恶性通货膨胀开始的月份)

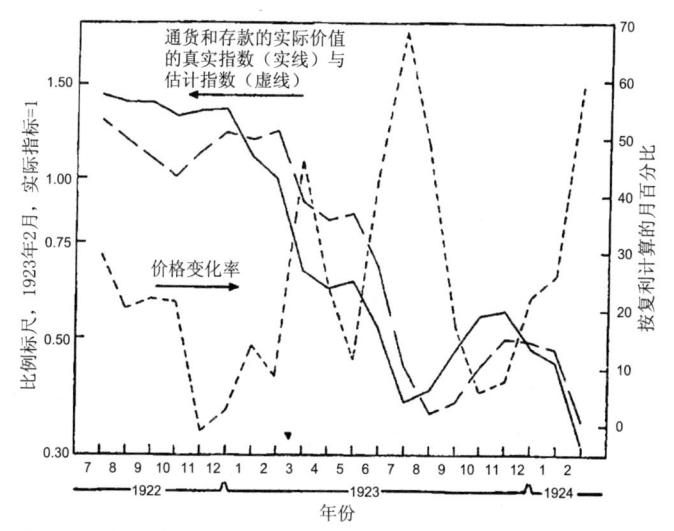

图 2-4 匈牙利:1922 年 7 月到 1924 年 2 月,月末的价格变化率,通货与存款实际价值指数(▼表示恶性通货膨胀开始的月份)

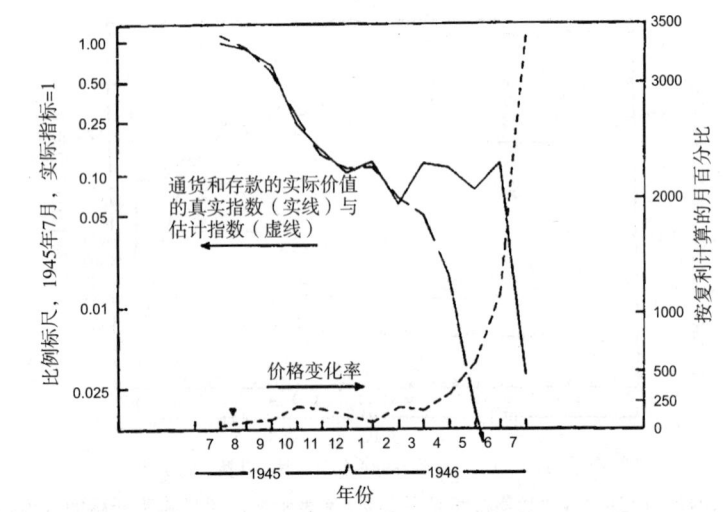

图 2-5 匈牙利:1945 年 7 月到 1946 年 7 月,月末的价格变化率,
通货与存款实际价值指数(▼表示恶性通货膨胀开始的月份)

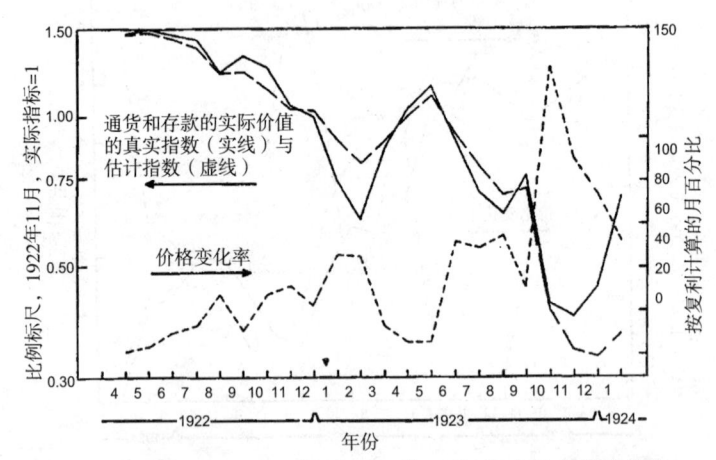

图 2-6 波兰:1922 年 4 月到 1924 年 1 月,月末的价格变化率,
通货与存款实际价值指数(▼表示恶性通货膨胀开始的月份)

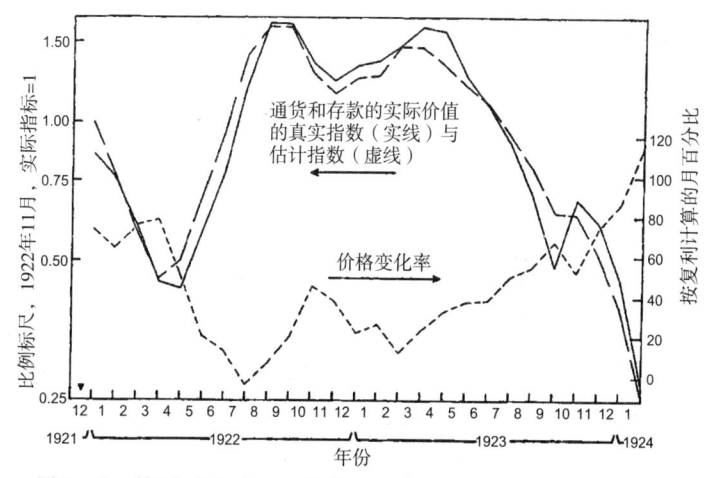

图 2-7 俄国:1921年12月到1924年1月,月末的价格变化率,通货与存款实际价值指数(▼表示恶性通货膨胀开始的月份)

一部分,并保持不变($M/P = kX$, k 是一个常数)。很多学者已经讨论了什么是既定的条件。事实上,几乎所有关于货币理论的讨论都会包含一些决定实际现金余额水平的变量。在最一般的情形下,现金余额是关于实际收入和其他很多变量的函数,并不一定是线性的。

本章的下一节将要讨论这些变量中最重要的变量。价格变化率作为重要变量之一,在恶性通货膨胀期间,与其他变量相比,由于波动幅度非常大。因此我提出一个假说,实际现金余额的变化主要取决于预期价格变化率的变化。第三节主要详细阐述这个假说,并把它与可观测到的货币和价格数据联系起来。第四节用统计分析支持这个假说。这个假说,还有一个附加的假设,暗含了这样一个动态过程：当前的价格波动反映了过去和当前货币量的变化。第五、六节探索了这个模型的一些启示，并描述了这个动态过程。第七节分析了对现金余额征税所得的税收，与价格上升相对应。最后一节总结了由本文得到的恶性通货膨胀理论。

第二节 实际现金余额的需求

因为考虑货币平衡要看是否有余额能作为即期购买力，以及应对意外情况发生的储备，所以一个人在任何时刻想持有的名义货币量主要取决于货币的价值或绝对价格水平。他们期望的实际现金余额依次取决于多个变量。影响个人期望的实际现金余额的主要变量有：(1)个人的实际财富；(2)个人的当期实际收入；(3)各种财富持有形式的预期收益，包括货币。

如果个人的实际财富增加，他通常会愿意把财富增加的一部分以货币形式持有，因为货币是一种流动性高的资产，在购买商品服务或支付债务时，能随时被接受。

如果个人的当期实际收入增加，他会用现金余额替代一部分流动性较差的资产，因为这时他能更容易地放弃持有非流动性资产形式所得到的利息，同时为了在两期收入间方便地支付消费所需，他可能需要更多的现金余额。

如果资产的利率上升，个人一般把利率上升的资产替代其他形式的资产，包括现金余额。那么，他期望的实际现金余额会减少。此外，利率上升说明了这种资产的价格下降，该资产持有者的财富会缩水，进而会减少他期望的实际现金余额。

第二章 恶性通货膨胀的货币动力学

所以,期望的实际现金余额与实际财富、当期实际收入呈同方向变化,与资产(除货币外)收益呈反方向变化。

给定上述各变量的值,个人会想持有一定数量的实际现金余额,这定义了实际货币余额的需求函数。其他变量通常对期望的实际货币余额产生非常小的影响,在需求函数中可以忽略不计。一般来说,这个需求函数和其他描述经济系统的供求函数共同决定了实际货币余额的均衡数量。

一个简化理论认为,实际货币余额是由商品服务的供求决定的,并且供求的相对价格由经济中的货币部门独立地决定。这种理论的版本之一,货币数量论认为,价格的绝对水平被独立地确定为货币供给量与(给定的)期望的实际现金余额之比。人们不能改变流通中的名义货币量,但是根据货币数量论,人们可以试图通过增加或减少现金余额来影响他们的实际现金余额。在这个过程中,他们分别提高或降低商品和服务的标价,进而改变实际现金余额水平。

在恶性通货膨胀时期,实际现金余额的数量变化非常剧烈(见表 2-1)。乍一看,这些变化好像反映了人们对实际现金余额的偏好发生了变化,也就是说,现金余额的需求函数发生了变化。但是实际现金余额的变化可能反映了那些影响期望现金余额的变量的变化。作为影响期望水平的两个重要变量,实际财富和实际收入在恶性通货膨胀期间看起来相对比较稳定,至少与大幅波动的实际现金余额指标相比起来比较稳定。因此,为了能解释这些波动是随现金余额的需求函数变化的,而不是函数发生了变化,我们还必须注意其余变量的大幅变化:即不同财富持有形式的预期收益。只有当一种资产和货币的预期收益率差异发生变化时,这种资产的收益变化才会影响实际现金余额。如果这种差异变大,人们将会用这种资产替代部分的现金余额。因此,我转向一种更为详细的考虑:货币与其替代形式之间的收益差距,也就是持有现金余额的成本。

对于持有储备的任何一种替代形式来说,都有一种持有现金余额的成本。从广义上讲,任何一种可以交换货币的东西都可以作为持有现金余额的一种替代形式。为了实用目的,这些替代形式可以分为三种类别:(1)固定收益资产(债券);(2)收益变化的资产(股票和商品的所有权);(3)不易损坏的消费品。对任何一种替代形式来说,持有现金余额的成本是现金余额的货币收益和等值的替代资产的货币收益之差。现金余额的货币收益可能为零,典型的形式是流通货币;可能为负,如需要支付服务费的活期存款;也可能为正,如付息的存款。债券的货币收益包括利息,股票的收益包括分红,也包括由于这些资产面值变化所带来的收益或损失。当替代形式是持有消费品时,现金余额持有成本的变化可以只由给定的名义现金余额的实际价值的变化决定,即货币实际价值的贬值率。由于商品的实物折旧,消费品实际价值的变化相当稳定,可以忽略不计。

波动范围足够解释恶性通货膨胀期间实际现金余额剧烈变化的现金余额持有成本只有一个,就是货币价值的贬值率,或等价地说,是价格的变化率。这一观察结果提出这样一个假说:恶性通货膨胀期间实际现金余额的变化来源于预期价格变化率的变化。

为使这个假说有效,需要忽略(上文讨论的)其他变量在恶性

第二章 恶性通货膨胀的货币动力学

通货膨胀期间的影响。第四部分的统计检验在很大程度上支持这个假说：预期价格变化率的变化能解释期望的实际现金余额的变化。对于有些时期的数据并不支持这个假说，有证据（见第四部分）表明，考虑实际收入的变化不能弥补这个假说的缺陷。另一种解释这个假说为什么不能适用这些时期的说法是，这个假说只是一个可能的原因。

为了能在统计意义上检验这个假说，期望的实际现金余额和预期价格变化率，这两个变量必须与可观测到的现象相关。对前者的假设是期望的实际现金余额与真实的实际现金余额在每个时刻都相等。这意味着二者之间出现任何偏差都会立刻通过价格水平的变化得到消除[①]。预期价格变化率在某种程度上取决于实际价格变化率，这一假定将在下一部分解说。

---

① 这个假定可以如下的公示进行表示：令 M^d/P、M/P 分别表示期望的实际现金余额和真实的实际现金余额。然后写出：

$$\frac{d\log\frac{M}{P}}{dt} = \pi\left(\log\frac{M^d}{P} - \log\frac{M}{P}\right) \qquad (1)$$

在这里，π 是一个正的常数。这个公示也就是说，当期望的和真实的实际现金余额不同时，后者的百分比变化率与二者之比的对数成比例。当真实的现金余额超过期望的现金余额时，价格会上升，进而减少真实的现金余额。当真实的现金余额低于期望的现金余额时，价格会下降，进而会增加真实的现金余额。如果我们把这个方程写成如下形式：

$$\log\frac{M^d}{P} = \log\frac{M}{P} + \frac{1}{\pi}\frac{d\log\frac{M}{P}}{dt}$$

文中二者相等的假设则意味着，π 足够大，使得

$$\frac{1}{\pi}\frac{d\log\frac{M}{P}}{dt}$$

总是等于零。

根据这两个假设，这个假说主张时间序列上的价格水平和货币数量可以通过决定实际现金余额的方程联系起来。下面这个方程式能够解释七次恶性通货膨胀时期大部分的实际现金余额变化：

$$\log_e \frac{M}{P} = -\alpha E - \gamma \qquad (2)$$

方程(2)显示了实际现金余额在不同预期价格变化率水平下的需求。M 表示月末流通中货币量的一个指标，P 表示月末价格水平的一个指标，α（有必要为正）和 γ 是常数。E 表示预期的价格变化率，假定为真实价格变化率（用 C 表示）的函数。C 代表 $(d\log P)/dt$，可以近似地表示为连续的价格指数的对数之差。如果对数的底是 e，这个差值表示按复利计算的每月价格变化率[①]。

作为 C 的期望水平，E 和 C 有相同的度量单位，即一个能够用月数来除的纯数。因此，α 的单位是"月数"。

上述关系的一个启示是：不管现金余额的绝对数量，预期价格变化率的变动对按百分比计算的实际现金余额有相同的影响。这是因为方程(2)表示预期价格变化率和实际现金余额的对数是一种线性关系。为提供一个准确模拟真实需求函数的方程，这个启示看起来非常合适。

如果把方程(2)写成如下等价的形式

$$\frac{M}{P} = e^{-\alpha E - \gamma} \qquad (3)$$

[①] 如果把价格在 t 月中从 P_{i-1} 到 P_i 的变化看作每月按速度 C 连续变化，$P_i = P_{i-1}e^{Ct}$。当 t 是一个月时，$P_i = P_{i-1}e^C$，得出 $C = \log_e P_i - \log_e P_{i-1}$。

通过这个关系,可以得到实际现金余额关于预期价格变化率的需求弹性:

$$\frac{\mathrm{d}\frac{M}{P}}{\mathrm{d}E} \cdot \frac{E}{M/P} = -\alpha E \tag{4}$$

αE 是一个纯数。这个弹性与预期价格变化率成比例,当 E 是正时,弹性是负的;当 E 是负时,弹性是正的;当 E 为零时,弹性是零。

第三节 预期价格变化率

如表 2-1 到表 2-7 所示,七次恶性通货膨胀的时间序列数据表明,如果期望的和真实的实际现金余额总是相等,那么任何时刻的真实价格变化率都不能解释同一时刻的现金余额量。在很多月份中,当价格变化率很低,有时甚至为零或负的,实际现金余额依然远低于之前价格变化率高的月份。预期价格变化率在某种程度上似乎取决于过去的真实价格变化率。以下这个假说暗示了一种方法,这将在下部分重点用统计分析描述。预期价格变化率在每个时期的调整与真实价格变化率和预期价格变化率之差成比例。

这个假设可以表示为:

$$\left(\frac{\mathrm{d}E}{\mathrm{d}t}\right)_t = \beta(C_t - E_t) \qquad \beta \geqslant 0, \tag{5}$$

在这里,C_t 表示 t 时期的 $(\mathrm{d}\log P)/\mathrm{d}t$,$E_t$ 表示 C_t 的预期水

平。β 是一个常数①,可以称为"调整系数",因为它的大小决定了预期价格变化率向真实价格变化率调整的速度。β 越小,调整的速度越慢。

方程(5)的解表明了这个假设对预期价格变化率意味着什么。方程(5)是关于 E 和 t 的一阶线性微分方程,其解如下②:

$$E_t = He^{-\beta t} + e^{-\beta t}\int_{-T}^{t}\beta C_x e^{\beta x}\mathrm{d}x \qquad (6)$$

H 是常数积分,$-T$ 积分的一个任意的下限。如果价格在时间 $-T$ 之前几乎都不变,可以合理地假设 E 在 $-T$ 时刻为零,因此,

$$E_{-T} = He^{\beta T} = 0 \qquad H = 0 \qquad (7)$$

E_t 可以被重写为:

$$E_t = \frac{\int_{-T}^{t}C_x e^{\beta x}\mathrm{d}x}{\dfrac{e^{\beta x}}{\beta}} \qquad (8)$$

在这种形式下,预期价格变化率是过去价格变化率的加权平均,权数是由指数函数 $e^{\beta x}$ 确定的。这个表达式的分母表示权数之和,因为,

$$\int_{-T}^{t}e^{\beta x}\mathrm{d}x = \frac{e^{\beta t}}{\beta}(1 - e^{-\beta|T+t|})$$

---

① 因为 C 和 E 的单位是"每月",$\mathrm{d}E/\mathrm{d}t$ 的单位是"每月的每月",β 的单位也是"每月"。在数学上方程(5)等价于:
$$E_t = \beta\left(\log P_t - \int_{-\infty}^{t}E_x\mathrm{d}x\right) + a\mathrm{const.},$$
积分项表示 t 时刻的预期价格水平。

② 参见关于微分方程的任何一本教材。

第二章 恶性通货膨胀的货币动力学

而且因为 $-T$ 是已知的,所以 $e^{-\beta(T+t)}$ 小到足可以忽略不计[见式子(10)]。

在大多数的恶性通货膨胀期间,因为最多只能观测到月度数据,预期价格变化率近似为一系列数据的加权平均,每个数据代表每个月的价格变化率。就是说,对于 $t-1<x<t$,如果我们把 C_x 近似表达为 C_t,

$$\int_{t-1}^{t} C_x e^{\beta x} dx = C_t \int_{t-1}^{t} e^{\beta x} dx = \frac{C_t e^{\beta t}}{\beta}(1-e^{-\beta})$$

方程(8)可以被一系列数据代替,每个数据代表一个月的时间,如下所示[①]:

$$E_t = \frac{(1-e^{-\beta})\sum_{x=-T}^{t} C_x e^{\beta x}}{e^{\beta t}} \qquad t \geqslant 0. \qquad (9)$$

表2-2举例说明了按不同 β 值而确定的百分比数进行降序排列的加权方式,它是根据方程(9a)计算月数的权数。最后一列

---

① 对于一系列月份数据,计算 E 的一个简便方法是计算 $C_x e^{\beta x}$ 的累积和,对于所有 $x \geqslant -T$,注意到这个累积和是针对 $x \geqslant 0$ 的月份。那么,E_t 就是 $x=t$ 的累积和除以 $e^{\beta t}/(1-e^{-\beta})$ 得到的商。然而,当 β 很大时,比如说高于0.7,用下面的公式分别计算每一个 E_t 更为方便,

$$E_t = (1-e^{-\beta})\sum_{i=0}^{T} C_{t-i} e^{-\beta i} \qquad (9a)$$

在这个方法中,加权方式 $(1-e^{-\beta})e^{-\beta t}$ 对每一个 E_t 都是一样的,并且对每个 β 值只需要计算一次。

我们可以通过延长序列在预定的水平下来设定加总的权重。在本文中,T 是这样决定的:

$$(1-e^{-\beta})e^{\beta(-T-t)} < 0.00005, \qquad (10)$$

$t=0$(在回归中的第一个月);使用同样的 T,对任何的 $t \geqslant 0$,这个不等式肯定是成立的。然后,我们确定对 $t \geqslant 0$ 的一系列权数,加总起来可以达到 1 ± 0.0005。

是每种加权方式的平均时间长度,其定义如下:

$$\frac{-\int_{-\infty}^{0} x e^{\beta x} \mathrm{d}x}{\frac{e^{\beta t}}{\beta}} = +\frac{1}{\beta}$$

它度量了预期价格变化率滞后于真实价格变化率的平均时间长度。

表2-2 不同 β 值下的指数权数的特点

β(每月)	当 $t=0$ 时权数的值(调整到小数点后两位)	不同权数下的近似月数降序			加权方式的平均长度 $(1/\beta)$(月数)
		50%	75%	90%	
0.01	0.01	70	139	230	100.0
0.05	0.05	14	28	46	20.0
0.10	0.10	7	14	23	10.0
0.15	0.14	5	9	15	6.7
0.20	0.18	3	7	12	5.0
0.25	0.22	3	7	9	4.0
0.30	0.26	2	5	8	3.3
0.35	0.30	2	4	7	2.9
0.40	0.33	2	3	6	2.5
0.50	0.39	1	3	5	2.0
0.75	0.53	1	2	3	1.3
1.00	0.63	1	1	2	1.0
5.00	0.99	0	0	0	0.5
10.00	1.00	0	0	0	0.1

第四节 七次恶性通货膨胀数据的统计分析

方程(2)和由方程(9)给出的预期价格变动率的近似值隐含了如下方程。引入随机变量 ϵ_t 说明离零点的左侧偏差。

$$\log e\left(\frac{M}{P}\right)_t + \alpha \frac{(1-e^{-\beta})}{e^{\beta t}} \sum_{x=-T}^{t} C_x e^{\beta x} + \gamma = \epsilon_t \quad (11)$$

表 2-3 包含了参数 α、β 的估计值和相关系数，用七次恶性通货膨胀数据拟合方程(11)得到的[①]。拟合方法是最小二乘法。图 2-8 到图 2-14 显示了回归分析的散点图。通过回归方程估计的实际现金余额的时间序列已经绘制在图 2-1 到图 2-7 中。为了提高自由度，除俄国外，所有恶性通货膨胀的回归均包括开始月份之前的观测值，见表 2-3，但却没有使用更早的观测值，因为这些时期的实际现金余额变化较大。这些变化大多是恶性通货膨胀开始之前价格上升期的货币余额上升，与上文需求函数所暗含的变化不一致。下文将更充分地讨论这些问题。

表 2-3 七次通货膨胀的 α、β 的最小二乘估计值和相关系数[1]

| 国家 | 时期(月末) | 自由度 | α 的估计值(月数) | β 的估计值(每月) | 置信区间[2] | | 总相关系数 |
					α(月数)	β(每月)	
奥地利	1921年1月—1922年8月	17	8.55	0.05	4.43—31.0	0.10—0.15	0.989

---

① 得出估计值的方法在附录 A 中进行了讨论。

（续表）

德国	1920年9月—1923年7月	32	5.46	0.20	5.05—6.13	0.15—0.25	0.992
希腊[3]	1943年1月—1944年8月	17	4.09	0.15	2.83—32.5	0.01[4]—0.30	0.98
匈牙利	1922年7月—1924年2月	17	8.70	0.10	6.36—42.2	0.01[4]—0.40	0.926
匈牙利[3]	1945年7月—1946年2月	5	3.63	0.15	2.55—4.73	0.01—0.30	0.998
波兰	1922年4月—1923年11月	17	2.30	0.30	1.74—3.94	0.01—0.60	0.972
俄国	1921年11月—1924年1月	23	3.06	0.35	2.66—3.76	0.25—0.45	0.971

注：[1]估计值是在给定 β 值的条件下通过最大化总相关系数计算得到的，而不是求解正规方程。β 值是在 ±0.05 的区间内估计的。因此，每个样本的修正相关系数稍大于表中给出的数值。计算估计值的方法在附录 A 中，所用的数据见附录 B。[2] α 和 β 区间的置信系数是 0.90，β 的置信区间是一个以 0.05 为极限值的区间。也就是说，下限可能高出 0.05，上限可能低于 0.05。[3]由于必要的数据缺失，希腊没有调整到包括存款。这个调整对俄国来说，也不是必要的。"二战"后匈牙利每月的货币量包括存款，见附录 B。[4]置信区间的端点超出了所给的数字，正确的数字没有算出。因为当 β 很小时，对早期月份的预期价格变化率的估计是不可信的。

恶性通货膨胀期间的一些结论表明，过去价格变化率的指数加权平均能充分地反映实际现金余额的变化。此外，β 估计值的置信区间清晰地表明，预期价格变化率不等于当前真实的变化率。能够使二者相等的 β 值是 10.00（见表 2-2 的第一列）。在 0.10 的显著性水平下，与估计值相一致的最大 β 值仅为 0.60①。

---

① 必须慎重接受置信区间，除依赖似然比的渐进性以外，计算这些置信区间的方法假设最小二乘法得到的残差呈独立的正态分布。在两个参数的估计值中，置信区间最多只能用来表示随机变化的近似值。

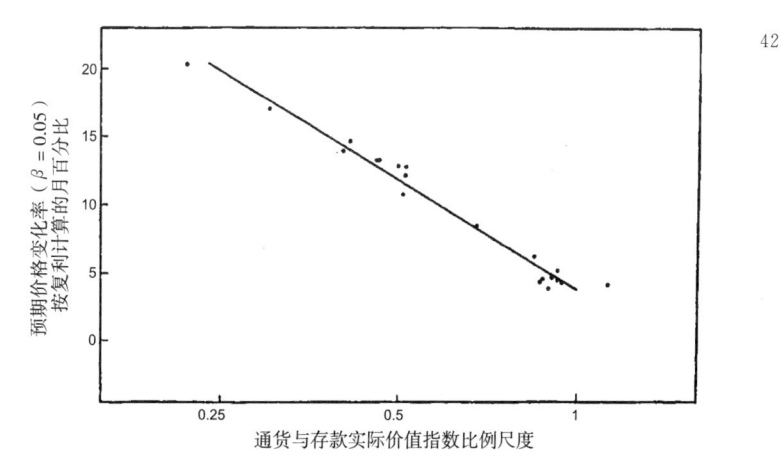

第二章　恶性通货膨胀的货币动力学

图 2-8　奥地利：月末预期价格变化率和通货与存款实际价值指数的散点图、回归线（α=8.55），1921 年 1 月到 1922 年 8 月

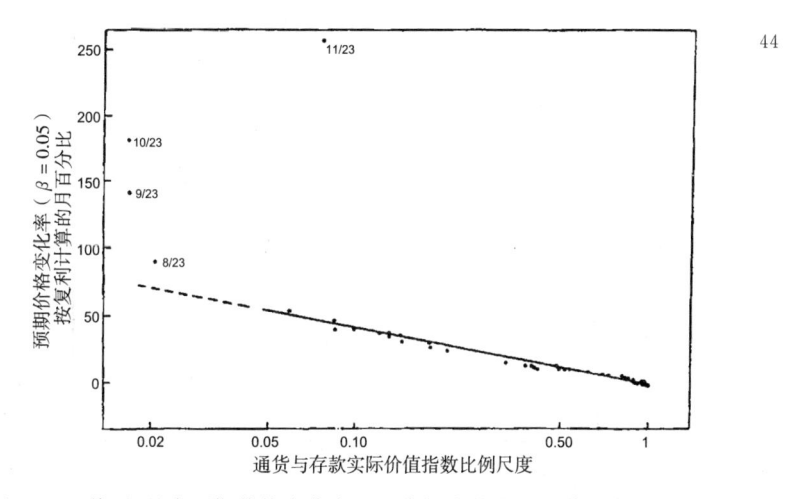

图 2-9　德国：月末预期价格变化率和通货与存款实际价值指数的散点图、回归线（α=5.46），1920 年 9 月到 1923 年 10 月（回归线之外的点均标明了日期）

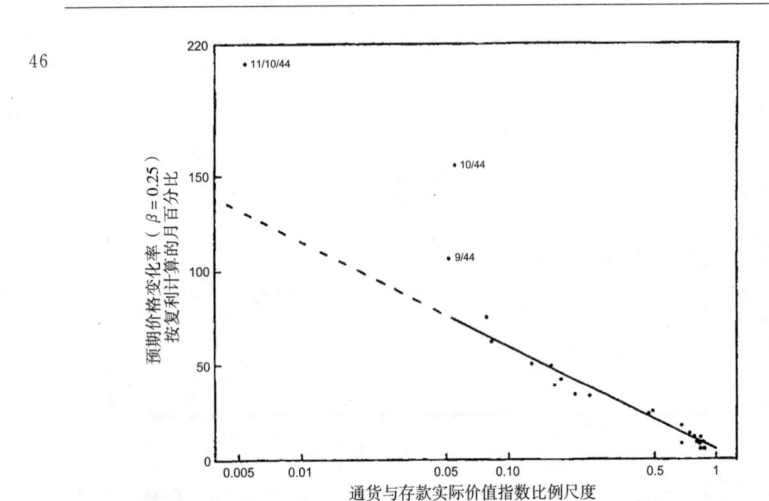

图 2-10 希腊:月末预期价格变化率和通货与存款实际价值指数的散点图、回归线($\alpha=4.09$),1943 年 1 月到 1944 年 10 月,包括 1944 年 11 月 10 号(回归线之外的点均标明了日期)

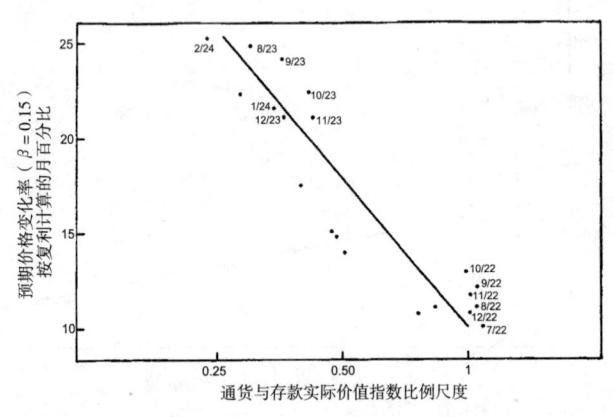

图 2-11 匈牙利:月末预期价格变化率和通货与存款实际价值指数的散点图、回归线($\alpha=8.70$),1922 年 7 月到 1924 年 2 月(1923 年 1 月之前、1923 年 7 月之后的点标明了日期)

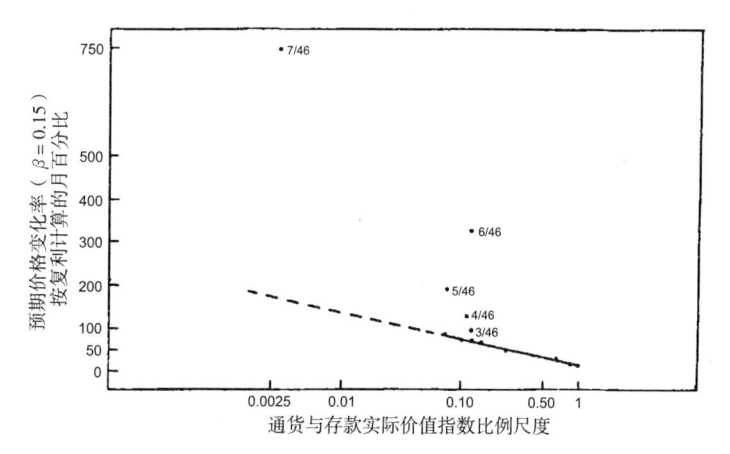

第二章 恶性通货膨胀的货币动力学

图 2-12 匈牙利:月末预期价格变化率和通货与存款实际价值指数的散点图、回归线($\alpha=3.63$),1945 年 7 月到 1946 年 7 月(回归线之外的点均标明了日期)

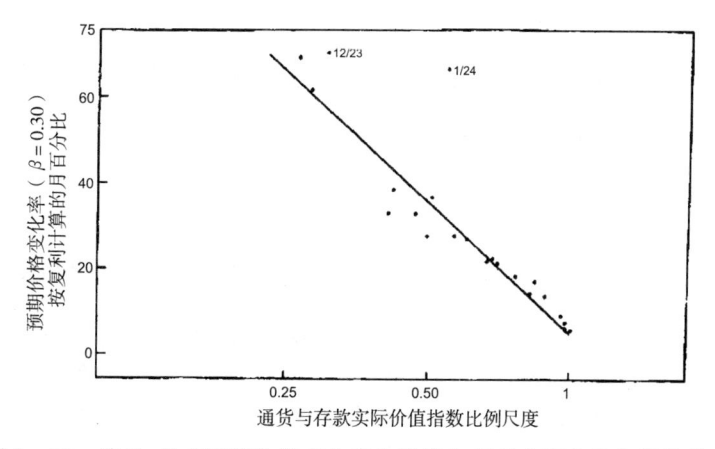

图 2-13 波兰:月末预期价格变化率和通货与存款实际价值指数的散点图、回归线($\alpha=2.30$),1922 年 4 月到 1924 年 1 月(回归线之外的点均标明了日期)

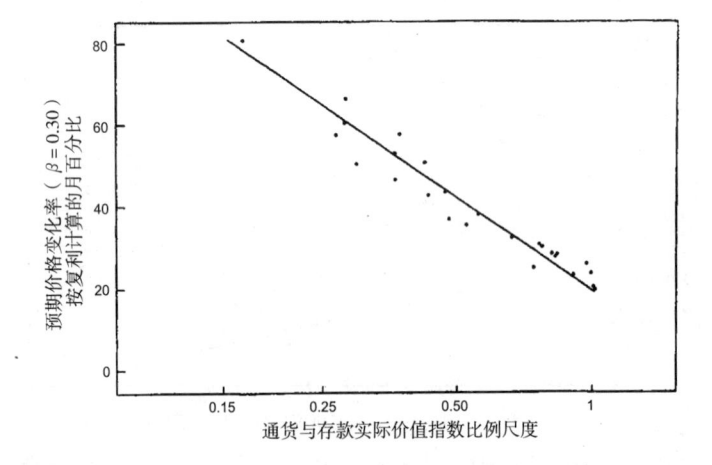

图 2-14 俄国：月末预期价格变化率和通货与存款实际价值指数的散点图、回归线（α=3.06），1921 年 12 月到 1924 年 1 月

表 2-4 给出了用所有恶性通货膨胀数据通过拟合方程(11)得到的 α 和 β 估计值。这些估计值显著不同于分别计算每次恶性通货膨胀得到的估计值[1]。因此，每次恶性通货膨胀参数值的差异不能归咎于估计中的随机变化。

然而，我们不应该过分强调这些差异。在某些重要方面，不同国家估计结果的相似性是非常显著的。后几部分将探讨参数估计

---

[1] 在这样的假设条件下：α 和 β 的值在所有恶性通货膨胀中都是相等的，表 2-4 给出了用所有数据拟合方程(11)得出的结果。在不同恶性通货膨胀之间，γ 值是不同的。对这个拟合来说，似然比水平是显著的，意味着这个拟合的相关系数低于对每次恶性通货膨胀分别进行估计得到的相关系数。

用所有数据对方程(11)做了另外两种拟合。在第一种拟合中，对所有恶性通货膨胀，β 是相同的，α 和 γ 是不同的；在第二种拟合中，对所有恶性通货膨胀，α 是相同的，β 和 γ 是不同的。在 0.005 的水平上，这两个拟合的相关系数显著小于分别估计恶性通货膨胀得到的相关系数。

第二章 恶性通货膨胀的货币动力学

表 2—4 七次恶性通货膨胀全体样本的 α 和 β 估计值
以及全体样本和分样本估计值之间的显著性检验[1]

估计值		总相关系数	全体样本和分样本的 α 和 β 估计值之间的似然比检验	
α(月数)	β(±0.05)(每月)		似然比	似然比的 0.005 显著性水平
4.68	0.2	0.894	72.53	28.3

注:[1]统计方法见附录 A。

值的经济意义,并指出七次恶性通货膨胀的差异点和相似性。本部分内容主要处理了统计结果准确性的一般性问题。这些统计结果需要持保留意见,不仅因为不可靠的数据,甚至还因为经济和统计性质所带来的困难。这些困难如以下标题所示:(1)数据的可靠性;(2)回归函数中遗漏的经济变量;(3)观测值不适合回归;(4)预期系数的上升。

1. 数据的可靠性

统计分析所使用的数据有价格指数和经调整以后包括银行存款的货币流通量指数,但希腊和俄国的货币流通量指数没有包括银行存款。附录 B 的数据表明,这些数据的涵盖面比较有限。流通货币通常是由一个政府机构发行的,官方文件报告的流通中的货币量具有毋庸置疑的准确性。然而,因为月度数据的不可获得性,非法和伪造的货币并不包含在这个数据中。但非法和伪造的货币至少在一次恶性通货膨胀期间自由流通过,比如德国,其他国家也在一定程度上发行过非法和伪造的货币。银行存款量的数据也缺少完整的覆盖范围。然而,如下所述,把货币数据调整到包括存款对估计仅产生很小的影响,并不是误差较大的一种来源。除了大部分价格指数是在经济上重要商品的平均价格之外,价格指数没什么可说的。价格指数在范围上是很不全面的,它们的准确性只能通过独立的来源来核实。如果存在独立的来源,它们与本文所使用的指标会整体一致。

假如像这些论述的那样,那么大部分数据有可能存在很大误差,为什么表2-3的相关系数如此之高呢?数据质量差往往会增大最小二乘估计的残差。相关系数高表明大部分数据不存在大量的随机误差。提高数据可靠性的一个因素是数据变化比较极端。在恶性通货膨胀期间,不同商品的价格上涨率,其差异在绝对水平上无疑是非常巨大的,但是同一商品的价格上涨率可能比较小。因此,显著范围的价格指数能比较准确地反映所有价格指数的上涨率。货币数据尽管不完善,但也足够逼近其大幅变化。

尽管数据能明显地摆脱大的随机误差,但可能始终存在某个方向上的偏差。把非法和伪造的货币排除在外,容易低估 α[①]。由于缺乏全面的数据,把价格指数限制在批发价或零售价,将分别造成指数过高或过低。然而,要注意的是,如果价值指数是"正确"指数的常倍数,将会无偏地估计 α 和 β。若要 β 的估计出现偏差,一个指数必须不能适当地表示价格变化率。即使这样,如果使用的价格变化率与真实的价格变化率存在线性关系,β 的估计值不会是有偏的。这种近似的关系并不是不可能成立。在恶性通货膨胀期间,所有的价格都涨的如此飞快,以至于任何一种价格或多或少

[①] 按照一个递增的百分比,久而久之,货币数量的数字低估了正确的数量,也会使得实际现金余额的指数渐渐地变得很低,进而造成 α 的估计存在向下的偏差。

准确地反映了所有价格变化的时间规律。因此，由价格指数的一致误差带来的偏差将主要出现在 α 的估计值中。但它们并没有显示出这种偏差的迹象。表 2-3 中，α 估计值的大小和所使用的指数种类之间不存在关系。奥地利和匈牙利第一次恶性通货膨胀的 α 估计值是最大的两个，分别基于生活成本价格指数和批发价格指数。波兰和俄国的估计值是最小的两个，分别基于批发价格指数和零售价格指数。这种偏差不足以决定估计值的排序。所以，我们应该至少可以相信它们的一般大小。

表 2-3 估计所用的数据包括流通货币指数、根据企业和个人持有的银行存款量的年度指标而推算的月度指标。如表 2-3 的一个注释指出，希腊和俄国的数据不包括存款；"二战"后匈牙利有月度的存款数据，没有必要进行推算。对另外 4 次恶性通货膨胀，表 2-5 给出了基于不包含存款的数据所得到的 α 和 β 估计值。对比表 2-3 和表 2-5 可以发现，用包含存款的数据进行估计，相关系数有两个提高了（德国和"二战"后的匈牙利），有两个则降低了（奥地利和波兰）[①]。包含存款对估计的净影响并不重要。因此，在其他恶性通货膨胀中，存款数据的使用很可能不会造成明显差异。另外，存款与流通现金的比率不大可能变化很快，所以月度存款数据（如果可得的话）的使用可能不会改变结果。

[①] 包含存款的数据应该能改善效果，因为存款的流通货币的变化趋势可能相差很大。可以预料到，使用依据银行存款量的年度指标而推算的月度指标，可能会增大回归线的残差。所以，调整以后的两个国家，残差方差变大的这个事实，并不表明参数的估计没有得到改善。

表 2-5 基于不包含存款的数据所得到的 α 和 β 估计值[1]

国家	α 的估计值(月数)	β 的估计值(± 0.05)（每月）	总相关系数
奥地利	8.78	0.05	0.996
德国	5.04	0.25	0.987
匈牙利("二战"后)	6.16	0.10	0.886
波兰	2.84	0.25	0.978

注：[1]月数和自由度同表 2-3，表 2-3 的注[1]也适用于本表的估计。

2. 回归函数中遗漏的经济变量

在恶性通货膨胀期间，随着货币的贬值，货币量的数据排除了在流通中所有没有固定兑换率的货币。被排除的货币中，一个重要的类型就是外国银行纸币。此外，莎沃奈茨(The Chervonets)是由政府在 1922 年年末第一次发行的币值稳定的货币，与正在贬值的卢布一起流通。匈牙利政府在 1942 年发行了一种新的通货"付税辨戈"(the tax pengo)，假定保持不变的货币购买力。这次发行取得了部分成功，因为它从没有像"常规辨戈"(the regular pengo)那样以极大的速度贬值。

货币量没有把这些额外发行的货币统计在内，因为本文关注的现金余额只针对那些加速贬值的货币。然而，突然引入这些额外发行的货币，在现金余额中，为持有正在贬值的货币提供了新的替代品。在恶性通货膨胀期间，币值稳定的货币不支付利息，这个事实毫无意义。防止未来购买力的余额完全消失是主要的担忧。因此，发行币值稳定的货币，同时也发行正在贬值的货币，其作用是加快由贬值货币构成的现金余额的流动性。然而，寻找这种作用的证据是困难的，至于外国银行票据，它们在恶性通货膨胀期间的流通量是未知的。只能做如下假设：这些外国银行货币一直被持有，流通量逐渐上升，因为国内货币的加速贬值刺激了外国银行货币的使用。如果这样的话，外国银行货币流通量的逐渐增加并不破坏数据的连续性，但与不存在外国银行货币情形相比，提高了 α 的估计值。1922 年到 1923 年，俄国发行的莎沃奈茨量是已知的。但它们对卢布实际价值的作用大小很难判断。不管怎样，在俄国恶性通货膨胀的后期，随着莎沃奈茨的引入，卢布的实际现金余额并没有相对下降。1946 年匈牙利发行的"付税辨戈"，显然没有流通量的数据，所以不能测定它对"常规辨戈"的作用大小。

　　由经济特性引起的其他估计误差可能较小。在构造实际现金余额的需求函数中，被忽略的主要变量就是实际收入。可以想象的是，实际收入的变化本可以对现金余额产生重大影响。然而，实际收入的变化可能不是重大估计误差的一个来源。一些国家有产量和农业产出的年度指标来表示实际收入的变化。与实际现金余额的波动相比，这些指标的变化很小，至少在恶性通货膨胀后期阶段价格急剧上升之前是这样。德国产出的半年指标在恶性通货膨胀最终阶段不到半年的时间里下降了 1/3[①]。即使这样，假设现金余额需求的收入弹性是单位弹性，考虑德国实际收入的变化，对数据进行调整，对参数估计结果的影响很小。这种影响很大程度上抵消了存款调整的影响。对于其他国家，产出指标或者反映了在恶性通货膨胀的月份中，实际收入没有大变化，或者反映了相互矛

---

① 实际收入的下降是由意图限制货币使用的措施造成的，不必对期望的实际现金余额造成进一步的影响。

盾的趋势,不能从中得出任何结论。

3. 观测值不适合回归

统计分析所覆盖的时间段排除了恶性通货膨胀末期的一些观测值。这些被排除的观测值来自于德国、希腊和匈牙利("二战"后)的恶性通货膨胀,并且已经在图2-8到图2-14中标明了日期(匈牙利第一次恶性通货膨胀的一些点在散点图中也标明了日期,但是在统计分子中并没有排除这些点)。所有被排除的观测值位于回归线的右侧。在统计分析中,排除这些点未必会改变从恶性通货膨胀早期观测值得到的 α 和 β 估计值。

有一到两个假设可以解释这些观测值具有的实际现金余额比方程(2)所暗含的水平更高。第一个假设是,在恶性通货膨胀中,货币改革的传言使人们相信,在以后的某些月份中,价格不会持续地快速上涨。与基于当月预期价格上涨率的通常愿意持有水平相比,这将会使个人持有更高的实际现金余额。近期来看,只要货币改革不大可能实现,人们就会根据一段时间的预期价格变化率来调整他们的实际现金余额。当他们相信当前的预期价格上涨率不会无限期持续时,他们不愿意承担因保持低水平现金余额而带来的成本。例如,除非货币贬值看起来没有尽头,人们将不愿意投资有风险的股票或者二手的耐用消费品。二手耐用消费品的主要吸引力是缺乏更好的替代品。如果租金远远超过价格上涨,厂商将不会租赁仓库来保持较高的存货。如此一来,当恶性通货膨胀预期将要结束时,实际现金余额会逐渐上升,即使在恶性通货膨胀将要结束的时期中,预期价格变化依然保持不变或上升。

第二章 恶性通货膨胀的货币动力学

第二个假设是,决定实际现金余额需求的函数与方程(2)不符。这个假设表明,散点图展示的回归函数如果能向左上方弯曲,将更符合这些观测值。为了与数据相一致,这个假设要求所有位于回归线右边的观测值应沿着弯曲的回归函数依次下降,或者相当于 α 的值应随着预期价格变化上升而下降①。

检验这两个假设将比较困难,我也不打算尝试。但是看一下这两个假设多大程度上与散点图上的数据相一致,不仅不困难,而且也很有意义。从散点图得到的证据可简单总结如下。

奥地利的数据(见图 2-8)都不支持这两个假设。所有观测值均比较靠近线性回归线。俄国的数据(见图 2-14)仅略微支持这两个假说。基本上位于线性回归线右上方的四个观测值代表恶性通货膨胀的最后四个月。如果货币改革预期的影响,降低这四个观测值,那么它们可能位于向上轻微弯曲的回归函数附近。匈牙利"一战"后的数据(见图 2-11)看起来不支持这两个假设。然而,位于回归线右上方的四个观测值,可能显示了由于货币改革预期而引起实际现金余额的水平较高。图 2-4 显示,1923 年 8 月、9 月和 10 月这三个观测值表示价格变化率急剧下跌的时期。可能因为在这三个月以及后来的 11 月份中,有一个恶性通货膨胀即

---

① 当然,可想而知的是,与本文所考虑的模型相比,实际现金余额的水平高可以通过对模型更为激进的修改来解释。例如,新货币可以一个很高的速度发行,以至于人们会阻止他们现金余额的实际值上升,尽管支出加速上升。然而,如方程(1)表述的那样,真实现金余额的调整滞后于他们的期望水平,不能弥补模型在恶性通货膨胀末期的缺陷。这种滞后表明,当他们的真实现金余额超过期望水平时,现金余额应该下降。事实上,当模型表明真实现金余额已经超过期望水平很多时,在恶性通货膨胀的末期月份中依然增加很多。这种滞后在解释这些事实方面的失败强化了本文提出的第一个假设(虽然这个假设不能直接证明),是这些模型缺陷的主要解释。

将结束的预期。一个类似的预期可能影响了回归线右下方的观测值。1922年8月到10月是价格变化率下降的一段时期。用这种方法解释"一战"后匈牙利数据的困难之处在于,来自于其他恶性通货膨胀的数据与同样的解释不一致。例如,在波兰的恶性通货膨胀中(见图2-6),1923年2月到3月,价格变化率下降了,但这一时期的数据表明,实际现金余额的估计水平没有超过整个时期的真实水平。

其他恶性通货膨胀末期附近的观测值位于回归线右边的不同地方,向上弯曲的回归曲线不能很好地拟合这些数据。然而,货币改制的预期可能解释这些观测值。如果这些观测值是根据预期效应而调整的,那么略微向上弯曲的回归函数可能比线性回归函数更好地拟合这些观察值。德国的恶性通货膨胀为这种可能性提供了一个很好的案例。到1923年11月中旬,德国的价格几乎停止上涨(这解释了为什么这个月中旬的实际现金余额相对很高)。在恶性通货膨胀快要结束的三个月里,离恶性通货膨胀结束的月份越近,观测值与回归线之间的水平距离变得越来越大。因此,这些观测值的形态与货币改革预期对实际现金余额的影响越来越一致。如果考虑这种对现金余额的影响,把1923年8月、9月和10月的点向左移动一点,存在某个非线性的回归函数能很好地拟合这三个月的数据。

类似的发现也适用于希腊、"二战"后的匈牙利和"一战"后的波兰恶性通货膨胀后期的观测值(见图2-10、图2-12和图2-13)。在这三次恶性通货膨胀的后几个月中,离恶性通货膨胀结束的月份越近,观测值与回归线之间的水平距离变得越来越大。根据第一个假设,货币改革预期的影响将越来越大。虽然如此,但这几次恶性通货膨胀的观测值,还有德国恶性通货膨胀的观测值与第二个假设不一致。向上弯曲的回归函数比线性回归函数更能拟合这些观测值。散点图表明,函数开始应该以每月大于 90—100 的预期价格变化率向上弯曲,除了波兰的恶性通货膨胀应该以大于 60—70 的预期价格变化率向上弯曲以外。

前面的讨论没有为以上问题出的两个假设提供直接的检验,但它确实提出了对方程(2)的可能修正,可以使其与数据相一致。根据所有相关的证据,这些修正是否站得住脚还有待考证。第一个修正就是,在恶性通货膨胀将要结束的时间里,货币预期改革充当了提高实际现金余额的角色。很难推断这个修正需要的程度大小,因为第二个修正与数据相一致。第二个修正就是,当 α 值因价格变化率达到很高的水平时,将可能会下降。

4. 预期系数的上升

图 2-1 到图 2-7 表明,估计的实际现金余额和真实的现金余额之间的残差具有显著的序列相关性,并且除匈牙利第二次恶性通货膨胀以外,均在 0.05 的水平上显著[1]。匈牙利第二次恶性通货膨胀不显著,可能是因为回归中的月数太少。回归本质上包括拟合不同的方程。在回归中,不相关的随机扰动项一般会产生

---

[1] 对于序列相关检验的描述见 von Neumann,"Distribution of the Ratio of the Mean Square Successive Difference to the Variance," *Annals of Mathematical Statistics*, xii(December, 1941), 367-395。显著性表,见 B.I.Hart and von Neumann, "Tabulation of the Probabilities for the Ratio of the Mean Square Successive Difference to the Variance," *Annals of Mathematical Statistics*, XIII(June,1942), 207-214。

序列相关性,它在结果中的出现并不足为奇。然而,即使不是全部,其中一些序列相关可以归结为预期系数的真实值随时间的变化。即使这些变化纯属随机的,作为过去系数值的总和(见方程(6)),预期价格变化率也包括了一种涉及随机变量连续值总和的成分。众所周知,这样的总和将会显示出正的序列相关性。

但是预期系数的随机变化只能解释序列相关的一部分,或者说是一小部分。因为有证据表明,预期系数并不是以一种完全随机的方式变化,而是倾向于随时间的变化而上升。面对同期价格波动的反映,与真实现金余额指数相比,由回归函数得到的实际现金余额指数,在早期的几个月中往往更大,而在后期的几个月中往往更小(见图2-1到图2-7)。这种趋势意味着系数的估计值在早期太高,而在后期太低[1]。这种趋势在5次恶性通胀中比较明显,并且被分为两个部分:奥地利以1921年6月为界;希腊以1943年11月为界;匈牙利第一次恶性通货膨胀以1923年8月为界;波兰以1922年11月为界;俄国以1923年8月为界。另外两次,匈牙利第二次恶性通货膨胀时期太短,以至于没有出现这种趋势;德国(在下文讨论)看起来出现了这一趋势,但实际是一种相反的趋势。

通过计算系数的估计值,有5次恶性通货膨胀呈现了这种趋势。在回归拟合中,仅包含后期月份得到的系数值高于包含所有的月份。表2-6汇总了通过拟合任意后几个月的数据而得到的

---

[1] 这不能归因于 α 的值变大。如果是这样,我们应该能观察到在系数给定的情况下,在散点图上的那些点应该向左下方弯曲。事实上,这些点如果能弯曲的话,是向上弯曲的。

第二章 恶性通货膨胀的货币动力学

估计值。表中展示的三次恶性通货膨胀是仅有的几次，按照后几个月份所得到的估计值高于使用所有月份所得到的估计值 0.05 或者更多。对于这三次恶性通货膨胀，表中的最后一列显示，使用后几个月份所得到的估计值占使用所有月份所得的估计值的百分比在 150% 至 200% 以上，也就是说，前者超过后者 50% 至 100% 以上。对于奥地利和希腊，虽然前者的估计结果超过后者多达 50%，但计算没有显示。因为，对这两个国家，由于缺乏更为精确的估计，两种估计的百分比差异难以准确判断（"二战"后匈牙利所覆盖的时期太短，以至于不能推断系数的任何变化）。这些估计值是所有时期系数值的均值。如果系数随着时期上升，这些结果表明，系数从恶性通货膨胀的开始阶段到结束阶段至少上升 50% 以上。基于这么少的观测值，这些估计值必定产生很大的误差[①]。但这并不意味着系数随时间的上升会一直增大。

另一方面，对德国来说，基于后几个月份得出的估计值与使用所有月份得出的估计值大致相似。比较令人疑惑的是，根据其他国家的证据，德国的数据不能表明系数的上升。原因可能是，所有月份的估计值对早期的几个月来说太高了，尽管回归看起来能同

[①] 表 2-6 最后一列的百分比在某种程度上可能太高了。价格指数的测量误差，用于实际现金余额指数和当前价格变化指数中，将会使二者产生伪相关，进而倾向于使系数的估计值产生向上的偏差。回归所使用的时期越短，这种偏差就会越大。因为这些序列误差的方差，与时期的长短无关，进而会占据总体方差的更大比例。时期越长，总体方差越大。偏差的大小难以判断，在下一部分，间接的证据将表明，这个偏差可能非常大。但是，在回归的时期中，由于总体波动如此之大，以至于不可能完全解释系数随时间的上升。

表 2—6 基于 3 次恶性通货膨胀后几个月份数据得到的 α 和 β 估计值[1]

国家	时期	自由度	α 的估计值	β 的估计值	后几个月份的 β 估计值占全部月份 β 估计值的百分比[2]
匈牙利	1923年2月—1924年2月	10	4.72	0.15 (± 0.05)	150
波兰	1922年8月—1923年12月	14	1.72	0.45 (± 0.05)	150
俄国	1923年4月—1924年1月	7	2.37	0.80 (± 0.10)	230

注：[1]估计方法和数据来源同表2—3。[2]所有月份的系数估计值的相应百分比见表2—3。

样拟合所有的观测值。这个结果是可以出现的，如果在后几个月中实际现金余额波动极大，就会决定整个回归。只有德国看起来有这个可能，从1920年9月到1921年7月，实际现金余额的水平相对比较稳定，对回归的影响很小。所以，系数没有上升，即使上升的幅度可能不大，这一点是不清楚的。

系数一般应随时间的推移而上升，这一点当然是合理的。如果公众没有——从近期发生的通货膨胀推断出价格的急剧上涨是暂时的，反而能预知将会有更严重的通货膨胀，这倒的确是非常奇怪的。在第三部分关于预期的假设将其视为通过试错过程决定的，预期价格变化向真实价格变化的调整是按照二者之差的一个比率。这个假设看起来为一些事实提供了一个适当的近似说法，且也满足模型的需要，但是没有理由止步于此。也可以合理地假设，具有经验的公众能做出调整的速度更快。我们已经发现，这个假设总体上与数据是一致的，尽管关于实际现金余额水平的系数

第二章 恶性通货膨胀的货币动力学

上升的影响,与现实发生的现金余额主要波动趋势相比还比较小。不过,这个假设是重要的,因为它应该能解释恶性通货膨胀初期的系数水平。如果过去的价格持续时间更长或者变化更大,预期系数就应该更高。

表2-7对比了预期系数水平和恶性通货膨胀以前的价格变化。这些数字显示,预期系数和过去的通货膨胀存在一些关系,尽管不是很精确。系数估计的误差能在多大程度上解释这种关系的精确性缺乏程度,还是很难说的。这些估计值非常大的置信区间(见表2-3)表明,我们不能过分相信这些估计值。然而,弄懂这些"事后"的数据,得到一些尝试性的结论,还是有可能的。奥地利较低的预期系数对应了之前时期相对比较温和的通胀,俄国较高的预期系数对应了激烈的战争和战后的通货膨胀。对这两个国家而言,预期系数和通货膨胀的关系是非常明确的。但对于其他国家来说,这种关系不是那么明确。如果我们暂时忽略德国,我们可以把波兰的高预期系数归因于1913年到1914年的价格大幅上涨;把希腊和匈牙利较低的预期系数归因于那个时期的价格涨幅相对较小,尽管在恶性通货膨胀的前一年价格涨幅突然变大。匈牙利第二次恶性通货膨胀之前,快速的通货膨胀由于太短,显然没有对预期系数产生很大影响。因此,匈牙利第一次恶性通货膨胀的经历似乎没有明显地影响第二次恶性通货膨胀的行为。这个结果表明,在大约25年的时间里,货币贬值的记忆逐渐消失,至少对第一次的经历来说;调整速度取决于最近的通货膨胀经历持续了多长时间。

表 2—7 预期系数水平和恶性通货膨胀以前的价格变化[1]

恶性通货膨胀	预期系数	回归分析开始以前的价格变化		
		从战前起(1913—1914 或 1937—1939)(%)	一年(%)	两年(每年%)
奥地利	0.05	6500	94	82
匈牙利	0.1	17300	314	n.a.
匈牙利	0.15	10400	3460[2]	520[3]
希腊	0.15	9750	424	940[4]
德国	0.2	1400	206	156
波兰	0.3	75000[5]	241[6]	n.a.
俄国	0.35	28800000	1610	990

注:n.a.表示缺失值。[1]来源见附录 B。[2]13 个月的年化率。[3]25 个月的年化率。[4]22 个月的年化率。[5]批发价格指数,生活费用指数为 58500%。[6]生活费用指数,把批发价指数转为了零售食品价格指数,应为 137%。

鉴于战争期间以及结束时的温和通货膨胀,德国的预期系数处于中等水平,乍一看与其他国家不一致。相对较高的系数显然起因于当时德国经济在金融和工业方面的先进发展。在一个农业占比较低的经济体中,货币贬值可能更加明显,并且贬值的效应能更早地被感受到。工业企业和工人在销售产品和服务时,主要依靠货币的价值;在城市化较低的经济体中,货币的使用较少。这些事实也可能造成奥地利的预期系数比其他国家更高,然而,奥地利的系数却比较低,主要是因为恶性通货膨胀更加温和、持续时间较短。"一战"后,其他国家的恶性通货膨胀刚刚开始,奥地利在那个时候就快结束了。

总的来说,根据对持续通货膨胀的反映判断,预期系数通常是上升的。它可能解释了回归残差的大部分序列相关。在恶性通货膨胀期间,预期系数的上升是平稳的还是突然跳跃到一个更高的

第二章 恶性通货膨胀的货币动力学

水平,这是不能决定的,因为数据的期限太短,不能显示出逐渐变化的状态。然而,关于这个问题有一些证据,存在于(回归分析之前的月份)实际现金余额的变化中。证据指出,预期系数可以从很低甚至负的水平突然上升。在通货膨胀初期阶段,负的预期系数表示公众预期价格将会最终下降。在德国整个"一战"期间,尽管价格连续上涨,但实际现金余额也一直在上升。战争之后不久,现金余额急剧下跌,以至于模型对此也难以解释。而且,没有迹象表明实际收入在同时期急剧下跌。同样,在奥地利和波兰恶性通货膨胀之前的月份中,尽管存在持续的通货膨胀,但实际现金余额也一直在上升。战争之后不久,这两个国家的实际现金余额也出现了快速下降。经过一段长时间的预期:价格会回到战前水平[①],实际现金余额的下降似乎反应了对通货膨胀的一种滞后调整(对于两次战争期间的匈牙利和"二战"时的希腊,由于货币数据的考察时间不够久,不能观察到同样的现象是否发生了)。

在恶性通货膨胀之前,大概公众开始对价格稳定和下降的前景失去信心,现金余额的不规则变化则意味着预期系数会突然上升[②]。之后,如果通货膨胀持续下去并且加速上升,预期系数(正如我们看到的)似乎变大,很可能是突然变化而不是逐渐上升。然而,这些变化的准确时间和方式仍无法解释,它们肯定与过去通货膨胀的大小和持续时间存在一些关系。持续时间非常重要,因为

[①] 然而,在俄国,尽管价格变化率的波动接近于1917年中期到1921年末的平均水平,但实际现金余额在整个"一战"期间同时出现了下降,同一时期的实际收入下降和政治不确定性可能解释了实际现金余额的平稳下降。

[②] 参见 Brown, *The Great Inflation 1939－51* (London:Oxford University, Press,1955),pp.190－192。

通货膨胀率并不存在一个门槛,一旦超过该门槛,就能引起预期系数的上升。所以,即便是温和的通货膨胀,如果持续的时间够长,最终应该能产生一个比较高的预期系数。至于能高到什么程度这个深层问题,可能没有一个确定的答案。当系数达到一定水平以后,这个问题似乎失去了意义。俄国的预期系数接近 0.8,预期价格滞后于真实价格变动的平均时长是 1.25 个月。在那个时刻,所有预期对当前价格变化会做出极端反映,并且没有太多的空间来缩短这种滞后。但是,在决定价格上涨是否稳定时(也就是价格的上涨是否是自发的),预期系数在高水平时的真实值变得十分重要。这个问题构成了下一部分的主题。下一部分的证据表明,预期系数过去没有,并且可能永远达不到能出现价格自发上涨的水平。

预期价格的上升会使得 α 的估计值产生向上的估计偏差。因为在恶性通货膨胀后期的连续数月中,用来计算预期价格变化率的常系数值小于不断变大的真实值。由于真实价格变化率趋于上升,在后期连续的月中,预期价格变化率将被低估更多。这种低估会使得 α 的估计偏差更大[①]。这样的偏差部分解释这样一个事实,表 2-6 的 α 估计值低于表 2-3 的 α 估计值。前者的估计值更为准确,如果这些估计值来源于更好的系数估计值。然而,变大的系数估计偏差(当估计所用的时期更短时,这种偏差会更大)会使得表 2-6 的 α 估计值多少低于表 2-3 的 α 估计值。所以,真实值应位于两个表估计值之间的某个地方,但是不能确定哪个

---

① 应被指出的一点是,由于这个原因,系数的上升并不是恶性通货膨胀末期观测值位于回归线上方的原因。这可能仅仅是因为系数的下降。这些较高的观测值确实可以被理解为系数的下降。

估计值更加准确。

第五节　恶性通货膨胀中均衡的稳定性

预期系数决定了人们修正预期价格变化率的速度。人们根据调整的预期系数来改变他们的实际现金余额，改变量取决于对现金余额的需求弹性。需求弹性与 α 成正比。但是，给定一系列货币量变化对价格水平的总反应，以及价格稳定运行的条件取决于这两个参数的乘积①。这可以通过得到模型的稳定性条件来证明。

在一个自发的通货膨胀中，价格的微小上涨都会引起一种"逃离货币"的现象，即价格上涨在比例上超过初始的上涨。在任何价格水平上，如果价格变化率朝相反的方向变化，这种现象就不会发生。那么，价格的任何上涨都会被其上涨率的下降所抑制。价格运行均衡的条件可以表述为：

$$\frac{\partial \left(\frac{\mathrm{d}\log P}{\mathrm{d}t} \right)}{\partial P} < 0$$

对于恶性通货膨胀，这个条件可以由方程(2)和(5)推导出。在 E 等于 0 的月份中，如果 P 和 M 的指数设为 1，方程(2)中的 γ 消失，这两个方程可以写成如下形式：

$$\log \frac{M}{P} = -\alpha E \qquad (2\mathrm{a})$$

---

① 这种依赖性意味着，在数据给定的条件下，β 的值越小，α 的值就越大。随着 β 变小，过去平均价格变化率的单个权重就变得更加相等，进而加权平均会产生一个变化更小的预期价格变化率。所以，一个越小的 β 意味着一个越大的 α，因为预计价格变化率的变化越小，必须能解释同样变化的实际现金余额。

$$\frac{dE}{dt} = \beta\left(\frac{d\log P}{dt} - E\right) \tag{5a}$$

对数以 e 为底。为了把这两个方程简化为可观测变量之间的一种关系，方程(2a)对时间 t 求一阶偏导，得到：

$$-\frac{1}{\alpha}\left(\frac{d\log M}{dt} - \frac{d\log P}{dt}\right) = \frac{dE}{dt} \tag{2a'}$$

把(2a)和(2a′)代入到(5a)中，得到的如下关系式：

$$\beta(\log P - \log M) = \frac{d\log M}{dt} - (1 - \alpha\beta)\frac{d\log P}{dt} \tag{12}$$

进而可得到：

$$\frac{\partial\left(\frac{d\log P}{dt}\right)}{\partial P} = \frac{-\beta}{1 - \alpha\beta}\left(\frac{1}{P}\right) \tag{13}$$

因为 M 独立月 P，所以 M 及其变化率对 P 的偏导为零。因为 P 非负的，从方程(13)可以明显地看出，如果 $\alpha\beta$ 小于 1，价格就处于稳定均衡状态；如果 $\alpha\beta$ 大于 1，价格就处于不稳定均衡状态[①]。

均衡稳定与否对恶性通货膨胀的过程意味着什么，可以从决定价格的函数推断。这个函数可以对方程(12)的 $\log P$ 进行求解得到。方程(12)是 P 和 t 的一阶线性微分方程，其中，假设 M 是 t 的函数，独立于 P。假设此时 $\alpha\beta$ 不等于 1，$\log P$ 关于的 t 解，可以表示为：

$$(\log P)_t = (\log M)_t + He^{-\beta t/(1-\alpha\beta)}$$
$$+ \frac{\alpha\beta}{1-\alpha\beta}\frac{\left(\int_{-T}^{t}\frac{d\log M}{dx}e^{\beta x/(1-\alpha\beta)}dx\right)}{e^{\beta t/(1-\alpha\beta)}} \tag{14}$$

---

① 当 $\alpha\beta = 1$，方程(13)的偏导数为零，这种极限的情况变成了等价于稳定均衡（见方程(16)）。我非常感谢雅各布·马尔沙克让我注意到用公示表达稳定均衡的标准。

第二章 恶性通货膨胀的货币动力学

其中，$-T$ 是一个任意指定的数，H 是积分常数。H 由变量在某一时点的具体值决定。我们假设在 $t=0$ 之前，M 和 P 是单位 1，在 $t=0$，M 开始以 $(\mathrm{d}\log M/\mathrm{d}t)_0 = r_M$ 的速度上升，并且价格开始以 $(\mathrm{d}\log P/\mathrm{d}t)_0 = r_P$ 的速度上升[①]。基于这些初始条件，方程 (14) 采用如下形式：

$$(\log P)_t = (\log M)_t + \frac{\alpha\beta}{1-\alpha\beta} \frac{\left(\int_0^t \frac{\mathrm{d}\log M}{\mathrm{d}x} e^{\beta x/(1-\alpha\beta)} \mathrm{d}x\right)}{e^{\beta t/(1-\alpha\beta)}} +$$

$$\left(\frac{r_M}{\beta} - \frac{1-\alpha\beta}{\beta} r_P\right) e^{-\beta t/(1-\alpha\beta)} \quad (15)$$

通货膨胀的过程关键还是取决于 $\alpha\beta$ 的大小，即"反应指数"(reaction index)。

当反应指数小于 1 时，随着 t 的增加，积分项之后的各项趋向于零，因此，价格最终取决于两个因素：货币量和积分项。积分项是过去货币量变化率的指数加权平均。实际现金余额的对数就与积分项的负数成正比。

当反应指数等于 1 时，方程 (12) 的最后一项可以消去，可以直接得到价格水平：

---

① 有必要指明 $r_P > r_M$，在以下这个等式中

$$\frac{\mathrm{d}\log \frac{M}{P}}{\mathrm{d}t} \equiv \frac{\mathrm{d}\log M}{\mathrm{d}t} - \frac{\mathrm{d}\log P}{\mathrm{d}t}$$

假设初始速度在右边可以被替代，所以

$$\left(\frac{\mathrm{d}\log \frac{M}{P}}{\mathrm{d}t}\right)_0 \equiv r_M - r_P$$

当价格和货币量上升时，因为实际现金余额下降，这个等式的两边必然为负。

$$\log P = \log M + \frac{1}{\beta}\frac{d\log M}{dt}$$

或者，因为 $\alpha\beta = 1$，得到：

$$\log \frac{M}{P} = -\alpha \frac{d\log M}{dt} \quad (16)$$

在这种情况下，实际现金余额与当前货币数量的变化率有关系。现金余额的调整不受过去货币持有成本的影响①。

当反应指数大于 1 时，在方程(15)中，积分项之后的各项为正。积分项是负的。积分项中的指数权重现在反过来了，所以给了过去货币变化率最大的权重。积分项最终保持相对不变②。价格水平主要取决于货币量的对数以及积分项的后两项。积分项的

---

① 预期价格变化率可能依然滞后于真实的价格变化率，除非 β 或 $(1/\alpha)$ 足够大。事实上，

$$\left(\frac{d\log P}{dt} - E\right) = \frac{1}{\beta}\frac{d^2\log M}{dt^2}$$

或者，因为 $\alpha\beta = 1$，微分项也等于 $\alpha(d^2\log M/dt^2)$。这就意味着，当货币量以递增的速度上升时，预期价格变化率就滞后于真实价格变化率。如果人们能预测真实的价格变化率，真实的现金余额就不会低于他们愿意持有的水平。这个结果是从模型中的方程 (5) 得到的，该方程显示了预期在每期是如何修正的。没有考虑更高等价的预期修正。然而实际上，当实际价格按照递增的速度持续上涨一段时间时，人们好像也以递增的速度修正预期。尽管如此，方程(5a)足够解释大部分数据。

② 只要 $\log M$ 的增加速度小于指数率，这个说法就是正确的。假如 $\log M$ 开始以大于 $-\beta/(1-\alpha\beta)$ 的指数速度增加，积分项是一个递增的负值。价格水平将会立即变得无穷大（这可以用 $r_P = \infty$ 表示）。否则，即使 $\log M$ 增加，$\log P$ 迟早会下降。这与我们的前提不一致。在这个方程中，没有递增的价格水平，价格水平不会立即上涨到无穷大，并且与 $\log M$ 相一致，$\log M$ 以大于 $-\beta/(1-\alpha\beta)$ 的指数速度增加。

在中间的情况下，$\log M$ 以小于或等于 $-\beta/(1-\alpha\beta)$ 的指数速度增加，其解可以通过方程(15)得到。当 $\log M$ 以足够大的速度增加，只要 $\log P$ 增加，必定会增加到无穷大，这种事实的原因主要是因为模型的限制，而非恶性通货膨胀的现实。这个模型是最接近这些现实的仅有模型。

第二章 恶性通货膨胀的货币动力学

这两项以指数率的速度增加。因此，$\log P/M$ 最终会以近似指数率的速度增加。

在货币量按照一个不变百分比增加的条件下，方程（15）和（16）的解将要说明反应指数小于 1、等于 1 和大于 1 的三种情况。在 $t=0$ 之前，假设 $\log P$ 和 $\log M$ 均为零；当 $t \geqslant 0$ 时，假设 $\log M = r_M t$。那么，当 $t \geqslant 0$ 时，价格、价格变化率和实际现金余额的方程如下：

$$(\log P)_t = r_M t + \alpha r_M - \frac{1-\alpha\beta}{\beta}(r_P - r_M)e^{-\beta t/(1-\alpha\beta)} \quad (17a)$$

$$\left(\frac{\mathrm{d}\log P}{\mathrm{d}t}\right)_t = r_M + (r_P - r_M)e^{-\beta t/(1-\alpha\beta)} \quad (17b)$$

$$\left(\log \frac{M}{P}\right)_t = -\alpha r_M + \frac{1-\alpha\beta}{\beta}(r_P - r_M)e^{-\beta t/(1-\alpha\beta)} \quad (17c)$$

图 2-15 描绘了这些方程。当反应指数等于 1 时，每个方程的最后一项均等于零。在这种情况下，将假设的货币量变化直接代入到方程（16）中，也会得到同样的结果。

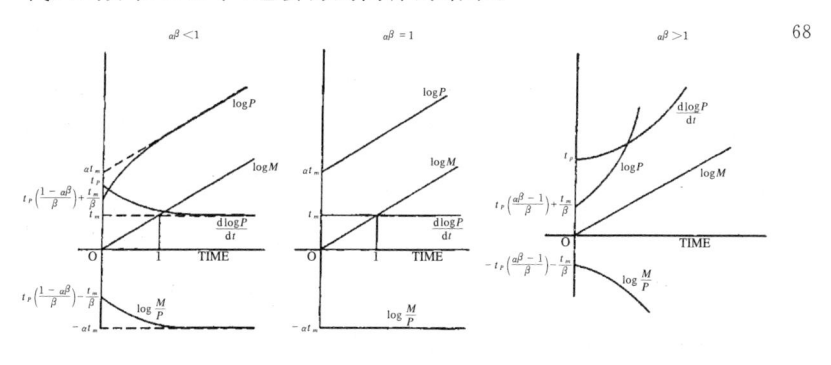

图 2-15 货币量增长率不变的三种情况

表 2-8 给出了反应指数的估计值和置信区间。在进行估计

的国家中,似乎只有德国和俄国的恶性通货膨胀,其反应指数大于1。除奥地利、希腊和匈牙利第二次恶性通货膨胀以外,其他国家的置信区间太大,以至于不能得出反应指数的真实值小于1。

表 2-8 反应指数[1]

国家	$\alpha\beta$ 的估计值	$\alpha\beta$ 的置信区间[2]
奥地利	0.43	0.31—0.66
德国	1.09	0.92—1.26
希腊	0.61	0.32[3]—0.85
匈牙利("一战"后)	0.87	0.42[3]—1.27
匈牙利("二战"后)	0.54	0.47—0.76
波兰	0.69	0.39—1.04
俄国	1.07	0.94—1.20

注:[1]估计方法见附录 A。[2]区间的置信水平是 0.90,见附录 A。[3]每个置信区间的末尾超过了所显示的值,见表 2-3 的注 4。

预期系数随时间的变大(其支持证据已在上一部分的第 4 小部分讨论过)并不一定使得后几个月份的反应指数高于全部月份的反应指数(如表 2-8)所示。就像我们指出的那样,当使用一个不变系数时,预期系数的上升会使得 α 产生向上的估计偏差,正如表 2-8 所示。考虑这些预期系数的增加,只有俄国的反应指数大于 1。基于表 2-6 对后几个月的估计结果,俄国的反应指数变成了 1.90,但是波兰的只变成了 0.77,"二战"后的匈牙利下降到 0.71。其他国家的计算结果没有显示,表明反应指数没有上升到 1。对德国后半段恶性通货膨胀的估计,反应指数下降到 0.96。这种证据表明,只有俄国的反应指数明显超过 1。德国后几个月份的反应指数似乎稍微小于 1,其他国家则远远低于 1。

但是俄国反应指数的估计值可能虚假地大于 1,因为存在另

第二章 恶性通货膨胀的货币动力学

一种使得反应指数估计值过高的偏差,这一点需要考虑到,尽管我们不能计算它的影响。它就是预期系数估计值的向上偏差。然而,这种偏差使得 α 的估计值过低,事实上并没有使得它们按比例降低。对 α 的修正将意味着,反应指数应有所降低。虽然它对整个恶性通货膨胀的估计值的影响可能较小,但是对一些期限较短的恶性通货膨胀,它的影响可能非常大。这种偏差是否足够完全解释俄国反应指数超过 1 的事实,尚不确定。还有一些较小的偏差来源,一些朝其他方向起作用,这可能非常重要,当小量起重要作用时[①]。这样一来,其他国家的实际值似乎都小于 1,许多可能误差来源的存在使得这个结论受到质疑。

俄国、德国和其他国家的反应指数实际上不大于 1,这一点的间接证据可以通过方程(15)计算得到的价格水平的估计值得到。把表 2-8 中德国和俄国的参数估计值,代入到方程(15)中,来估计真实的价格水平,会得到非常差的结果。并且,任何其他大于 1

---

① 下面将详细描述使得参数产生向下偏差的两种来源。即使存在很小的偏差来计算涉及的准确量,很难说哪种非常重要。

a) 把非法的货币发行排除在货币外,无疑会通过更大的百分比使得这些数据逐渐变得过低。因为在恶性通货膨胀接近结束的峰值时期,发行没有经过授权的货币的激励最大(见第四部分第 1 点的讨论)。通过低估一系列的实际现金余额,这种排除会使得 α 的估计值过低。

b) 在一阶微分方程中,系数的最小二乘估计值存在向下的偏差。这些结果来源于估计值没有考虑残回归差的序列相关。这种相关是由微分方程造成的,即使原始的随机变量并不是自相关(见 T.C.Koopmans, *Statistical Inference in Dynamic Models* [纽约:约翰·威利父子公司,1950],第 365—383 页)。回归方程(11)是一个 T 阶微分方程。在一阶方程中,表 2-3 和表 2-8 的估计值有多大程度的偏差,是未知的。这种偏差,与此为止提到过的任何偏差都没有关系,表明这两个参数的估计值过低。可以想到的是,它解释了回归残差中的一部分真实序列相关,这一点已经在第四部分第 4 小部分讨论过,并将它归因于预期系数的上升。

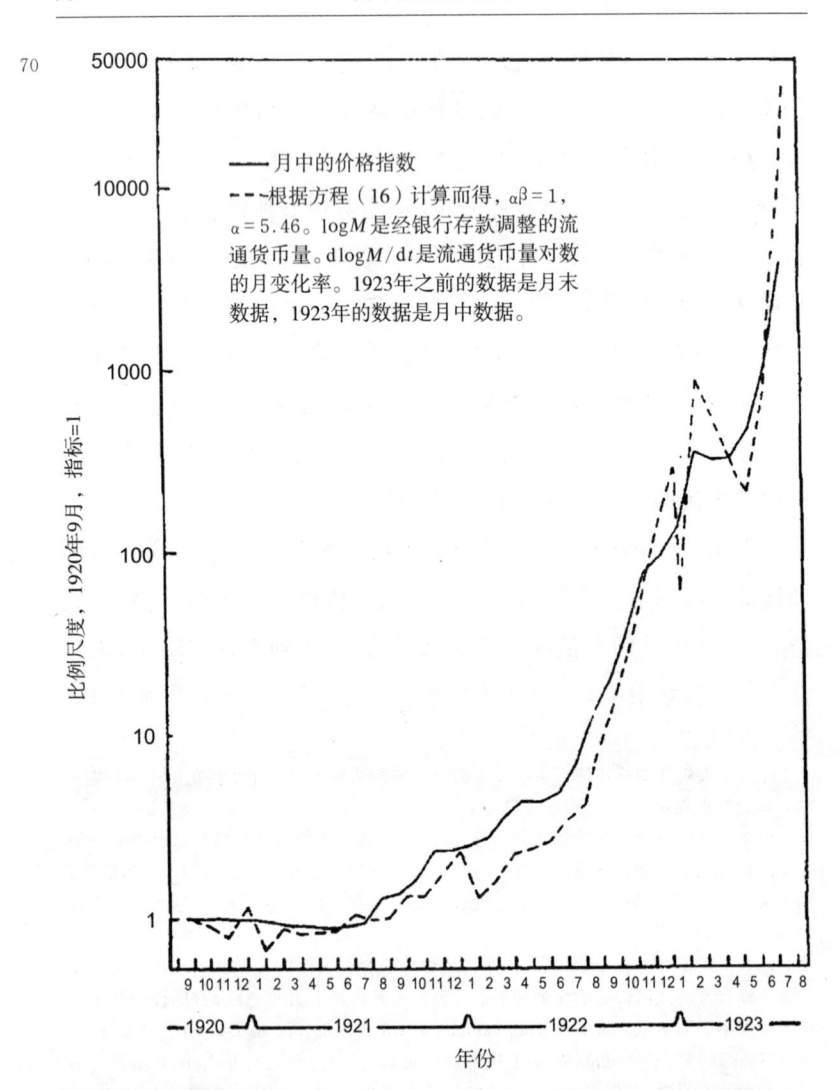

图 2-16 德国 1920 年 9 月到 1923 年 7 月，由模型得到的价格指数和真实的价格指数

第二章 恶性通货膨胀的货币动力学

的指数值都不能令人满意。另一方面,德国和俄国等于或略小于1的值给出了比较合理的结果,正如表2-16的德国恶性通货膨胀所示,比较了德国真实的价格水平和有方程(16)得到的价格水平。

由模型的一种形式得到的参数估计值并不总是符合另一种形式得到的估计值,其原因是一种形式引入了偏差而另一种没有。虽然在数学上,两种形式是等价的,但由它们得到的回归函数涉及不同的时间序列。对任何一个时点,所使用的回归将当前货币供应量和价格,与过去的价格变化联系起来。模型另一种形式的回归将当前货币量和价格,与过去货币量变化联系起来。然而,估计参数的前一种方法没有严格区分反应指数大于还是小于1,而后一种方法区分了。如此一来,尽管真实的反应指数可能小于1,但用这种方法得到的估计值有时大于1,由于存在随机误差和偏差。

对结果的解释看起来是不可避免的,因为大于1的反应指数与恶性通货膨胀的一般特征不一致。当指数超过1时,方程(15)表明,一旦货币量开始增加,货币量的变化与通货膨胀的过程几乎没有关系。实际现金余额的下降幅度非常大,受到下降的现金余额永无止境的推动,价格会继续上涨[①]。这种情况没有反映德国、

[①] 在这样一种情况下,通货膨胀是自发形成的,在这种意义上,不断减少的实际现金余额导致了价格持续上涨,反过来又导致了现金余额继续下降。根据模型,参数值有可能事先确定,货币量即使有某个下降率也不能制止通货膨胀,一旦通货膨胀开始了。但是我们不应该期望应用模型的这种情况。当货币改革临近时,鉴于现金余额的急剧上升,无论反应指数是否大于1,货币发行速度的任何降低将可能会改变之前对未来某一通货膨胀率的预期,降低到一个更低的速度。如果这样的话,假如货币发行当局的政策能对未来的币值增加更多的信心,现金余额将会立即增加。在一个仅依据过去价格或货币变化来预测未来价格变化的模型中,预期的突然修正不能得到解释。

俄国或其他国家整个恶性通货膨胀的特点。价格变化并不总是倾向于以指数速度增加。而且,如果反应指数大于1,在方程(16)的任何解能合理准确估计价格之前,真实价格的对数值必须以不低于指数速度的速度增加,除非可能存在预期的连续变化。即使在俄国恶性通货膨胀的末期,尽管价格变化率平稳攀升,但在任何地方都没有接近于指数速度。因此,根据已经发生的真实价格上涨率,没有一个恶性通货膨胀好像是自发的。

是否可以得出这样一个结论?自发的通货膨胀在某种程度上是不可能的,似乎没有理由解释它们为什么没有发生,至今尚未观测到自发的通货膨胀现象。通货膨胀持续了几十年,但还没有呈现出自发的特征。七个相对简单的恶性通货膨胀和这个事实表明,只有当恶性通货膨胀持续很长一段时间时,价格上涨将会变成自发的。即使当反应指数超过1时,但如果货币供给的百分比增速小于指数率,对价格将会以指数速度上涨的预期也不会持续太久。实际现金余额以指数速度交替上升或下降的百分比变化,取决于货币量增加在当下预期加速还是逐渐停止,使价格更可能表现出高度的不稳定性。这些情况下,货币改革似乎可能变成了政治和经济的必需品。这也就是为什么从来没有观测到价格自发上涨的原因,如果恶性通货膨胀只是初始阶段的延续,而在探知其发展趋势后将不再会持续很长时间。

第六节 对滞后时间的一个解释

我们已经看到,在模型中,如果预期的滞后时间太短,通货膨胀会变成自发的。当预期系数相当大时,意味着预期价格变化紧跟真实价格变化,没有明显的滞后,反应指数会大于1。然后,一旦货币供给增加,价格的对数开始以不低于指数率的速度上升。随后的货币供给增加只增加了价格上涨的速度[①],货币供给增长率的下降将不会使得价格上涨的速度低于指数率,除非可能通过对预期的间接影响。第五部分的稳定动态均衡条件证实了这种说法,该条件显示,大于1的反应指数会产生不稳定的状态。

事实上,任何把实际现金余额和价格变化率联系在一起而没有滞后的函数,都违背了稳定的条件。给定这样一个函数:

$$f\left(\frac{M}{P}\right) = \frac{\mathrm{d}\log P}{\mathrm{d}t} \tag{18}$$

价格稳定动态均衡的条件要求:

$$\frac{\partial\left(\frac{\mathrm{d}\log P}{\mathrm{d}t}\right)}{\partial P} = \left(\frac{-M}{P^2}\right)f' \tag{19}$$

小于零,假如 M 独立于 P。因为面对价格变化率上升,实际现金余额正常下降,所以 f' 通常是负的;因此,这个偏导数是正的,意味着不稳定性。无论何时,只要价格上涨,价格变化率就会上升。因此,可以说,通货膨胀将会在自身的动力下持续下去。

当然,温和的通货膨胀不会呈现出不稳定的特性,这七次恶性通货膨胀似乎也没有。所以,存在一些滞后时间(或者对变化的其他限制)显著影响了实际现金余额对价格变化率的独立性。预期的滞后时间与七次恶性通货膨胀大部分月份的数据非常吻合,滞

---

① 见公式1.3后注①。

后时间好像一般较长。平均时长的估计值(见表 2-2 和表 2-3)在 3 到 20 个月。另一方面,模型中另一个变量(期望的现金余额水平)的滞后时间,被假设为很短①。这部分内容指出,在经验上很难区分这两种滞后。因此,第一种滞后时间的最大估计值可能来源于第二种滞后时间的附加效应,也可能来源于下文讨论的第三种滞后,关于价格上涨率持续时间的预期。在恶性通货膨胀的货币分析中,这是需要考虑的主要三种滞后时间。

首先,对现金余额的滞后,我们能说些什么呢?② 假设真实的实际现金余额与期望的水平不总是相等的,但按照二者对数之差的一个比率进行调整:

$$\frac{\mathrm{d}\log\frac{M}{P}}{\mathrm{d}t} = \pi\left(\log\frac{M^d}{P} - \log\frac{M}{P}\right) \qquad (20)$$

其中,上标 d 表示期望水平,π 是一个正的常数。这个假设类似于描述不可观测的预期价格变化如何向真实价格变化调整的那个假设,除了在这个假设中,是真实的实际现金余额水平向不可观测的期望水平调整。进一步假设,预期不包含任何滞后时间,期望的现金余额取决于真实的价格变化:

$$\log\frac{M^d}{P} = -\alpha\frac{\mathrm{d}\log P}{\mathrm{d}t} \qquad (21)$$

联合方程(20)和(21),得到:

$$\frac{\mathrm{d}\log\frac{M}{P}}{\mathrm{d}t} + \pi\log\frac{M}{P} = -a\pi\frac{\mathrm{d}\log P}{\mathrm{d}t} \qquad (12a)$$

---

① 见前注。
② 下面的论述得益于我和马克·纳洛夫的讨论。

这个方程与前几部分推导的模型的简化方程相同,只是使用了预期的滞后时间。对比方程(12a)和(12),仅有的差别是用 π 替代了 β。如果我们把方程(12a)看作微分方程,根据 $(\mathrm{d}\log P)/(\mathrm{d}t)$ 求解 $\log(M/P)$,结果等价于方程(2)和(8)的联合,这是回归函数(11)的基础。因此,这两种滞后时间暗含了价格和货币之间同样的关系。

两种滞后之间的等价性是完全合理的。人们可能只表现出一种或另一种滞后,但是我们观测到是哪一种。就这点来说,两个完全不同的个体行为确实对数据产生了相同影响。一个人可能会根据当前价格变化快速调整他的预期,但调整现金余额的速度可能比较缓慢。另一个人可能缓慢地调整他的预期,但快速地改变现金余额。对于二者,我们都可以观测到,现金余额的改变滞后于当前价格变化,除非我们假设这两种滞后对数据产生不同的影响①,否则我们不能区分。

因此,这个模型可以被视为更一般化模型的近似,包含了两种滞后。在方程(12a)中,把上标 d 附属于实际现金余额,联合方程(20),我们得到如下的二阶微分方程:

$$\frac{1}{(\beta+\pi)}\frac{\mathrm{d}^2\log\dfrac{M}{P}}{\mathrm{d}t^2}+\frac{\mathrm{d}\log\dfrac{M}{P}}{\mathrm{d}t}+\left(\frac{\beta\pi}{\beta+\pi}\right)\log\frac{M}{P}=-\alpha\left(\frac{\beta\pi}{\beta+\pi}\right)\frac{\mathrm{d}\log P}{\mathrm{d}t}$$

(22)

这个方程也混淆了两种滞后。对 β 和 π 互换,方程没有任何改变。

---

① 与方程(20)类似,表明现金余额的滞后并不总是等于预期的滞后时间。

我们原来使用过的模型与这个方程是等价的,除了第一项之外,以前我称之为"预期系数",在这里,$(\beta\pi)/(\beta+\pi)$近似为两种滞后的混合[①]。

如果$\beta+\pi$相当大,或者二阶导数相当小,第一项对方程的影响非常小。在七次恶性通货膨胀中,这项的作用相当小,这一点已经通过模型所得到的良好结果证明。即使忽略第一项,该模型依然能很好地描述大部分月份[②]。当然,上面的方程融合了两种滞后,可能比模型能更好地拟合数据,尽管是否更好仍是可疑的。因为涉及许多统计上的困难,还有大量的计算,然而,我们还没有尝试过使用过这个方程进行拟合数据。

在这个模型中,尽管预期系数一定要被解释为两种滞后的混合体而不能加以区分,但现金余额的滞后时间比预期的滞后时间长一点似乎都是不可能的。一旦人们决定了期望的现金余额水平,能通过消费现金或变卖资产,容易地调整真实的现金余额。需要的时间可以忽略,因为他对现金余额的调整,与其说是改变一段时期内的消费水平,不如说是改变了持有财富的形式。然而,在形成预期的过程中,人们可能会及时回顾过去,来评估当前价格的当前趋势。尽管如此,这两种滞后哪个更为重要,似乎没有直接的证据。在一定程度上,预期系数的估计值也反映了现金余额的滞后,并且在这种程度上,由于太小,而不足以单独衡量预期滞后时间。为了简化说明,文中的滞后时间仅指预期的滞后时间。

[①] 在第二部分所做的原始假设下,π非常大,这个表达式仅略小于β。因为,随着π变大,$(\beta\pi)/(\beta+\pi)$从下面接近于β值。

[②] 而且,两种滞后都不能解释恶性通货膨胀末期的现金余额水平高。

第二章 恶性通货膨胀的货币动力学

另一方面，α的估计值不存在任何类似的模糊性。与原有的想法一样，由方程(4)定义的需求弹性，如所希望的，确实反映了相对于预期价格上涨率的变化，意愿的实际现金余额的百分变化率。

另一种预期尽管没有明确考虑过，但有可能非常重要，就是预期的价格变化率持续时间。它影响了期望现金余额水平。如果这个上涨率的预期只持续了一天，价格每月上涨50%就有可能被忽略；如果这个上涨率有可能被认为持续了6个月，现金余额将会大幅减少。预期的持续时间可能立即跟随未来价格水平的流言和推测，而不考虑过去的价格。然后，它就会常常造成期望实际现金余额呈现不规则和不可预测的变化。但是它如果主要取决于近期通货膨胀的程度和持续时间，它就会和预期价格变化表现得非常相似。尽管没有考虑现金余额预期持续时间的影响，但这个模型能很好地描述恶性通货膨胀大部分月份的情况，就像这个模型已经把这些影响隐含其中。如此一来，价格变化率的指数加权平均，可能不像我们原来假设的那样，代表当下的预期价格变化率，而是代表了这样一种预期的平均价格变化率：持续时间足够来证明降低现金余额的麻烦和费用是正当的。价格变化率的指数加权平均可能远小于未来几个周或几个月的预期变化率，因此，解释了为什么预期系数的估计会如此之低。长达20个月的平均滞后时间，可能反映了无法迅速校正预期变化率（或调整现金余额），而是在一个价格持续上涨的态势被认为是相对永久的之前，不愿承担降低现金余额的费用。从整个恶性通货膨胀来看，预期的价格变化持续时间似乎对期望实际现金余额的减少起到了很大限制。

除价格过去表现以外的其他因素,有时候无疑影响了预期的持续时间。在所有恶性通货膨胀的末期附近,有两次除外,现金余额增加,尽管模型预测现金余额应该下降(见第四部分)。货币贬值可能结束的预期明显会立刻使得人们持有现金的意愿变大。同样,在恶性通货膨胀开始之前,预期的通货膨胀持续时间会突然上升(见第四部分)。在恶性通货膨胀开始之前的月份中,现金余额长期上升之后,会急剧下跌,这似乎反映了公众突然意识到更大幅度的价格上涨就在眼前。在一些情况下,尽管我们可能确定这样的预期变化最终会发生,但变化的准确时间似乎不能通过经济变量来预测。但是,当这些变化没有出现时,价格变化的预期主要依赖于过往活动。

第七节 现金余额税

到目前为止,本文的分析已将恶性通货膨胀期间的价格大幅上涨和货币量大幅增加联系起来。但仍然有一个问题:货币量为什么增加如此之大?答案有两方面:(1)印钞票是为政府提供实际资源的一种方便方法,但是这种方法往往会妨碍其他方法的使用;(2)随时间的过去,这种方法的效果不断降低,因此需要越来越多的发行货币。

在两次世界大战之后动荡不安的情形下,政府太弱,以至于不能制订足够的税收计划并有效实施。发行货币是一个通过特殊税种——现金余额税来筹集税收的方法。这个税常常是比较诱人的,因为它不需要详细的立法,并且管理十分简单。唯一的需要只

第二章 恶性通货膨胀的货币动力学

是花掉新印刷的货币。由此造成的通货膨胀通过货币贬值,自动转化为对现金余额征收的一种税。

这个税的税基是实际现金余额的水平;税率是货币实际价值的贬值率,等于价格上涨率。税收收入(实际值)等于税基和税率的乘积:

$$\frac{M}{P}\left(\frac{\mathrm{d}P}{\mathrm{d}t}\frac{1}{P}\right)$$

货币发行当局"收集"所有税收;然而,当价格上涨率超过货币量时,也就是说,当实际现金余额下降时,一部分税收用于降低未偿付的货币供给额的实际价值[①]。这样一来,每期的总税收为两部分之和:第一部分是每期新发行货币的实际价值:

$$\frac{\mathrm{d}M}{\mathrm{d}t}\frac{1}{P}$$

第二部分是,未偿付的货币性负债的降低额度,等于每期实际现金余额的降低额度:

$$\frac{\mathrm{d}\left(\frac{M}{P}\right)}{\mathrm{d}t}$$

总税收可以用以下等式表示:

$$\frac{\mathrm{d}M}{\mathrm{d}t}\frac{1}{P}-\frac{\mathrm{d}\left(\frac{M}{P}\right)}{\mathrm{d}t}\equiv\frac{M}{P}\left(\frac{\mathrm{d}P}{\mathrm{d}t}\frac{1}{P}\right). \quad (23)$$

货币发行当局不直接规定税率,只决定货币供给增加的比率,这个比率通过我们前文介绍的过程来决定税率。

[①] 通货膨胀也降低了名义固定债务本息的实际价值。然而,甚至在恶性通货膨胀开始之前,分期偿还的债务不能在政府支出中占据很大比例。

通常,政府以外的机构也有发行货币的权力。只要他们行使这个权力,就能从现金余额税中获得税收,尽管起因是政府创造货币。在恶性通货膨胀中,因为政府发行的货币膨胀了私有商业银行的资金储备,银行信用能够而且确实扩大了。银行失去了大部分从现金余额税中获得的收入,因为银行以名义利率发放贷款。名义利率没有充分考虑随后的价格上涨,所以从平均来看,银行得到的实际利率低于本来能得到的资本实际回报率。银行失去的收入转移到了借款人手中[①]。

因此,政府得到的税收取决于税率和转移到银行与借款人的税收比例。此外,还取决于税基,也就是实际现金余额的水平。高的税率不一定会产生相应的高税收。因为现金余额会因为高税率而下降。确实,在比率上,现金余额最终下降的幅度大于税率上升的幅度,所以更高的税率可能导致更少的税收。然而,由于存在预期的滞后,这并不是立即发生的[②]。预期价格变化需要时间来调整到真实价格变化。因此,税率上升,也就是价格变化率上升,至少可以在开始时会增加现金余额税的税收。

---

① 在总税收中,政府所占的比例取决于政府机构发行的货币所占的比例。如果这个比例不等于未偿付的货币量占目前发行货币额度的比例,那政府总税收的两部分收入所占的比例就会不同。为计算政府所占的比率,我必须用不同的分数乘以等式(23)的各部分。对第一部分,合适的分数是政府当前发行的货币占总发行量的比率;对第二部分,分数就是政府未偿付的发行量占总货币供给的比率。

② 这一点可以通过以下关系式说明:

$$\frac{d\log \frac{M}{P}}{dt} = -\alpha\beta(C - E)$$

这个关系式由方程(2)和(5)在 $\alpha\beta < 1$ 的条件下推导而来,发现对所有恶性通货膨胀都成立(见第五部分)。

这个事实可以有助于解释为什么在所有的七次恶性通货膨胀中,税收会出现相似的时间规律。在初期,价格上涨率的预期依然很低,所以税收很高;在中期,随着预期价格上涨率大幅增加,税收趋于下降;在末期,当发行新货币的速度飞涨时,税收增加[①]。在所有的恶性通货膨胀中,对于现金余额迟缓的下降,货币发行当局明显地有相同的回应方式。在恶性通货膨胀开始的月份中,当货币量增加的速度高于之前时,税收增加的速度也高于之前。因为预期的滞后,在实际现金余额下降很多之前,好几个月的时间已经过去了。在很短的时间内,只有通过不断增大通货膨胀率,才有可能扩大税收。然而,过高的通货膨胀率可以很快达到,但是完全扰乱了经济运行,并且不可能持续很长时间。这样一来,在恶性通货膨胀结束的月中,提高税收的这种尝试造成了恶性通货膨胀的典型模式的产生:价格上涨趋势没有逐渐降低,反而呈爆炸式增加。

除了时间规律以外,现金余额税的生产率可以通过以下比较进行最简单的分析,比较七次恶性通货膨胀中真实增加的税收和假设货币量增加比率不变条件下所能增加的税收。在后一种的情形下,真实和预期的价格上涨率最终会等于这一不变的增加比率[②],在表示实际现金余额的方程(3)中,C 可以代替 E,得到:

$$\frac{M}{P} = e^{-aC-\gamma} \qquad (24)$$

因为总税收 R 等于价格上涨率乘以实际现金余额,我们有:

[①] 税收增加的部分原因是,在末期,恶性通货膨胀眼看就要结束,实际现金余额不能进一步下降。

[②] 我们可以把这三种比率简单指为"通货膨胀率"。它们的相等是因为实际现金余额的不变性,反过来它又是方程(15)在货币增速不变的条件下得出的。

$$R = Ce^{-aC-\gamma} \tag{25}$$

当这个表达式对 C 的偏导数等于零,并且二阶偏导小于零时,总税收达到最大,即:

$$\frac{dR}{dC} = (1 - \alpha C)e^{-aC-\gamma} = 0$$

$$\frac{d^2R}{dC^2} = (\alpha^2 C - 2\alpha)e^{-aC-\gamma} < 0 \tag{26}$$

当$(1 - \alpha C)$等于零时,这些条件满足。因此,按照方程(25)所能产生的最大税收,现金余额税的税率,也就是通货膨胀率等于$1/\alpha$。在这个税率下,实际现金余额的需求弹性是 -1。表2—9显示了七次恶性通货膨胀的税率。必须要强调的是,只有在税收可以无限期保持的特殊意义上,第一列和第二列的税率才能产生最大的税收。在通货膨胀开始时,征收现金余额税,不会得到最大的税收;税率越大,税收越高,因为预期的滞后导致了现金余额的调整比较延迟。

表2—9 最大化现金余额税最终税收的通货膨胀率[1]

国家	最大化最终税收的价格和货币量增长率		价格的平均真实上涨率（每月百分比）(3)
	按复利计算的月增长率$(1/\alpha)$(1)	每月的百分比$[(e^{1/\alpha}-1)100]$(2)	
奥地利	0.117	12	47
德国	0.183	20	322
希腊	0.244	28	365
匈牙利("一战"后)	0.115	12	46
匈牙利("二战"后)	0.236	32	19800
波兰	0.435	54	81
俄国	0.327	39	57

注:[1]假设货币量的变化率为常数。所使用的 α 值是表2—3中的估计值。第三列由表2—1的第七列计算而得。

为便于比较,表2—9也列出了价格的平均真实上涨率。真实

第二章 恶性通货膨胀的货币动力学

上涨率远高于最大化最终税收的不变增长率。通过表2-10我们可以对比真实增长率带来的收入和不变增长率本可以得到的最终收入。

表2-10展示了平均税收的不同度量方式。有些恶性通货膨胀的末期月份被省略了(见表2-10的注[1])。为了便于在各国之间作比较,有必要相对于一些参考标准来表示税收。表2-10中有两个可替代的标准。第一个恶性通货膨胀开始月份的实际现金余额水平。它的使用允许税基有差异。第二个是一个"正常"年份的国民收入。它的使用允许经济资源有差异。

表2-10 现金余额税的税收

国家和时期[1]	政府货币占总货币量的比率[2] (1)	平均月税收对以下各项的百分比[3]				
		恶性通货膨胀开始月份的实际现金余额			基期年的国民收入	
		按货币量不变增长率所能达到的最大最终税收 (2)	总税收 $\left(\dfrac{M}{P}\dfrac{dP}{dt}\dfrac{1}{P}\right)$ (3)	来自于新发行的货币 (dM/P) (4)	来自于新发行的货币 (dM/P) (5)	来自于政府发行的货币 ((1)×(5)) (6)
奥地利,1921年10月—1922年8月	0.30	9	24	18	26	8
德国,1922年8月—1944年7月	0.46—0.59	30	30	25	12	6—7
希腊,1943年11月—1944年8月	(0.5)	22	30	22	(11)[4]	(6)[4]
匈牙利,1923年3月—1924年2月	0.66—0.95	19	25	21	20	13—19
匈牙利,1945年8月—1946年2月	0.83—0.93	18	32	21	7	7[5]

(续表)

国家和时期[1]	政府货币占总货币量的比率[2] (1)	平均月税收对以下各项的百分比[3]				
		恶性通货膨胀开始月份的实际现金余额			基期年的国民收入	
		按货币量不变增长率所能达到的最大最终税收 (2)	总税收 $\left(\dfrac{M}{P}\dfrac{\mathrm{d}P}{\mathrm{d}t}\dfrac{1}{P}\right)$ (3)	来自于新发行的货币 $\left(\dfrac{\mathrm{d}M}{\mathrm{d}t}/P\right)$ (4)	来自于新发行的货币 $\left(\dfrac{\mathrm{d}M}{\mathrm{d}t}/P\right)$ (5)	来自于政府发行的货币 ((1)×(5)) (6)
波兰,1923年1月—11月	0.65—0.75	36	36	31	4	3
俄国,1921年11月—1924年1月	1	41	41	41	0.5	0.5

注:[1]第3到6列的平均时期是计算回归线时所包括的从恶性通货膨胀的开始月份到结束月份(见表2-1和表2-3)。表2-1显示,这个时期并没有包括所有恶性通货膨胀的结束月份,有两个原因。第一个原因是,在结束的月份中,实际现金余额经常大幅波动。使用结束月份的现金余额水平会对各月的平均水平提供一个较差的近似值。第二个原因是,在结束的月份中,鉴于预期价格的大幅变化,现金余额有时高得难以解释(见第4节)。这些高水平的现金余额很可能来源于恶性通货膨胀即将结束的预期,它们使得从现金余额税中得到的税收暂时高于之前的月份。

[2]"政府货币"包括由政府机构发行的货币、由公众在国有银行中持有的存款和邮政储蓄账户。总的货币量等于所有货币和公众持有的银行存款。这些比率是粗略的近似值,因为它们建立在不完全统计的年度存款数据上,只有一个例外。这个例外就是"二战"后的匈牙利,使用了相当完整的月度数据。由于希腊战时存款数据的缺失,希腊的这个数据采用了1941年的数据,容易使得恶性通货膨胀期间的估计值较差,但这是唯一可得的数据。来源见附录B。

[3]第2列:表2-9第1列的价格变化率与实际现金余额指数(基期的适当变化)的乘积。该指数对应于图2-8到图2-15回归线的价格变化率。

第3列:从开始月份到结束月份时期的价格变化率($\log_e P_t - \log_e P_{t-1}$)与货币实际价值月末指数的乘积。因为这个指数在大部分月份中常常下降,这个月末指标值的使用使得上述平均值小于按日数据得到的平均值。

第4列:总税收减去每月实际现金余额的平均变化(见方程(23))。这个平均变化等于货币实际价值指数期初和期末之差除以月数。

第5列:(第4列)×$\left(\dfrac{\text{恶性通货膨胀开始月份的实际现金余额指数}}{\text{更早月份的指数}}\right)$

第二章 恶性通货膨胀的货币动力学

$$\times \left(\frac{\text{正常年份的货币量}}{\text{正常年份的月平均国民收入}} \right)$$

用第三个因子中正常年份的月份代替第二个因子中的更早月份,尽管比较理想,但会面临许多困难,因而不必去尝试。除匈牙利第一次和波兰之外,所用的更早月份是战前月份,由此直接推算实际现金余额指数。正常年份是后来的年份,有合理可靠的国民收入数据可供利用。上面的积假设,对于第二个因子所使用的更早月份,第三个因子也成立。这个假设基本正确,因为更早月份和正常年份的价格相对比较稳定。所使用的正常年份和更早月份分别是:奥地利,1929 年和 1914 年的所有月份;德国,1927—1913 年所有月份;希腊,1949 年到 1952 年和 1941 年 6 月;匈牙利第一次,1936 年和 1921 年 7 月;匈牙利第二次,1936 年和 1939 年,8—11 月;波兰,1929 年和 1921 年 1 月;俄国,1926—1929 年和 1913 年 11 月。正常年份的货币收入比由马丁·J.贝利计算(见"The Welfare Cost of Inflationary Finance," *Journal of Political Economy*, Vol.64[1956,4 月],表 2 的第 5 列)。有时因为数据的限制,这些比率不适合于恶性通货膨胀接近结束的年份,但是足够用于上述估计了。

第 3、4、5 列由纸币数据的变化推算而来(除匈牙利第一次外),纸币数据的变化用于近似估计货币和存款的联合变化。这种推算涉及一个假设,就是纸币和存款的增长速度相同。这个假设不是很准确,因为纸币和存款的比率是变化的(见附录 B)。而且,这个比率相对较小的变化意味着它们增速的巨大差别。纸币增速高于存款的地方(如德国和匈牙利第一次),第 3、4 列的百分比有些过高;纸币增速小于存款的地方(如波兰),第 3、4 列的百分比有些过低。

第 6 列:这一列给出了由政府从新发行货币得到的税收;私有银行得到剩余的税收。这些数据是用纸币的变化来估计政府货币的变化,几乎包括了所有流通中的纸币。因此,这些数据计划完全避免了第 3-5 列的误差,上文已经讨论。

[4]希腊的数据加上了括号,强调这些数据的不确定性。这些推算结果涉及一个假设,就是 1941 年纸币与总货币的比率不需要调整就可适用于恶性通货膨胀的后期。

[5]匈牙利后一次恶性通货膨胀利用了存款的月度数据,它的税收是在取平均之前,乘以每月的政府货币与总货币供给之比得到的。第 1 列显示了这次恶性通货膨胀中这些月度比率的范围。

第 3 列给出了真实的总税收,它是月度价格变化率与月末实际现金余额指标之积的平均。第 4 列给出了政府和银行通过支出新货币而筹集的总税收额度。由于每月的实际现金余额平均降低,第 3 列的总税收大于第 4 列的总税收。第 2 列显示了在通货膨胀率不变条件下最终税收的最大值,等于现金余额最终保持不变条件下的最大值。对比第 2 和 4 列,可以发现,在所有国家中,除奥地利外,一个不变的通货膨胀率产生的税收,平均意义上,可以和实际筹集的税收相等。

根据所征收的税率很高且不断攀升,这个结果看起来很奇怪。这样高的税率没有起到任何作用,除了货币发行当局意图利用预期的滞后来筹集更多的税收,比在不变通货膨胀率条件下能得到的最终税收。货币发行当局可以通过不断提高通货膨胀率并且反复利用预期的滞后来实现这种意图。在恶性通货膨胀开始和结束以及在中期大部分的月份中,货币发行当局都成功执行了这一政策。当价格上涨率停止上升甚至下降时,这个政策暂时被放弃。如果大部分的中期月份被排除,平均税收会超过第2列中的最大值。在中期的月份中,不清楚为什么货币发行当局允许税收下降。或许当局犹豫是否继续执行这个破坏货币系统的政策,并且他们希望在货币领域保留一些公信力。显然,税收的需要很快推翻了促使他们降低税收的任何考虑,因为在恶性通货膨胀即将结束的月份中,通货膨胀按递增速度累计发展的态势又重新开始。

根据这种解释,真实的价格上涨率主要取决于政府的税收需求。我们不能直接测量这些需求。但把实际的税收表示为国民收入的百分比,而不是最初实际现金余额的百分比,有助于判断税收需求的结果。

表2-10的第5、6列给出了这种百分比的大致估计值。因为恶性通货膨胀时期的国民收入数据缺失,有必要假设:在后来的"正常"年份中,货币量与国民收入之比和更早月份的之比相同。因为"正常"年份的国民收入数据是可获得的。实际现金余额指数可以容易地拓展到更早月份(见表2-10对第5列的注释)。这个

假设可使得第 4 列转化成国民收入的百分比。第 5 列显示了这些百分比。在恶性通货膨胀时期,因为产出低于正常年份的水平,税收作为同时期国民收入的百分比,会存在某种程度的偏高。税收中政府所占的份额可以通过政府货币与总货币供给之比乘以第 5 列得到。遗憾的是,除匈牙利第二次以外,不能很准确地估计政府货币与总货币供给之比。对其他恶性通货膨胀来说,存款的月度数据缺失。只使用了年度数据的比率,见第 1 列。第 6 列是第 1 列和第 5 列的乘积,表示了转移到政府的税收,用正常年份国民收入的百分比表示。这些百分比不会受制于那些影响第 3—5 列的主要误差(见表 2-10 注[3]的最后一段),尽管有些粗略,但可能比较合理准确。

通过发行货币来提供税收,这些国家的政府筹集的税收,平均来看,低于国民收入正常水平的 10%。"一战"后的匈牙利是仅有的例外①。对一般的政府需求而言,即使 10% 的百分比似乎也比较低,正如很少的证据表明,这个数据的范围最低可能占国民收入的 10% 到 20%。例如,在 1925 年,也就是恶性通货膨胀的第二年,德国在所有的税中筹集了 12% 的国民收入。这些结果与上文的假设相一致,就是政府征收不断增高的税率,试图筹集到更多的税收,比在不变通货膨胀率条件下能得到的最终税收。当然,其他的税也能产生税收,尽管其额度可能低于期望的总支出。然而,当

---

① 它的税收范围在早期可能太高,因为这个范围的计算涉及与战后 1921 年的对比,当时的实际现金余额可能稍微低于正常水平。

这个限制性条件肯也适合于波兰的数据,但是任何过高的趋势,均被实际现金余额在开始月份下降到非常低的水平(相对于 1921 年的水平)所抵消。这个下降反映了战时和战后的通货膨胀率高(见表 2-7)。

价格上涨率增加时,任何通过其他税筹集到的资金无疑会缩水,并且在恶性通货膨胀的末期,这些资金会由于筹集时间的延迟变得几乎没有价值①。然后,政府取得所有资金的唯一渠道是提高现金余额税。

现金余额税的结果已用百分比的形式记录在第6列,除俄国外②,尽管由于误差,数据可能存在较大的差异,但这些结果非常相似。当然,与对应的价格差异相比,这些差异相对较小。正如这些结果表明,不同的国家企图并且从现金余额税中筹集一定百分比的国民收入,在数量上如果大体上一致,货币量增速在恶性通货膨胀之间的差异,可以由影响税收额度的因素的相应差异来解释。当税收中的一个较大部分流向了银行,并且税基较小时,在给定税收的情况下,新发行货币的速度需要更大,反过来也一样。税基的

---

① 在1945年,匈牙利制订了一项计划,对稳定购买力的货币征税,只暂时取得了成功(见 Bertrand Nogaro, "Hungary's Recent Monetary Crisis and Its Theoretical Meaning," *American Economic Review*, 38[1938,9],530ff)。

② 俄国的百分比比较低,反映了在恶性通货膨胀开始之前,实际现金余额在1921年已经达到了很低的水平,并且相对于其他国家在恶性通货膨胀的后期,俄国的现金余额与国民收入之比也是比较低的。在1921年,现金余额水平较低无疑是由于1914到1921年的社会动荡造成的,这次动荡与战争使产出降低到战前水平的一半,并且动摇了对货币的公信力。同期,其他国家的现金余额也下降了,但下降的程度没有这么高。俄国后期的比率较低可能反映了特殊的情况,也可能是战前水平的估计值过低。这些事实表明,俄国的税收较低,因为现金余额税的收入在任何税率下都是异常低的。在很大程度上,这一点无疑是正确的。但很可能的是,政府希望通过现金余额税筹集到的税收也是相当低的。俄国的货币改革是逐渐完成的,不像其他国家能结束恶性通货膨胀。在1922年末和1924年3月10日之间,当贬值的卢布完全被废弃时,俄国政府发行了一种币值稳定的货币,也就是莎沃奈茨,逐渐代替了原来的卢布。只要政府在莎沃奈茨中筹集到正税,税收就不会再筹集过程中贬值,并且这些税保持它们的创收能力。

变化,也就是实际现金余额的变化,反过来是由反应指数和过去货币量变化率决定的。

本文的模型暗示,如果货币的增速可以提高到任何水平,那么可以筹集到的税收就没有限制。对任何增速,无论多高,这个暗示是否成立是一个有意思的问题,但在很大程度上也是一个不切实际的问题,因为这个增速事实上不能提高到任何水平,除非在某一时刻。由极端增速引起的经济破坏引起政治压力,在某种程度上会很快促使政府削减货币发行。在所有记载的恶性通货膨胀中,最壮观的就是"二战"后匈牙利的恶性通货膨胀,没有持续太久。价格上升太快,累积到一定的速度,一定会使得经济不能有效运转。在其他恶性通货膨胀中,所有价格上涨远高于150%的速度一般发生在货币改革的后期月份中。在所有的恶性通货膨胀中,不同程度地显示,与在不变税率下得到的税收相比,提高税率试图筹集更多的税收,税率会很快达到一个很高的水平,使得货币系统濒临混乱,进而回到传统的征税方法,在经济和政治上具有必要性。

第八节 要点总结:恶性通货膨胀理论

本文针对第二次世界大战后出现的七次恶性通货膨胀,旨在解释恶性通货膨胀的货币特征。按照货币和价格在时间序列上的规律,这些特征总结如下:(1)货币数量与价格水平之比,也就是实际现金余额,在恶性通货膨胀期间,从总体上看,往往是下降的,但月与月之间的波动剧烈;(2)货币和价格的增长率往往是上升的,并且在货币改制之前的最后几个月中,达到巨大的高度。第二个规律提供了恶性通货膨胀的识别特征，但是第一个规律的解释对第二个规律的解释至关重要，并且在逻辑上应该首先陈述。

1. 实际现金余额的波动

上文各部分给出的证据，证明了这个假说：现金余额的波动起因于实际现金余额需求决定变量的变动。随着需求的变动，人们不能改变流通中的名义货币量，但是可以通过消费或储蓄货币，分别造成价格上升或下降，来改变现金余额的实际价值。在决定需求的变量中，只有一个变量在恶性通货膨胀期间与现金余额有同样大的波动幅度，可以解释需求的变动。这个变量就是持有货币的成本，事实上，在整个恶性通货膨胀期间，它就是货币实际价值的贬值率，等于价格上涨率。

把价格上涨率与现金余额需求联系起来，有必要考虑滞后。有两种滞后可以延迟价格上涨率变化对需求的影响。第一，预期价格上涨率和真实价格上涨率之间存在一个滞后；真实的价格发生变化以后，人们预期的新价格上涨率持续足够长的时间之前，调整他们的现金余额可能会需要一段时间。第二，期望的现金余额和真实的现金余额之间存在一个滞后；当人们决定改变现金余额以后，可能会需要一段时间才能达到期望的现金余额水平。考虑这两种滞后的方法，就是把真实的实际余额变动与过去价格变化率的均值联系起来。均值是通过指数曲线的加权平均，这样就可以赋予近期价格变化更大的权重。权重永远不会等于零，但是时间较远的价格变化得到的权重很小，以至于对加权平均几乎没有影响。加权方式的倾斜度表明了大部分权数分布的时期长度。这

第二章 恶性通货膨胀的货币动力学

种方式考虑了两种滞后的方法却没有区分它们。然而,与过去通常形成预期的时间相比,现金余额调整到期望水平所需要的时间似乎可以忽略不计。由于这个原因,我假设实际现金余额的真实水平总是等于期望水平,并且过去价格变化率的加权平均仅测量了"预期价格变化率"。但是没有直接的证据表明这两种滞后的相对重要性,而且加权平均可能有点缺乏描述的准确性。

重申一下,这个假说考虑了滞后,其具体形式主张,在恶性通货膨胀期间,预期价格变化率的变化解释了实际现金余额的变化,预期变化率是过去变化的指数加权平均。基于最小二乘回归,拟合现金余额和预期变化率的时间序列数据,这个假说得到了验证。这个回归以高度的准确性拟合了七次恶性通货膨胀的大部分月份数据,因此,统计结果强烈支持了这个假说。

通过这些拟合得到的回归函数为现金余额的需求函数提供了很好的估计,因此,揭示了这个需求函数在恶性通货膨胀期间的某些特征。随着预期价格变化率的上升,现金余额对预期价格变化率的需求弹性的绝对值也上升。这个结论与通常所说的一个说法相矛盾,就是人们减少持有贬值货币的程度是有限的。需求弹性表明,对于每次连续上涨的预期价格变化率,人们都会以递增的比例减少持有的现金余额。的确,为什么大规模发行货币几乎没有立即导致极端的逃离货币,其原因并不是因为需求无弹性,而是人们对货币的未来价值尚存在信心。他们的信心维持了预期的滞后,因此,预期价格变化率起初并没有和快速上升的真实价格变化率保持同步。然而,在最后的几个月中,对滞后的指数加权方式看起来更加陡峭,表明持续的通货膨胀,使得预期价格变化率滞后于真实价格变化率的时间趋于缩短。

如此一来,在恶性通货膨胀时期,现金余额的大幅波动对应了价格变化率的大幅波动,存在一些滞后,它们不是同时发生的。这种对应关系的需求函数,可以被解释为一种动态过程。在整个过程中,价格随时间的发展由当前货币量及其过去变化率的指数加权平均决定。这个过程意味着,过去和当前货币量的变化引起了恶性通货膨胀。当需求函数斜率的绝对值非常高或者预期滞后时间非常短时,价格变化和货币变化的这种关系才被打破。如果这样的情况发生,价格上涨会变成自发的。其含义是,价格上涨立即造成实际现金余额更大比例的下降。然后,价格变化和现金余额变化的相互影响,并不会像价格稳定变化均衡的要求那样逐渐变小,反而增强了。这样的一个过程使得价格变化的百分比不低于指数率,即使货币量保持不变。很明显,在七次恶性通货膨胀中,需求函数的斜率和滞后时间从来没有达到过临界水平,因为没有一次出现了自发的价格上涨。价格上涨没有按照自己的模式变化,而是与货币量当前和过去的变化保持紧密联系。只要逐渐停止发行新货币,价格上涨可以随时停止,正如它们最终的状态一样。

2. 货币和价格的巨额增加

如果事实上价格上涨不是自发的,那用什么来解释它们的巨额涨幅呢?上文从货币量大幅增加的角度对价格行为的解释,只是提出了一个更深层次的问题:"货币量为什么增加那么多?"大规模发行货币显然是为政府支出而筹集资金的一个重要来源。发行新货币而导致的通货膨胀,通过货币贬值征收了一种现金余额税。

从这种税中得到的实际税收是价格上涨率(税率)与实际现金余额(税基)之积。通过设定货币量的增长率,基于需求函数暗含的动态过程,货币发行当局间接决定了税率。管理现金余额税的简便性,无疑解释了在两次世界大战以后的困难时期政府为什么诉诸于连续的货币发行。然而,为什么货币发行量如此之大的一个解释,存在于税基对税率的反应中。

如果税率保持不变,税基和税收最终也会保持不变。在所有不变的税率中,有一个能产生最大的最终税收的税率。然而,随着税率增加的速度足够快,由于预期滞后而导致的税基调整延迟,税收最终会超过按不变税率所得到的税收最大值。在七次恶性通货膨胀的开始和结束月份中,货币发行当局成功执行了税率递增的通货膨胀政策,利用预期的滞后,比在税率不变的条件下筹集了更多的税收。这个政策导致了真实的价格变化率远高于能最大化最终税收的不变税率,并呈现出恶性通货膨胀的特征,即货币和价格的巨额增加。

在中期的月份中,货币供给的增长率逐渐减小,其中的原因尚不完全清楚,并且税收也暂时出现了下降。结果,平均来看,按真实税率而筹集的税收反而不高于按不变税率所得到的税收。在末期的月份中,恢复递增的税率使得税收增加到至少和开始的月份一样多。经过多月的恶性通货膨胀,为了能弥补税基下降到一个很低的水平的情况,税率增长到天文数字的高度。在末期的月份中,税率的爆炸式增长完全破坏了经济,并迫使政府使用传统的税收计划代替印钱政策。

第一部分指出,由于平均价格变化与平均货币量变化之比具有相似性(见表2-1第9行),七次恶性通货膨胀显示了相同的经济过程。上文描述的恶性通货膨胀模型刻画了这种经济过程的本质特点。但是这些平均数的比率掩盖了一个巨大的差异。第13和15行展示的比率也涉及价格和货币量,但是没有平均数,这些比率差异较大。这个模型表示,这些差异不是来源于人们对贬值货币的反应不同,而在于发行货币的速度不同。不同政府从新发行货币获取的税收占国民收入的份额平均在3%—15%,俄罗斯除外,其比重异乎寻常的低,为0.5%。与恶性通货膨胀期间货币增长率之间的巨大差异相比,这些百分比的差异不是很大。在一定程度上,政府可能比原计划少了一些税收。但是,只要真实筹集到的税收与预算计划相抵,在任何月份中,为获得计划的税收额,所需要的税率大致上等于真实的税率。在这几次恶性通货膨胀中,所需税率的差异可以有模型得到而来,因此,能在很大程度上解释对应的真实货币增长率差异。

这个模型也有明显的缺陷:它仅准确适用于大幅价格上涨,不能描述4次恶性通货膨胀的结束月份。在即将结束的几个月份中,当模型表明实际现金余额应当下降时,实际现金余额却有时增加了。这个缺陷可能来源于当前价格上涨不会持续太久的预期。这样的预期与过去价格上涨不存在任何直接或明显的关系。考虑这种缺陷的模型似乎不需要修正,否则会与本文前提相矛盾,也就是仅用国内的货币因素解释恶性通货膨胀。

很多流行的经济扰动理论强调外部的货币因素,如外汇汇率,也有一些实际因素,如就业和实际收入的水平、工会主义的结构、资本形成的比率和深度等。这些因素在讨论经济萧条时非常重

第二章 恶性通货膨胀的货币动力学

要,并且在通货膨胀的讨论中也有所涉及。借用在讨论萧条时常见的收入和就业理论中的概念和框架,成本—价格螺旋上升理论应用到通货膨胀的研究,有时明确的建议,也可应用在恶性通货膨胀的研究中。与成本—价格螺旋上升理论极为接近和经常等同的是从外汇汇率贬值视角对恶性通货膨胀的解释①。

这些理论假定,价格上涨起因于工资或输入商品价格的上升,并且发生在货币量增加之前。本文的研究指出了相反的顺序,表明价格的极端上涨几乎完全取决于货币量的变化。含蓄地表明,恶性通货膨胀中的工资增加和外汇汇率贬值是价格上涨的作用。汇率在短期内的极端变化主要反映了货币实际价值的变化。可以肯定的是,与一组容易获得价格的商品相比,公众根据外汇汇率贬值,可能更加准确地预期到货币贬值的出现。因此,可以跟随汇率的变化,调整现金余额。很容易想象这样的情况,在一个短期内,汇率可能比价格上涨贬值更快,看起来先于价格而动。但这个结果并不意味着价格上涨已经变成了外汇贬值的结果而不是其原因。只要实际现金余额是价格变化的一个良好指标,它就会和外

---

① 讨论成本—价格螺旋上升的参考文献太丰富了,即使列举部分也很困难。把这种理论应用到恶性通货膨胀的文献中,我发现最清楚的莫过于琼·罗宾逊夫人的"Review of Bresciani-Turroni's *The Economics of Inflation*," *Economic Journal*, 48 (1938年9月),507。

据我所知,还没有人认为,仅外汇汇率贬值就足够解释恶性通货膨胀,但是这经常被看作是一种因果关系。找到这种观点的统计证明的尝试是不足的且没有说服力。最好的尝试可能是詹姆斯·哈维·罗杰斯(见他的书, *The Process of Inflation in France* [纽约:哥伦比亚大学出版社,1929],第七章),弗兰克·格雷厄姆在此基础上,解释了德国的情形[见他的书, *Exchange, Prices, and Production in Hyper-inflation, 1920—1923* (Princeton, N.J.: Princeton University Press, 1930), esp.p.172]。

汇贬值有关系。

此外,本文模型表明,成本—价格螺旋理论把重心放在了错误的因素上。至少可以从货币需求的角度对恶性通货膨胀进行绝大部分解释。这种解释把货币供给放在重要位置。然而,正如螺旋理论假定的那样,货币当局可能会屈服于维持工资增加的压力,他们将会有代表性地处理许多其他问题。在恶性通货膨胀中,其中,最重要的是就是通过发行货币得到的税,这点上文已经分析。比货币供给决定因素更加精确的分析,超出了通货膨胀过程的机械解释,并且涉及政府的动机,这才是当局发行货币与否的最终目的所在。

附录 A 统计方法

联合方程(2)和(9),得到回归函数(11),有如下形式:

$$Y_t + \alpha E_t + \gamma = \epsilon_t \tag{27}$$

其中,Y_t表示$\log_e(M/P)$,ϵ_t是随机变量。计算E_t的方法见前文。随机变量的方差根据下式进行估计:

$$V(\epsilon) = \frac{\sum (Y + \alpha E + \gamma)^2}{N} \tag{28}$$

为简单起见,已知Y和E有相同的时期,所以就省略了下标。N是加总的观测值个数。

参数α和β可以用最小二乘法进行估计。α和β的估计值是最小化(28)的值,对所有的γ值。替代α和γ以后,使总相关系数最大化,等于最小化(28),可以得到表2-3的估计值。总相关系数R,定义如下:

第二章 恶性通货膨胀的货币动力学

$$R^2 = 1 - \frac{\sum(Y + \alpha E + \gamma)^2}{\sum Y^2 - N\bar{Y}^2} \tag{29}$$

Y 上方的横向"-",表示变量均值。

在给定 β 的条件下,使得 R^2 最大化的 α 和 γ 的估计值,即 $\hat{\gamma}$ 和 $\hat{\alpha}$,分别如下:

$$\frac{\partial R^2}{\partial \gamma} = \frac{-2\gamma N - 2N\bar{Y} - 2\alpha N\bar{E}}{\sum Y^2 - N\bar{Y}^2} = 0$$

$$\hat{\gamma} = -\bar{Y} - \alpha\bar{E}, \tag{30}$$

$$\frac{\partial R^2}{\partial \alpha} = \frac{-2\alpha\sum E^2 - 2\sum YE - 2\gamma N\bar{E}}{\sum Y^2 - N\bar{Y}^2} = 0$$

如果用 $\hat{\gamma}$ 替代 γ,得到:

$$-\hat{\alpha} = \frac{\sum YE - N\bar{E}\bar{Y}}{\sum \bar{E}^2 - N\bar{E}^2} \tag{31}$$

把(30)和(31)带入到(29)中,R^2 看成 β 的函数,得到:

$$R^2(\beta) = \frac{(\sum YE - N\bar{Y}\bar{E})^2}{(\sum \bar{E}^2 - \bar{E}^2)(\sum Y^2 - N\bar{Y}^2)} \tag{32}$$

β 连续按 0.5 的差额带入到(32)中,可以得到使 $R^2(\beta)$ 最大的 β 和 $\hat{\beta}$ 值。给定 $\hat{\beta}$,通过(31)可以得到 $\hat{\alpha}$。这就是计算表 2-3 和表 2-5 估计值所使用的方法。最小化(28)得到的估计值是一样的,因为用(30)中的 $\hat{\gamma}$ 和(31)中的 $\hat{\alpha}$ 代替 α 和 γ,对所有的 α 和 γ,可以给出每个 β 的最大值 R^2。对所有的 β,$R^2(\beta)$ 的最大值给出了关于所有变量的最大值,等于最小化(28)。

选择一个 β 值来求得 $R^2(\beta)$ 的最大值,而不是直接求解(28)

关于三个变量的偏导数等于零时的解,这样做的原因之一是提高计算效率。计算 E 的加权平均的长度取决于 β 值,而且,只有先假定一个 β 值,加权平均的长度才能够被确定,这就是所用的方法。但是,同时求解偏导数的方法中,β 值还有待于确定。因此,为满足(10)(见第三部分),累计乘积(9)的最小项数不能事先确定。与严格需要的计算量相比,这种方法在这方面会增加很多。另外,寻找最大化 $R^2(\beta)$ 的 β 值,这种方法有一个意外结果,就是可以得到不同 β 值的 $R^2(\beta)$,这是计算估计值置信区间所必须的。这种方法的一个更大优势是,通过了解范围很大的很多 $R^2(\beta)$ 值,对有所正的值来说,我们肯定可以找到唯一的最大值。随着 β 变大,E 接近于 C,并且 $R^2(\beta)$ 快速接近极限值。

对 α 和 β 的估计值来说,利用参数估计信息得到置信区间的方法,似然比就足够了。如果假设从回归函数(27)得到的残差是独立的、呈正态分布、均值为零,方差为 σ^2,似然函数 L,定义如下:

$$L = \left(\frac{1}{\sqrt{2\pi}\sigma}\right)^N \exp\left\{\frac{-1}{2\sigma^2}\sum_1^N (Y + \alpha E + \gamma)^2\right\} \quad (33)$$

那么,似然比定义如下:

$$\lambda = \frac{L(\hat{\omega})}{L(\hat{\Omega})} \quad (34)$$

$L(\hat{\omega})$ 是原假设的 ω 区间上的最大值,$L(\hat{\Omega})$ 是备择假设的 Ω 区间上的最大值。当 N 变大时,$-2\log_e \lambda$ 的分布趋近于 $\chi^2(r)$,r 是原假设中指定参数值的限制条件个数[①]。

---

① 见 S.S. Wilks, *Mathematical Statistics* (Princeton, N.J. Princeton University Press), p.151。

第二章 恶性通货膨胀的货币动力学

为得到 β 估计值的置信区间,把使得 L 最大的 σ、γ 和 a 的值代入到(33)中。这些值可以 $\log L$ 的偏微分得到:

$$\frac{\partial \log L}{\partial \sigma} = \frac{-N}{\sigma} + \frac{1}{\sigma^3}\sum (Y + \alpha E + \gamma)^2 = 0$$

σ 的极大似然估计为:

$$\hat{\sigma}^2 = \frac{\sum(Y + \alpha E + \gamma)^2}{N}$$

根据(29),可以改写为:

$$\hat{\sigma}^2 = (1 - R^2)\sum(Y - \bar{Y})^2 \tag{35}$$

使得 L 最大的 γ 和 α 值表示为 $\hat{\gamma}$、$\hat{\alpha}$,像(30)和(31)那样。使得 L 最大的 β 值和估计值一样,表示为 $\hat{\beta}$,其精确度为 ± 0.5。因此,似然比的构成可以表示为:

$$\log L(\hat{\omega}) = \log L(\hat{\sigma}_0^2, \hat{\gamma}, \hat{\alpha}, \beta_0) =$$

$$-\frac{N}{2}\log 2\pi - \frac{N}{2}\log \hat{\sigma}_0^2 - \frac{1}{2\hat{\sigma}_0^2}\sum[Y + \hat{\alpha}E(\beta_0) + \hat{\gamma}]^2 \tag{36}$$

其中,$\hat{\sigma}_0^2$ 是用 $\hat{\gamma}$、$\hat{\alpha}$ 和 β_0 计算而得;$E(\beta_0)$ 是用 β_0 计算的。

$$\log L(\hat{\Omega}) = \log L(\hat{\sigma}^2, \hat{\gamma}, \hat{\alpha}, \hat{\beta}) =$$

$$-\frac{N}{2}\log 2\pi - \frac{N}{2}\log \hat{\sigma}^2 - \frac{1}{2\hat{\sigma}^2}\sum[Y + \hat{\alpha}E(\hat{\beta}) + \hat{\gamma}]^2 \tag{37}$$

其中,$\hat{\sigma}^2$ 是用 $\hat{\gamma}$、$\hat{\alpha}$ 和 $\hat{\beta}$ 计算的;$E(\hat{\beta})$ 是用 $\hat{\beta}$ 计算的,因此,

$$-2\log \lambda = N\log \hat{\sigma}_0^2 - N\log \hat{\sigma}^2 \quad \text{或}$$

$$-2\log \lambda = N\log[1 - R^2(\beta_0)] - N\log[1 - R^2(\hat{\beta})] \tag{38}$$

其分布是 $\chi^2(1)$。只有卡方分布的右侧才应该用于检验。

在表 2-3 中,β_0 按 0.5 的差额代入到(38)中,计算得到 β 的

置信区间。刚好使得(38)在 0.1 水平下显著的最小值和最大值，β_L 和 β_U 是置信区间的边界，这个区间给出了 0.9 的置信系数。

估计值 α 的置信区间可以从似然比中用类似的方法得到。给定 α 的值，$L(\hat{\omega})$ 是 L 的最大值。使得似然比在 0.1 水平下显著的最小值和最大值，α_L 和 α_U 是置信区间的边界。给定 α，因为不能直接得到使得 L 最大的 β 值，于是使用了按相差 0.5 的 β 值进行试错的方法。

表 2-8 中 $\alpha\beta$ 估计值的置信区间，$(\alpha\beta)_L$ 和 $(\alpha\beta)_U$ 是根据似然比得到的。$L(\hat{\omega})$ 是 L 在限制条件 $\alpha\beta = (\alpha\beta)_0$ 下的最大值。$(\alpha\beta)_L$ 和 $(\alpha\beta)_U$ 是 $\alpha\beta$ 使得似然比在 0.1 水平下显著的极值。结果证明，$(\alpha\beta)_L = \alpha_U\beta_L$，$(\alpha\beta)_U = \alpha_L\beta_U$。对每一个恶性通货膨胀通过试错的计算表明，对所有按照相差 0.5 的 β 值，它们都是 0.10 显著性水平下的极值。

表 2-4 总结的前文描述的显著性检验是以似然比及其渐进性特征为基础。检验该似然比的似然函数定义如下：

$$L = \sum_{i=1}^{7} \left(\frac{1}{\sqrt{2\pi}\sigma_i}\right)^{n_i} \exp\left\{\frac{-1}{2\sigma_i^2} \sum_{j=1}^{n_i} (Y + \alpha_i E(\beta_i) + \gamma_i)_i^2\right\}$$

(39)

这个主要求和是针对七次恶性通货膨胀的。每次恶性通货膨胀的观测值个数为 n_i，那么七次恶性通货膨胀的观测值个数为：

$$\sum_1^7 n_i = 149$$

用于检验的似然比(34)定义如下：分母 $L(\hat{\Omega})$ 在所有检验中均相同。它是似然函数不受限制的最大值。α_i，β_i，和 γ_i 的值，决定了(35)的 σ_i，分别由每次恶性通货膨胀的观测值估计而得。表 2-4 所用的显著性检验中，似然比的分子 $L(\hat{\omega})$ 是似然函数在 12 个限制条件下的最大值，限制条件为：在所有的恶性通货膨胀中，α_i 是相同的，β_i 是相同的。在这里，比较合适的卡方检验的自由度为 12。在前文所描述的两个拟合的显著性检验中，$L(\hat{\omega})$ 是似然函数在 6 个限制条件下的最大值。在求卡方分布的显著性水平中，这 6 个限制条件使得合适的自由度为 6。第一个拟合的限制条件为，β_i 对所有恶性通货膨胀都相同。第二个拟合的 6 个限制条件为，α_i 对所有恶性通货膨胀都相同。

在不同限制条件下，求得使似然函数最大的 α、ρ 和 γ，等价于在限制条件下，求解如下平方和的最小值：

$$\sum_{i=1}^{7}\Big\{\sum_{j=1}^{n_i}(Y+\alpha_i E(\beta_i)+\gamma_i)_j^2\Big\}. \tag{40}$$

没有直接的方法最小化上述关系。对于相差 0.5 的 β 值，所使用的方法是近似估计最小值。在 6 个限制条件下：α_i 对所有恶性通货膨胀都相同，最小值是极难估计的。因此，对这 6 个限制性条件，(40)的最小值只显示在某个数值之上。不需要更大的精确度来证明这些限制条件下的合适似然比在 0.05 的水平下显著。

附录 B　数据和来源

这个附录包括每次恶性通货膨胀的 3 个时间序列数据：

1.实际现金余额的对数。在各表中，这个序列显示为 $\log_{10}(P/M)$，P 和 M 分别是价格指数和（授权发行的）货币流通量指数①。这个对数乘以 $-1/\log_{10} e$ 时，变成了 $\log_e(P/M)$，它在方程(11)中出现了。这个序列，还有下面描述的序列，用目前的形式可以更简单地计算，无须转化成自然对数，便可用于本文所有的统计分析。在方程中，参数 α 和 β 独立于对数的底。

2. 每月价格变化率。在各表中，这个序列显示为 $\log_{10}(P_i/P_{i-1})$，P_{i-1} 和 P_i 是价格水平的连续值，后者是正对序列中的某一项日期，前者是这个日期的前一个日期②。用 $1/\log_{10} e$ 乘以这个序列，得到 $\log_e(P_i/P_{i-1})$，这是在该序列在各方程中的形式。该序列衡量了每月价格的平均变化率。当价格变化率稳定时，该序列是整个月中日变化率的良好近似值；但是，当价格变化率上升较大时，与月中的日变化率相比，该序列能更好地代表月末的日变化率。

3. 每月预期价格变化率，$E(\beta)$。该序列的推导过程如第三部分所示，计算方法见前文。每次恶性通货膨胀所用的 β 值是估计值，如表 2-3 所示。该序列显示为以 10 为底的对数。为转化成自然对数，乘以 $1/\log_{10} e$。这些序列的表开始于恶性通货膨胀的结束月份，在时间上向后回溯，包括回归所使用的所有观测值。价格变化率的序列甚至进一步回溯到包括所有用于计算所有 E 的价格变化率。这些 E 值包括在回归中。

---

① 在恶性通货膨胀期间，各国广泛充斥着假币［见 J.van Walré de Bordes, *The Austrian Crown*（London: P.S. King & Son, Ltd.,1924）］，但是，与大量合法的货币相比，假设假币数量可忽略不计，似乎是不合情理的。

② 当这两个日期之间的时期与 30 天差别很大时，除非另有说明，对数值需要乘以一个适当的因子，使得数字转化成每 30 天的比率。如果列内最后一项之后没有显示更早的日期，那么对于这项来说，价格指数之间的时期就是 1 个月。

第二章 恶性通货膨胀的货币动力学

每张表都有来源的说明和关于全面性、可靠性的评价。存款和实际产出的序列也一并包含在注释中。

奥地利数据的说明

从1919到1920年，P是生活成本指数。租金没有包括其中，因为若房租包括其中，与一般价格指数相比，会产生向下的偏差。从1921到1922年，P是一个不同的生活成本指数，不包括租金，但包括了前期指数没有包括的许多价格[①]。前期指数与后期指数用一个因子联系起来，这个因子表示了在两期重叠的6个月中，平均值指数之比。

表 B1 奥地利的时间序列

时间	$\log_{10}(P/M)$ (1914=1) (1)	$\log_{10}(P_i/P_{i-1})$ (每月) (2)	$E(0.5)$ (每月) (3)
1922年			
8月31日	1.5988	0.3699	0.0885
7月31日	1.4654	0.2842	0.0740
6月30日	1.3365	0.1247	0.0633
5月31日	1.3522	0.1492	0.0601
4月30日	1.2625	0.0648	0.0555
3月31日	1.2553	0.0117	0.0550
2月28日	1.3118	0.0557	0.0573
1月31日	1.3139	0.1550	0.0573
1921年			
12月31日	1.2742	0.1630	0.0523
11月30日	1.2718	0.2511	0.0467

---

① Walré de Bordes，同本书 P102 注①，原书第88页。

（续表）

时间	$\log_{10}(P/M)$ (1914=1) (1)	$\log_{10}(P_i/P_{i-1})$ （每月） (2)	$E(0.5)$ （每月） (3)
10月31日	1.1430	0.2154	0.0362
9月30日	1.0414	0.1230	0.0270
8月31日	0.9956	0.1193	0.0221
7月31日	0.9085	−0.0467	0.0171
6月30日	0.9956	0.0604	0.0204
5月31日	0.9731	0.0025	0.0183
4月30日	0.9731	0.0187	0.0191
3月31日	0.9956	0.0296	0.0191
2月28日	0.9956	0.0611	0.0186
1月31日	0.9777	0.0261	0.0166
1920年			
12月21日		0.0427	
10月15日		0.0127	
7月15日		0.0126	
4月15日		0.0248	
1月15日		0.0334	
1919年			
7月15日		0.0065	
1月15日		0.0027	
1914年			
12月30日			

假设价格指数在1912年12月30日为1，求得1919年1月15日之前的价格变化率。然而，如果假设价格指数在1914年1月30日为1，第二个序列的最后一个变化率应变更为0.0024，这一差额对序列E的影响可忽略不计。P的基期应该是1914年1月还是12月，尚不清楚。

M 是流通中的纸币量①。以 1914 年为基期,货币量是 5 亿克朗,范威尔德博斯认为这一数字稍微偏低②。纸币是由奥匈国家银行(the Austro-Hungarian National Bank)发行,并由奥地利政府授权。被授权的纸币也在流通中,但是逐渐退出了流通,可能在 1948 年 6 月完全退出了。

表 B2 给出了存款减去银行储备的数据(因为银行储备包含在上述的 M 中)、纸币指数与纸币加上流通中的存款指数之比。存款数据包括邮政储蓄、在银行的储蓄存款、国有银行的不定期债务和商业银行的存款估计值。现金储备是在商业银行中。

表 B2 奥地利的银行存款

年末	银行存款减去现金储备 (百万布朗)	纸币指数与 纸币加上流通中的存款指数之比
1913	7432.1	1.00
1920	71371.0	4.75
1921	494914	4.12
1922	9475665	4.77

邮政的数据包括储蓄但不包括活期存款(也就是活期存款,sight deposits)③,这一数据缺失。在 1923 年,邮政活期存款的借记总额占国有银行借记总额的 25%④。在之前的年份中,如果邮

---

① 同 P102 注①,第 48 页。
② 同 P102 注①,第 38 页。
③ League of Nations, *Memorandum on Currency and Central Banks*, 1913 - 1925(Geneva:Publications Department of The League of Nations,1926),II,61.
④ B.H.Beckhart and H.Parker Willis, *Foreign Banking Systems* (New York: henry holt & Co.,1929),Chap.ii.

政活期存款的借记总额也占国有银行借记总额的 25% 左右,那么,被排除的邮政存款占银行总存款的比例可以忽略不计,因为国有银行的所有存款占存款总额的比例很小。

以上所包含的储蓄银行存款差不多只占存款总额的 1%①。

国有银行②的不定期债务由公众持有,应包括在内③。

1920 年到 1922 年,由公众持有的存款数据减去商业银行中现金储备的数据,以七大维也纳商业银行的存款和现金储备比例为基础④。为了估计商业银行的存款,七大商业银行的存款上调了 78.85%,这个百分比也是 1920 年七大商业银行的存款(流通货币、储蓄和转账账户)低于 27 家银行的百分比⑤。这 27 家维也纳商业银行几乎囊括了当时奥地利境内商业银行的全部。在恶性通货膨胀期间,成立了许多新银行,规模较小⑥。

以上的银行存款数据排除了下列机构的存款⑦。

1.从事划拨清算交易的维也纳和卡森协会与士兵龙斯协会(Wiener Giro und Cassen-Verein 和 Soldierungs-Verein)。前者的业务广泛,但是主要的活动是股票交易事务。在 1924 年以前,

---

① League of Nations,同 P102 注①,第 61 页。

② Walré de Bordes,同 P102 注①,第 53 页。

③ See Beckhart and Willis, *op.cit*., pp.133–134, and League of Nations, *Memorandum on Central Banks, 1913 and 1918 – 1923* (Geneva: Publications Department of the League of Nations, 1924), pp.83, 91.

④ League of Nations, *Memorandum on Commercial Banks, 1913 – 1929* (Geneva: Publications Department of the League of Nations, 1931), pp.62 ff.

⑤ Walré de Bordes, *op.cit*., p.56.

⑥ League of Nations, *Memorandum on Commercial Banks, 1913 – 1929*, p.66.

⑦ Beckhart and Willis, *op.cit*., chap.ii.

后者的存款可以忽略不计,因为在 1923 年,它的借记额只占国有银行存款借记额的 10%。

2.地方抵押机构、信用社和农业信用社。在恶性通货膨胀期间,它们持有的储蓄存款大幅下降①。

即使上述银行存款数据的涵盖范围相当广泛,但商业银行的数据仍不充分,意味着表 B2 的数据只能看作一个近似数。

在奥地利恶性通货膨胀期间,实际收入的变化明显不是很大②。失业数据在 1922 年是上升的,但是没有证据表明失业的相对数量变得很重要③。

德国数据的说明

P 是由德国统计局编制的批发价格指数。在 1923 年之前的月份中,P 是平均每月的价格水平,用来近似估计月中的价格水平。1923 年上半年,P 是某一天的价格水平,每隔十天获得一次。1923 年下半年,P 是每间隔一周的价格水平。1923 年,价格变化率所包括的时期不是 30 天,数据是调整到 30 天以后的价格变化率。在计算 E 时,每个价格变化率被当作是每月第 15 天的变化率。调整指数权重时,如果要考虑观测值不是在第 15 天上,会带来不必要的麻烦。

---

① Beckhart and Willis, p.169.

② Walré de Bordes, *op.cit.*, p.158.

③ Statistisches Reichsamt, *Statisctisches Jahrbuch für das Deutsche Reich* (Berlin: Reimar Hobbing, 1925), vol.XLIV, International Section, table 12.

表 B3　德国的时间序列

日期 (没有特殊说明,指月中)	$\log_{10}(P/M)$ (1913=1) (1)	$\log_{10}(P_i/P_{i-1})$ (每月) (2)	$E(0.20)$ (每月) (3)
1923 年			
11 月 13 日*	1.9445	2.5560	1.1155
10 月 16 日	2.6263	1.5881	0.7965
9 月 18 日	2.6415	1.6259	0.6212
8 月 14 日	2.5717	1.1385	0.3987
7 月 17 日	2.1303	0.4842	0.2349
6 月 15 日	1.9868	0.3789	0.1797
5 月 15 日	1.7782	0.1542	0.1356
4 月 14 日	1.7076	0.0155	0.1315
3 月 15 日	1.8261	-0.0587	0.1571
2 月 15 日	2.0755	0.3899	0.2049
1 月 15 日	1.9445	0.1546	0.1640
1922 年			
12 月	1.9381	0.1066	0.1661
11 月	2.0481	0.3094	0.1792
10 月	1.9247	0.2949	0.1503
9 月	1.7747	0.1746	0.1183
8 月	1.7084	0.2807	0.1058
7 月	1.5024	0.1556	0.0671
6 月	1.3955	0.0369	0.0476
5 月	1.3983	0.0070	0.0501
4 月	1.4231	0.0681	0.0597
3 月	1.3886	0.1219	0.0579
2 月	1.2934	0.0490	0.0438
1 月	1.2550	0.0281	0.0427
1921 年			
12 月	1.2608	0.0088	0.0473
11 月	1.2975	0.1426	0.0559
10 月	1.1855	0.0756	0.0367

第二章　恶性通货膨胀的货币动力学　　109

（续表）

日期 （没有特殊说明，指月中）	$\log_{10}(P/M)$ （1913=1） （1）	$\log_{10}(P_i/P_{i-1})$ （每月） （2）	$E(0.20)$ （每月） （3）
9月	1.1351	0.0327	0.0281
8月	1.1225	0.1279	0.0271
7月	1.0043	0.0192	0.0048
6月	0.9978	0.0189	0.0017
5月	0.9886	−0.0059	−0.0021
4月	0.9983	−0.0040	−0.0013
3月	1.0056	−0.0121	−0.0007
2月	1.0220	−0.0195	0.0018
1月	1.0370	−0.0003	0.0065
1920年			
12月	1.0410	−0.0203	0.0081
11月	1.0730	0.0126	0.0144
10月	1.0652	−0.0094	0.0148
9月	1.0884	0.0141	0.0202
8月		0.0256	
7月		−0.0047	
6月		−0.0379	
5月		−0.0167	
4月		−0.0376	
3月		0.0061	
2月		0.1276	
1月		0.1943	
1919年			
12月		0.0735	
11月		0.0815	
10月		0.0569	
9月		0.0675	
8月		0.0951	
7月		0.0416	

(续表)

日期 (没有特殊说明,指月中)		$\log_{10}(P/M)$ (1913=1) (1)	$\log_{10}(P_i/P_{i-1})$ (每月) (2)	$E(0.20)$ (每月) (3)
	6月		0.0158	
	5月		0.0164	
	4月		0.0186	
	3月		0.0064	
	2月		0.0131	
	1月		0.0291	
1918年				
	12月		0.0200	
	11月		0.0000	
	10月		0.0075	
	9月		-0.0094	
	8月		0.0530	
	7月		0.0020	
	6月		0.0126	
	5月		-0.0021	
	4月		0.0129	
	3月		0.0000	
	2月		-0.0129	
	1月		0.0021	
1917年				
	12月		0.0000	
	11月		0.0043	
	10月		0.0043	
	9月		-0.0086	
	8月		0.0720	
	7月		0.0180	
	6月		0.0053	

注:* 直到1923年10月20日,价格依然急剧上涨,但是上涨率逐渐降低。当时马克与美元的汇率是官方规定的,价格变得相对稳定。

第二章 恶性通货膨胀的货币动力学

M 是流通中授权的银行纸币量指数[①]。在 1923 年之前的月份中，银行纸币量的月末数据是可得的。使用这些数据的线性插值法来估计月中的 M。在 1923 年，这些银行纸币的黄金价值，可以获得每周的数据。这些数据乘以美元的汇率，再乘以 4.198（在 1923 年 11 月之前，1 美元等于 4.198 黄金马克），可以折算成马克。银行纸币的每周数据，可以用插值法来估计 1923 年每月中与 P 同一天的 M。当时银行纸币量增长速度如此之快，以至于普通的算术插值法会产生很大的误差。因此，在 1923 年，6 月之前的插值法是在银行纸币的对数值之间进行的，6 月之后的插值法是在二次对数值之间进行的。在 9 月之前的月份中，插值法的误差可能是微不足道的。

1923 年，德国非法发行的货币估计不超过 192 兆马克[②]。在 1923 年 11 月 15 日，这些非法的货币合计占合法银行纸币的 2/3，尽管之后这一比例迅速降低。有理由相信，非法货币的流通有点本地化，并且大部分的非法货币是货币紧缺时发行的，这种情况通常发生在恶性通货膨胀最严重的时期，意味着非法货币的发行速度与授权的银行纸币成正比。到目前为止，由于无法考虑非法货币，使得 1923 年德国实际现金余额的数据偏低，参数 α 的估计值偏高。然而，在估计 α 中，类似的高估来源同样存在于其他国家，但似乎没有迹象表明其他国家发行了大量非法货币。很明显，只有在德国，当地政府和半官方机构发行了未授权的货币。

---

① 同本书 P107 注②，第 45 页。
② German Government, *Germany's Economy*, *Currency and Finance* (Berlin: Zentral-Verlag G.m.b.H., 1924), p.67.

表 B4 给出了德国存款减去银行储备的数据(上述的 M 包括了银行储备)、纸币指数与纸币加上流通中的存款指数之比。这些数据包括了邮政、储蓄银行、存款和德国国家银行的存款,还有所有商业银行的存款估计值。现金储备是商业银行的。

表 B4 德国的存款数据

年末	银行存款减去现金储备 (百万马克)	纸币指数与 纸币加上流通中的存款指数之比
1913	29640	1.00
1919	93340	2.09
1920	138261	2.22
1921	197800	2.29
1922	272220	1.93
1923	1959×10^{12}	3.33

1913 年到 1922 年的邮政存款量[①]是可得的,但 1923 年的数据缺失。在 1923 年之前,这些存款的规模相对较小,缓慢增长到 1923 年,意味着它们的大小在 1923 年是无关紧要的。

储蓄银行的数据包括所有这类银行的所有存款[②]。

德国国家银行的存款数据包括私人的(非政府)活期存款[③]。然而,在 1921 年之前,政府和私人的活期存款数据没有分开。从 1913 年到 1919 年,这一项数据从存款的估计值中遗漏了。存款数据在 1919 年可能低估了不到 5%,在 1913 年甚至更低,因为在 1919 年年末,所有德国国家银行的存款总额占所有银行存款的比

---

① Statistisches Reichsamt,同本书 P111 注②,第 314 页。

② League of Nations, *Memorandum on Central Banks*,1913 - 1929,p.135.

③ League of Nations, *Memorandum on Central Banks*,1913 and 1918 - 1923,p.199.

重低于15%。此外,商业银行的现金储备,也包含在这两年的数据中,是德国国家银行的大部分余额,在私人存款中的占比超过一半。

1920年德国国家银行的私人账户是根据1921年1月的数据估计的,因为这段期间的私人存款似乎比较稳定。虽然1月的数据不适合于前一个月,但与1920年末真实数据之间的最大差异,也不会造成银行存款的估计产生重大偏差。

由公众持有的商业银行存款减去现金储备是根据几乎所有商业银行的数据进行外推的[1]。估计的基准是由所有商业银行1913年到1923年末的完整数据提供的[2]。1921和1922这两年的数据是使用线性插值法得到的,根据1920年12月30日和1924年1月1日的数据二次取对数以后,包括根据八大柏林银行存款的相同趋势进行了偏差调整。这些估计值可能会产生大量偏差,但可能不足以造成1922年银行纸币与存款之比相对下降。

在相关的年份中,抵押、大众和合作银行的存款数据缺失,但是它们在1913年和1924年的头寸表明,恶性通货膨胀期间它们下降幅度很大。[3] 在1923年,它们的存款可能还不到商业银行的10%。

表B5 德国的产出指数,它是工业产值、农业产出和商业运输

---

[1] League of Nations, *Memorandum on Commercial Banks*, 1913 – 1929, pp. 129ff., and P.Barret Whale, *Joint Stock Banking in Germany* (London: Macmillan & Co., Ltd., 1930), p.191.

[2] League of Nations, *Memorandum on Commercial Banks*, 1913 – 1929, pp. 129ff.

[3] 同上注。

数据指数的简单平均。这个指数描绘了实际收入的综合变化①。

表 B5　德国的产出指数

年份	产出指数 (1913 年 = 100)	年份	产出指数 (1913 年 = 100)
1914	82	1920	66
1915	74	1921	73
1916	69	1922	80
1917	67	1923	61
1918	66	1923(9—12月)	42
1919	55		

1923年下半年的产出指数是德国工业工人总收入估计区间的中点值。很可能低估了实际总收入。表 B5 的数据考虑了 1921 年 10 月 12 日把上西里西亚(Upper Silesia)划给波兰所带来的领土变化。然而,德国马克在那个区域继续与波兰马克以固定数量流通。波兰马克是 1923 年引入的。到当年的 11 月,规定波兰马克是唯一的法定货币,德国马克已经贬值到一文不值②。

希腊数据的说明

P 是雅典的食物价格指数③。在 1941 年之前的价格变化率是基于这样一个事实,在整个 1938 年到 1941 年期间,价格上涨没

---

① League of Nations, *Memorandum on Commercial Banks*, 1913 - 1929, p.316.
② League of Nations, *Memorandum on Currency and Central Banks*, 1913 - 1924(Geneva: Publications Department of The League of Nations, 1925), II, 128.
③ William C. Cleveland and Dimitrios, Greek Monetary Development, 1939 - 1948("Indiana University Publications, Social Science Series," No.6 [Bloomington: Indiana University, 1949]), Appendix.

有超过三倍①。然而,在计算 E 中,1938 年 6 月到 1940 年 12 月,价格变化率看作为零。这期间,如果真实的价格上涨率高达 0.0145,那么 E 在任何月中的误差都会高于 0.005。

M 是希腊银行发行的银行纸币量②。这些银行纸币的流通主要仅限于雅典附近③,这一点为我们有信心仅使用雅典的食品价格指数提供了一些证据。不过,覆盖范围如此有限,也不能对数据太信任。而且,存款和实际收入变化的数据显然不存在。尽管银行存款在其他通货膨胀中的作用较小,但不能因为无关紧要,就应该摒弃它,因为在恶性通货膨胀期间,希腊的存款在价值上与流通中的银行纸币一样大④。

没有显示 1944 年 10 月 10 日以后的时间序列数据。这一天,希腊第二次尝试稳定货币,但没有完全成功。此后,价格继续上涨,尽管上涨速度低于 1944 年 10 月之前。

表 B6　希腊的时间序列数据

日期	$\log_{10}(P/M)$ (1941 = 1) (1)	$\log_{10}(P_i/P_{i-1})$ (每月) (2)	$E(0.15)$ (每月) (3)
1944 年			
11 月 10 日	3.5580	5.9320	0.9095
10 月 31 日	2.5369	1.9540	0.6694

---

① Vera Lutz, "The Record of Inflation: European Experience since 1939," "The American Assembly" (Graduate School of Business Columbia University, n.d), p.86.(Mimeographed.)
② Cleveland and Delivanis,同上注。
③ 同上注。
④ Lutz,同上注,第 96 页。

(续表)

日期	$\log_{10}(P/M)$ $(1941=1)$ (1)	$\log_{10}(P_i/P_{i-1})$ (每月) (2)	$E(0.15)$ (每月) (3)
9月30日	2.5310	1.3030	0.4615
8月31日	2.3491	0.6524	0.3253
7月31日	2.3213	0.6077	0.2724
6月30日	2.0752	0.2040	0.2181
5月31日	2.1626	0.4120	0.2204
4月30日	2.0192	0.3022	0.1894
3月31日	2.0554	0.2800	0.1712
2月29日	1.9499	0.1832	0.1536
1月31日	1.8791	0.3884	0.1488
1943年			
12月31日	1.5867	0.1294	0.1101
11月30日	1.5999	0.2790	0.1069
10月31日	1.4442	0.1687	0.0791
9月30日	1.4002	0.1331	0.0646
8月31日	1.3553	0.0590	0.0535
7月31日	1.3835	0.1278	0.0526
6月30日	1.3419	0.0465	0.0405
5月31日	1.3538	0.0268	0.0395
4月30日	1.3732	0.1224	0.0415
3月31日	1.3310	0.0446	0.0284
2月28日	1.3505	−0.0514	0.0258
1月31日	1.4402	−0.0704	0.0383
1942年			
12月31日		−0.1268	
11月30日		−0.0590	
10月31日		0.1730	
9月30日		0.0887	
8月31日		0.1030	

(续表)

日期	$\log_{10}(P/M)$ (1941=1) (1)	$\log_{10}(P_i/P_{i-1})$ (每月) (2)	$E(0.15)$ (每月) (3)
7月31日		0.1065	
6月30日		0.1414	
5月31日		0.0577	
4月30日		0.1190	
3月31日		0.1231	
2月28日		0.0630	
1月31日		0.0328	
1941年			
12月31日		0.1696	
11月30日		0.1472	
10月31日		0.1569	
9月30日		0.1200	
8月31日		0.1012	
7月31日		0.1776	
6月30日		0.1396	
5月31日		0.0969	
4月30日		0.0000	
3月31日		0.0215	
1940年			
12月31日		0.0145	
1938年			
6月30日			

"一战"后匈牙利数据的说明

在1923年12月之前的年份中，P是基于1913年的零售价格指数。之后，P是基于1914年的批发价格指数。假设价格在这两个基年之间变化很小,这两个指数可以联系起来①。

表 B7 "一战"后匈牙利的时间序列数据

日期(月末)	$\log_{10}(P/M)$ (1941,7月=1) (1)	$\log_{10}(P_i/P_{i-1})$ (每月) (2)	$E(0.10)$ (每月) (3)
1924 年			
2 月	1.7332	0.2536	0.1086
1 月	1.5514	0.1124	0.0934
1923 年			
12 月	1.5051	0.0958	0.0914
11 月	1.4472	0.0340	0.0909
10 月	1.4728	0.0253	0.0969
9 月	1.5490	0.0784	0.1044
8 月	1.6385	0.2086	0.1072
7 月	1.6776	0.2966	0.0965
6 月	1.5453	0.1867	0.0755
5 月	1.4713	0.0514	0.0638
4 月	1.4969	0.1022	0.0651
3 月	1.4800	0.1983	0.0611
2 月	1.3201	0.0357	0.0463
1 月	1.2923	0.0618	0.0479
1922 年			
12 月	1.2201	0.0105	0.0464
11 月	1.2304	−0.0040	0.0502
10 月	1.2480	0.0923	0.0559

---

① John Parker Young, European Currency and Finance: Commission of Gold and Silver Inquiry, U.S. Senate 9(Washington, D.C.: Government Printing Office. 1925), II, 322.

第二章　恶性通货膨胀的货币动力学

(续表)

日期(月末)		$\log_{10}(P/M)$ (1941,7月=1) (1)	$\log_{10}(P_i/P_{i-1})$ (每月) (2)	$E(0.10)$ (每月) (3)
	9月	1.2330	0.0945	0.0520
	8月	1.2405	0.0898	0.0476
	7月	1.2330	0.1300	0.0432
	6月		0.0691	
	5月		0.0099	
	4月		0.0359	
	3月		0.0662	
	2月		0.0209	
	1月		-0.0078	
1921年				
	12月		-0.0026	
	11月		0.0898	
	10月		0.0334	
	9月		0.0634	
	8月		0.1092	
	7月		0.0193	
1914年				
	7月			

M 是由国家货币局(State Note Institute)发行的纸币量指数①。这些数据忽略了1923年发行的 *bons de caisse*,它显然是作为一种流通中的交易媒介。然而,它们在流通中纸币量的比重低于3%②。

---

① John Parker Young, European Currency and Finance: Commission of Gold and Silver Inquiry, U.S. Senate 9(Washington, D.C.: Government Printing Office. 1925), II, p.321.

② League of Nations, *Memorandum on Currency and Central Banks*, 1913-1924, I, 123.

表 B8 给出了"一战"后匈牙利存款减去银行储备的数据(上述 M 包括储备)、纸币指数与纸币加上流通中的存款指数之比。这些数据包括所有重要商业银行的存款、邮政的活期存款(排除支票和储蓄存款)和储蓄银行的存款[1]。现金储备是商业银行的。

表 B8　"一战"后匈牙利的存款数据

年末	银行存款减去现金储备 (百万克朗)	纸币指数与 纸币加上流通中的存款指数之比
1920	18398	1.00
1921	28496	1.07
1922	53038	1.35
1923	159958	1.95
1924	5201805	1.06

排除了国家货币局的活期存款,因为这个机构主要担当了银行的银行[2]尽管总存款额包含了这些活期存款,从表 B8 来看,这些比率的变化规律依然在 1923 年达到了峰值。在 1925 年,表中所包含的此类存款,达到了由公众持有的银行总存款的 83%[3]。除了邮政的支票和储蓄存款、小型商业银行的存款,还有市政储蓄银行和合作信用社的存款也排除了,因为这些数据不可利用,在恶性通货膨胀期间,后两种机构可能失去了业务,这种情况下,表 B8 中所覆盖的存款是接近完整的。

---

[1] League of Nations, *Memorandum on Currency and Central Banks*, 1913－1925, II, 65, 85.

[2] League of Nations, *Memorandum on Currency and Central Banks*, 1913－1924, II, 92.

[3] League of Nations, *Memorandum on Currency and Central Banks*, 1913－1929, 170.

匈牙利这一时期的存款中,一个不同寻常的方面就是邮政的活期存款显著上升。从 1920 年到 1924 年,它们增加了一千多倍。在其他恶性通货膨胀中,商业银行的存款对存款增加的贡献最大。但在本次恶性通货膨胀中,仅增加了 200 多倍。

"一战"后匈牙利的产出数据明显缺失。

"二战"后匈牙利数据的说明

1945 年 7 月后的月份中,P 是由瓦尔加教授编制的价格指数[①]。更早时期的 P 是布达佩斯的生活成本指数[②]。基于生活成本指数的价格变化率,不同于表 B9 第二列给出的恶性通货膨胀后几个月份的水平。然而,在变化规律上,二者没有实质上的区别。

表 B9 "二战"后匈牙利数据的说明

日期(月末)	$\log_{10}(P/M)$ (1939,12 月 = 1) (1)	$\log_{10}(P_i/P_{i-1})$ (每月) (2)	$E(0.15)$ (每月) (3)
1946 年			
7 月	4.5879	14.6226	3.2211
6 月	2.9782	4.9264	1.3758
5 月	3.1740	2.4992	0.8011
4 月	3.0255	1.2821	0.5263
3 月	2.9761	0.6323	0.4040
2 月	3.2040	0.7804	0.3670
1 月	2.9718	0.2411	0.3001

---

① Stefan Varga,"Zerfall und Stabilisierung der ungarischen Währung," *Neue Zürcher Zeitung*, January 7, 1947, p.4.

② Statistical Office of the United Nations, *Monthly Bulletin of Statistics*, June, 1947, No. 6, p.120.

(续表)

日期(月末)	$\log_{10}(P/M)$ (1939,12月=1) (1)	$\log_{10}(P_i/P_{i-1})$ (每月) (2)	$E(0.15)$ (每月) (3)
1945年			
12月	3.0655	0.5041	0.3097
11月	2.8954	0.7283	0.2783
10月	2.6866	0.8070	0.2055
9月	2.2630	0.3456	0.1081
8月	2.1359	0.2118	0.0696
7月	2.0825	0.1352	0.0466
6月		0.0003	
5月		0.0004	
4月		0.0520	
1944年			
6月		0.0077	
1943年			
6月		0.0056	
1942年			
6月			

M 是由匈牙利央行发行的银行纸币量以及30家主要商业银行和储蓄银行的存款量指数[①]。在恶性通货膨胀期间，存款与银行纸币之比呈天文数字增加。在其他恶性通货膨胀中，这一比率通常是下降的。根据这个事实，有必要把存款分为不同的种类。因为在1946年1月开始出现了一种新的货币单位，其存款的实际价值比较稳定[②]。只有这种新货币有稳定的币值，其存款应该排

---

① 同本书 P121 注②，第54、106页。
② Nogaro,同上注(诺加罗文章中的表存在一些错误,本文使用了原始的资料。)

除在以上数据中。假设公开的数据已经排除了这些数据①,但是由于没有拆分存款数据,无法证明这个假设。

在"二战"后匈牙利恶性通货膨胀期间,产出似乎比较稳定,尽管证据质量不一。原始资料的产出数据并没有下降,失业数据仅在货币改革之后增加了一点②。实际收入无疑远低于战前水平。

波兰数据的说明

在 1921 年 9 月以前,P 仅是食品零售价格指数。之后,P 是 57 种商品的批发价格指数③。这两个指数是有关联的。

表 B10　波兰的时间序列数据

日期(月末)	$\log_{10}(P/M)$ (1921,1 月 = 1) (1)	$\log_{10}(P_i/P_{i-1})$ (每月) (2)	$E(0.30)$ (每月) (3)
1924 年			
1 月	2.2279	0.2309	0.2860
1923 年			
12 月	2.3962	0.3211	0.3053
11 月	2.4472	0.3947	0.2997
10 月	2.4150	0.5740	0.2665
9 月	2.1553	0.1396	0.1590
8 月	2.2279	0.2367	0.1657
7 月	2.1761	0.2127	0.1409

---

① L'Office Central Hongrios de Statistique, *Reviue hongroise de statistique*, October-December, 1946, Nos. 10 – 12, p.154.

② Statistical Office of the United Nations,同上注,第 349 页。

③ League of Nations, *Memorandum on Currency and Central Banks*, 1913 – 1924, II, 128.

（续表）

日期(月末)	$\log_{10}(P/M)$ (1921,1月=1) (1)	$\log_{10}(P_i/P_{i-1})$ (每月) (2)	$E(0.30)$ (每月) (3)
6月	2.0645	0.2232	0.1158
5月	1.9542	0.0264	0.0782
4月	1.9956	0.0299	0.0963
3月	2.0719	0.0609	0.1196
2月	2.2041	0.1979	0.1401
1月	2.1173	0.1966	0.1199
1922年			
12月	1.9823	0.0992	0.0930
11月	1.9590	0.1364	0.0908
10月	1.8808	0.1210	0.0749
9月	1.8573	0.0501	0.0588
8月	1.8865	0.1260	0.0618
7月	1.8195	0.0639	0.0394
6月	1.8062	0.0473	0.0308
5月	1.7924	0.0199	0.0250
4月	1.7993	0.0097	0.0268
3月		0.0636	
2月		0.0299	
1月		0.0164	
1921年			
12月		0.0115	
11月		−0.0488	
10月		0.0368	
9月		0.0526	
8月		0.0676	
7月		0.1105	
6月		0.0353	
5月		0.0126	
4月		−0.0159	

第二章 恶性通货膨胀的货币动力学

（续表）

日期(月末)	$\log_{10}(P/M)$ (1921,1月=1) (1)	$\log_{10}(P_i/P_{i-1})$ （每月） (2)	$E(0.30)$ （每月） (3)
3月		0.0142	
2月		0.1024	
1月		0.0304	
1914年			
6月			

M 是波兰银行发行的银行纸币量[①]。在 1923 年 3 月 1 日,上西里西亚引入了波兰马克,并在同年 11 月成为法定货币。在这期间,逐渐取代德国马克[②]。把领土转让给波兰的一个结果是,波兰的货币可以在更大的领域内流通,可以发行更多的波兰马克,而不影响波兰的价格水平。因此,即使原来国界内的实际现金余额不变,M 与 P 的比率可能上升。无疑这可以部分解释实际现金余额在 1923 年 10 月和 11 月的小幅增加,超过了预期价格变化率应当引起的水平。

表 B11 给出了波兰存款减去银行储备的数据(上述 M 包括储备)、纸币指数与纸币加上流通中的存款指数之比。这些数据包括波兰银行的公众存款[③]、邮政的存款(仅指储蓄存款)[④]、几乎所

---

① League of Nations, *Memorandum on Currency and Central Banks*, 1913 – 1924, II, p.347.

② League of Nations, *Memorandum on Currency and Central Banks*, 1913 – 1924, II, 128.

③ League of Nations, *Memorandum on Central Banks*, 1913 and 1918 – 1923, 285.

④ League of Nations, *Memorandum on Currency and Central Banks*, 1913 – 1925, II, 86.

有商业银行的存款[1]。现金储备是商业银行的。

表 B11　波兰的存款数据

年末	银行存款减去现金储备 （百万马克）	纸币指数与 纸币加上流通中的存款指数之比
1920	12094	1.00
1921	47857	1.03
1922	224290	0.97
1923	64229000	0.94

波兰银行中的非政府存款由各银行、企业和个人所持有[2]。减去商业银行的现金储备部分，由各银行持有的非政府存款会大幅减少。商业银行的现金储备包括国有银行的现金余额。然而，在 1920 年和 1923 年，波兰银行的总存款中，需要估计非政府持有的部分，因为这两年没有区分政府与非政府存款。基于 1921 年末和 1923 年 9 月，波兰银行中非政府占政府存款的比例，可以分别估算出 1920 年和 1923 年非政府持有的部分。与波兰的总银行存款相比，由于当时在波兰银行中由非政府持有的存款较大，表中的存款数据主要取决于这些估计的准确性。它们的准确性最多大致相等，因为它们是基于未必是不变的比率。

此外，1923 年商业银行的存款数据是缺失的，必须使用 16 个主要商业银行进行估计[3]。1923 年年末，这 16 家银行的存款增加

---

[1] League of Nations, *Memorandum on Commercial Banks*, 1913 – 1925 (Geneva: Publications Department of The League of Nations, 1924), p.230.

[2] League of Nations, *Memorandum on Central Banks*, 1913 and 1918 – 1923, p.292.

[3] League of Nations, *Memorandum on Currency and Central Banks*, 1913 – 1925, II, 86.

91%,作为当年总商业银行存款的估计值。91%是16家银行1923年1月末存款低于所有商业银行1922年年底存款的百分比。91%可能有点低,因为使用16家银行1923年1月初的存款比较理想,而不是月末的存款。月初的存款肯定或多或少低于月末的存款,但是月末的数据缺失。1923年年末,假定商业银行的现金—储备比是40%,是之前四年末的近似比率。

表B11的数据排除了国有经济银行(National Economic Bank)和国家土地银行(State Land Bank)的存款。1925年年末,表中所有形式存款是由波兰非政府持有的所有形式总存款的65%[1]。即使假设上表中计入存款的银行比未计入的小型商业银行更重要,也不能认为存款数据非常全面。然而,既然数据已经包括了大部分存款,表中的比率一定程度上反映了总存款相对于银行纸币的主要变化。

唯一与实际收入相关的可得证据是失业数据。1922年到1923年8月,失业下降了一段时期,除了1923年早期有一个短暂的上升。直到1924年初,失业似乎都没有上升[2]。

俄国数据的说明

P是俄国全国的零售价格指数,由中央劳动统计局(Central Bureau of Labor Statistics)发布[3]。另外两个可得的指数,一个是零

---

[1] League of Nations, *Memorandum on Commercial Banks*, 1913–1929, p.230.
[2] Statistisches Reichsamt, 同上注, 表13。
[3] Young, 同上注, 表81, 第360页。

售价格指数,另外一个是批发价格指数,基本与本文使用的指数一致①。

M 是流通中纸卢布(paper rubles)的数量指数②。在 1914 年年初,纸卢布和硬币的总流通量估计是 25.12 亿卢布③。到 1916 年,所有硬币退出了流通。1923 年的数据,不是根据莎沃茨(chervontsi)就是根据莎沃奈茨(chervonets)金卢布计算的。在 1923 年之前,把这些单位转化成流通中的卢布,方法如下:每 10 个莎沃奈茨金卢布等于一个莎沃奈茨,然后,根据官方媒体的交换率,把莎沃奈茨转化成原来的纸卢布(1923 年发行的一个新卢布,等于 100 个 1922 年卢布,或 100 万个 1922 年以前的卢布)④。官方每天的交换率是根据自由市场的交换率而定的。在莫斯科,二者报价的差异很少高于 3.5%,尽管省之间的差异有时高达 20%⑤。M 中没有包括黄金国债(gold treasury bonds,金融委员会的 centrocassa 凭证),因为它们主要在国有企业和机构中流通⑥。

---

① League of Nations, *Memorandum on Currency and Central Banks*, 1913 - 1924, I, 199, and Young, op. cit., p. 360.

② Young,同上注,第 359 页。

③ League of Nations, *Memorandum on Currency and Central Banks*, 1913 - 1924, II, 140.

④ S.S. Katzenellenbaum, *Russian Currency and Banking*, 1914 - 1924 (P.S. King & Son, Ltd., 1925), p. 111.

⑤ 同上注,pp.120 - 121。

⑥ League of Nations, *Memorandum on Currency and Central Banks*, 1913 - 1924, II, 143.

表 B12 俄国的时间序列

日期(月初)	$\log_{10}(P/M)$ (1913=1) (1)	$\log_{10}(P_i/P_{i-1})$ (每月) (2)	$E(0.35)$ (每月) (3)
1924 年			
2 月	3.1106	0.4958	0.3478
1 月	2.8854	0.3728	0.2858
1923 年			
12 月	2.7694	0.3226	0.2493
11 月	2.7126	0.2224	0.2186
10 月	2.8633	0.2938	0.2170
9 月	2.7033	0.2360	0.1848
8 月	2.5944	0.2192	0.1633
7 月	2.5145	0.1677	0.1399
6 月	2.4548	0.1644	0.1283
5 月	2.3541	0.1443	0.1131
4 月	2.3424	0.1012	0.1000
3 月	2.3820	0.0503	0.0996
2 月	2.4183	0.1153	0.1202
1 月	2.4281	0.0975	0.1223
1922 年			
12 月	2.4594	0.1667	0.1327
11 月	2.4232	0.1972	0.1185
10 月	2.3365	0.0880	0.0855
9 月	2.3345	0.0305	0.0844
8 月	2.4713	−0.0158	0.1070
7 月	2.6571	0.0566	0.1585
6 月	2.7767	0.0872	0.2011
5 月	2.9079	0.2172	0.2489
4 月	2.8949	0.3403	0.2622
3 月	2.7767	0.3254	0.2295
2 月	2.6656	0.2770	0.1894
1 月	2.6160	0.3195	0.1527

1922年12月,政府开始发行一种单独的货币,是莎沃奈茨卢布,其数量没有增加到使其大幅贬值的程度。这两种货币同时流通,如上文所述,并根据自由市场比率进行交换。以莎沃茨计价的批发价格指数是可得的①。莎沃茨是贬值卢布的完全替代品。M 中没有包括莎沃茨的数量,只包括了卢布,因为只有以卢布的计价才经历了恶性通货膨胀。存在卢布的完全替代品无疑加快了卢布的贬值速度。

表 B13　俄国的时间序列

日期(月初)	$\log_{10}(P_i/P_{i-1})$(每月)	日期(月初)	$\log_{10}(P_i/P_{i-1})$(每月)
1921 年			
12 月	0.1599	10 月	0.0180
11 月	0.0667	9 月	0.0076
10 月	0.0302	8 月	0.0470
9 月	−0.0216	7 月	0.0930
8 月	−0.0022	6 月	0.0557
7 月	0.1145	5 月	0.0834
6 月	0.1620	4 月	0.0976
5 月	0.0777	3 月	0.0909
4 月	0.1118	2 月	0.1062
3 月	0.1064	1 月	0.1309
2 月	0.1092	1919 年	
1 月	0.1461	12 月	0.1194
1920 年		11 月	0.1683
12 月	0.0580	10 月	0.0546
11 月	0.0380		

1917年,俄国银行业的国有化以后,私人信贷的所有形式很

---

① Statistisches Reichsamt,同本书 P128 注⑥,表 14。

快消失。1914年年初,所有商业银行的存款合计25.45亿卢布;到1920年,公众的存款基本上消失了①。到1922年新国家银行(State Bank)成立,信贷规模扩大了,但由公众持有的存款增加很少②。随着国家银行的成立,私有银行也被允许,但是直到1923年几乎没有发展。到1923年,所有的银行业务使用相对稳定的莎沃奈茨,而不是常规的卢布③。因此,如果认为国有企业是政府的一部分,由公众持有的存款可以小到忽略不计。

导致卢布被彻底放弃的货币改革开始于1924年2月。在1923年3月10日完成,当时1莎沃奈茨兑换50万1923的卢布或5000亿老卢布(1922年以前)。俄国这些年的数据用的是罗马儒略历(Julian calendar)。以上日期加上13天,可以转化成格里高里历(Gregorian calendar)。

表B14给出了工业产值指数和农业产出指数④。假设农业产出在经济总产出中占主导地位,其指数变化意味着总实际收入在1923年之前上升,然后1924年下降。在1922到1923年、1924到1925年两个财政年度,实际收入的另一个指数分别是1913年的58%和77%⑤。

---

① Katzenellenbaum,同本书P128注⑥,第150,152页。
② 同上注,第159页。
③ 同上注,第183页。
④ Jean Dessirier, "Indices comparés de la production indutrielle et de la production agricole en divers pays de 1870 à 1928," bulletin de la statistique générale de la france, XVIII, Sec.1(October-December, 1928), 104.
⑤ Serge IV. Prokopovicz, Histoire économique de l'U.R.S.S. (Paris: Chez Flanmarion, 1952), p.567.

表 B14 俄国的产出指数

年份	指数(1913=1)	
	工业产值	农业产出
1920		65
1921	13	55
1922	24	69
1923	35	76
1924	49	69

第三章 1932—1944年德国的货币与价格[①]

约翰·J.克莱因

从1932年到1944年,德国的批发价格指数上涨了22%。同一期间,平均货币量增加了437%。本文目的是解释这两个数字之间的差异。

本章第一节给出此期间德国、意大利、英国和美国各个经济体的汇总数据和对比数据,来阐述本章提出的这一问题的重要性;第二节和第三节描述在1932—1944年,决定德国货币量增加和价格上涨的因素;第四节讨论此期间的实际现金余额水平和收入流通速度;第五节介绍德国的一些经济政策,它们或许能够解释调整后的货币存量与调整后的价格水平之间的差异;第六节总结上述各节的主要结论。

[①] 本文基于作者1955年6月在芝加哥大学未发表的博士论文"1932—1944年德国货币的发展"。

第一节 1932—1944年德国、意大利、英国和美国的价格、货币与收入状况

(一) 德国

表3-1的第1、2和3列分别给出了德国1932—1944年的批发价格指数、货币存量和实际现金余额。1932年的各项指标都设定为100。之所以选1932年为基年,是因为它标志着德国经济处于萧条的谷底。除非另有说明,本节中的数据均为年度平均数。图3-1是货币和价格指数的趋势图。

表3-1 1932—1944年德国的批发价格指数、货币存量、
实际现金余额、国民收入和收入流通速度*

年份（年）	官方批发价格指数 (1)	调整后的货币存量 (2)	实际现金余额 (2)/(1) (3)	国民收入（百万德国马克） (4)	收入流通速度[1] (5)
1932	100.0	100.0	100.0	45.2	1.35
1933	96.7	96.2	99.5	46.5	1.44
1934	102.0	99.6	97.6	52.7	1.58
1935	105.5	106.2	100.7	58.6	1.65
1936	107.9	114.0	105.7	65.8	1.73
1937	109.7	124.0	113.0	73.8	1.78
1938	109.5	139.4	127.3	82.1	1.76
1939	110.8	160.6	144.9	89.8	1.67
1940	114.0	196.9	172.7	92.5	1.41

(续表)

年份(年)	官方批发价格指数 (1)	调整后的货币存量 (2)	实际现金余额 (2)/(1) (3)	国民收入(百万德国马克) (4)	收入流通速度[1] (5)
1941	116.4	257.4	221.1	97.8	1.14
1942	118.5	333.4	281.4	98	0.88
1943	120.4	424.9	352.9	99	0.70
1944	121.9	536.6	440.2	90	0.50

* 资料来源：

第 1 列：1932 - 1941，Statistisches Reichsamt, *Statistisches Jahrbuch für das Deutsche Reich*(Berlin, 1930 - 1941/42), Vols. L - LIX；Länderrat des Amerikanischen Besatzungsgebiets, *Statistisches Handbuch von Deutschland*, 1928 - 1944（München, 1949), p. 460.（作者将数据的基期由 1913 年调整为 1932 年。）

第 2 列：参见第二节。

第 4 列：1932 - 1941, Statistisches Reichsamt, *op. cit.*, Vols. L - LIX；1942 - 41，①Deutsches Institut für Wirtschaftsforschung, *Die deursche Wirtschaft zwei Jahre nach dem Zusammenbruch*（Berlin, 1947), pp. 268 - 69.

[1]国民收入除以平均货币存量。

从图 3-1 的数据可见，1932—1935 年，德国的批发价格与货币存量的变动基本一致。然而，从 1936 年开始，货币存量就开始偏离了价格水平。1936 年的实际现金余额是 1932 年的 1.06 倍。从 1932 年的经济萧条到 1936 年后期，与价格水平相比，货币存量显然变化更大。例如，1936 年 12 月 31 日，流通中的手持现金(hand to hand currency)数量是 1932 年平均水平的 1.2 倍，而批发价格指数则为 108。

---

① 此处疑为笔误。正确的时间点应为 1932—1941。——译者

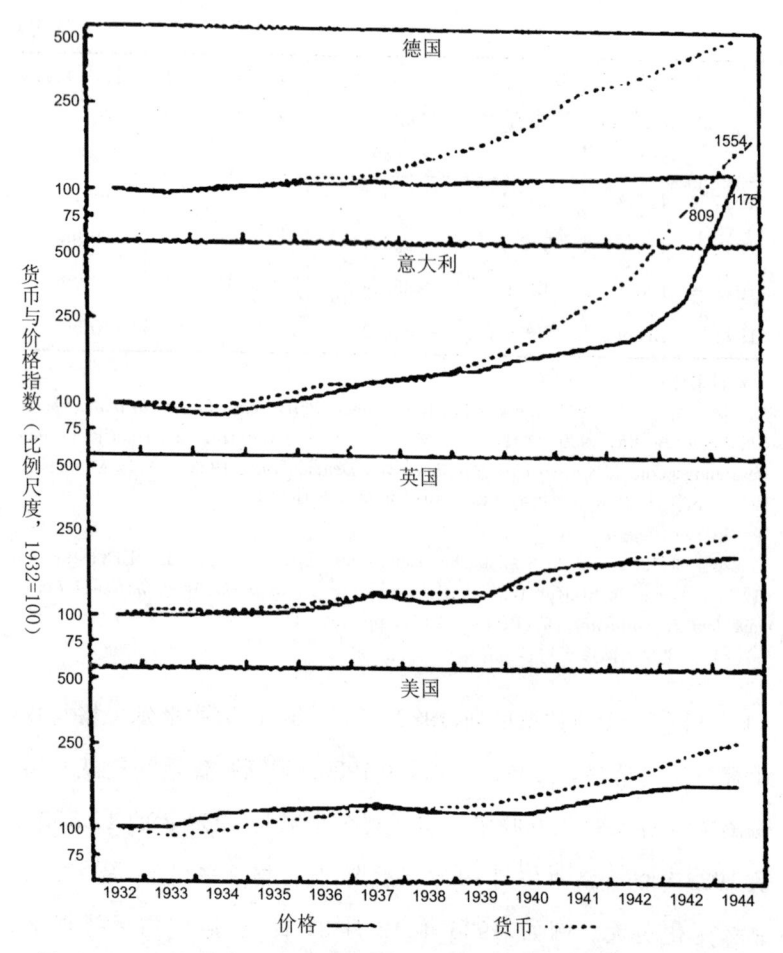

图 3-1　1932—1944 年德国、意大利、英国和美国的货币与价格指数

这些指数是基于月度数据的年度均值。价格为批发商品的价格。对德国而言，货币包括手持现金加上"其他"和储蓄存款；对意大利而言，货币包括手持现金；对英国而言，货币包括流通中的纸币加上清算银行的净储蓄；对美国而言，货币包括银行外的通货加上调整后的活期和定期存款。

资料来源：表 3-1，表 3-2，表 3-3 和表 3-4 中的第 1 列和第 2 列。

第三章 1932—1944年德国的货币与价格

针对我们要解释的德国的价格与货币存量变化之间的差异来说,1936年后期是一个非常重要的时点。因为当时德国非常接近(如果不能说已经实现)充分就业。据德国就业部门报告,平均失业员工的数量从1932年的560.27万下降到1936年的159.27万。1929年的失业人数为139.10万,到了1936年10月,失业人数为107.65万。而一年之后的失业人数只有大概50万。① 在1936年后期之前,由于经济体中存在失业和未利用的资源,那么人们就可能不会预料到价格的大幅上涨。而在1936年之后,人们显然就有可能预期到价格上涨。然而,表3-1却未能体现出这种预期。

1936年后期之所以重要的另一个原因是"一般物价限额"(General Price Stop)法案的颁布。早在1935年,诸多经济部门,尤其是建筑行业都已经出现了劳动力和原材料的短缺。几乎在同一时期,当时的德国:(a)相对于1932年,货币存量的增加赶上甚至超过了的价格水平的上涨率和上涨总额;(b)各种资源已经得到了充分利用;(c)一般最高限价得以实施。正是由于这些原因,有些学者认为1936年标志着德国抑制型通货膨胀的开端。②

然而,国民收入的数据却不支持上述结论。如表3-1所示,德国的国民收入从1932年的452亿马克上涨到1936年的658亿马克,再到1938年的821亿马克。用国民收入除以货币存量,我

---

① StatistischesReichsamt, *StatistischesJahrbuch für das Deutsche Reich* (Berlin, 1930-1941/1942), Vols. L-LIX(此后引用为"*Jahrbuch*").

② Walter Eucken, *This Unsuccessful Age* (New York, 1952), p.71, and "On the Theory of the Centrally Administered Economy: An Analysis of the German Experiment," *Economica*, XV(1948), 79-100, 173-93.

们发现德国的收入流通速度从1932年的1.35上涨到1936年的1.73。流通速度的增加意味着人们预期会有更多的商业活动。1932—1936年期间,(a)货币供给增加;(b)国民收入上涨;(c)价格水平上涨;(d)收入流通速度加快;(e)实际收入增加,这是因为国民收入增长超过了价格水平上涨。从1936年到1938年,收入流通速度保持相对稳定,从1936年的1.73略微上涨到1937年的1.78,又下降到1938年的1.76。在此期间,(a)货币存量增加;(b)国民收入上涨;(c)价格水平略有上涨;(d)收入流通速度相对稳定;(e)实际收入增加。

虽然1936年后期已实现充分就业,但女性尚未进入劳动力市场、每周工作时间不足40小时、设备的生产能力闲置等诸多经济不景气的因素依然存在。因而,在1938年大部分时间,实际产出都在增长。经济体对这些生产要素的利用,解释了实际收入能够得以增长的原因。因此,基于国民收入数据,我倾向于认为德国抑制型通货膨胀开始于1938年后期,而非1936年后期。[①] 到了1939年,批发价格指数是1932年的1.11倍,货币存量是其1.61倍。接着从1939年开始,收入流通速度迅速下降。在同一时期,各种价格保持相对稳定,流通货币量大幅上涨,同时国民收入略有上升。例如,1944年的价格指数是1932年的1.22倍,货币存量是其5.37倍。

当所有资源得以利用后,货币存量的大幅增加则可能引发价

---

① 抑制型通货膨胀的特征:(a)充分就业;(b)稳定的价格指数;(c)不断增加的货币存量;(d)国民收入不断上涨,但增速低于货币存量的增速;(e)对价格、工资、需求和生产等进行全面管制。

格水平的上涨。然而,这种情况在德国并没有发生。为了应对由货币供给量增加引发的潜在通货膨胀,德国对价格、工资、需求、生产、消费等所有抑制型通货膨胀的伴生现象进行了管制。不过,其他国家也采取过类似的管制,但并未能避免通货膨胀。

(二) 意大利

如表3-2和图3-1所示,从1932年到1938年,意大利批发价格指数与手持现金(纸币和铸币)的变化大体上是一致的。①1939—1942年,意大利实际现金余额的增长与德国从1936年开始,并延续到战时的情形类似。在1932、1938、1939和1942年,实际现金余额分别为100、97、111和199。1941—1943年早期,意大利处于大肆军事战备时期。这种情况下,价格缓慢上涨意味着抑制型通货膨胀。然而,需要注意的是,"在战争的头几年,批发价格指数是基于官方价格的计算得出的,因而只能部分反映市场的真实状况"。② 因此,可想而知,一个更理想的批发价格指数,将比表3-2中的指数更接近货币存量(即手持现金)的变动。

---

① 本文对意大利的讨论,仅限于考察批发价格水平和手持现金,并未涉及意大利的活期和定期存款账户。这是因为(a)这些机构的数量随时间变化很大(直到1943年,才能找到涵盖365家机构比较全面的数据,它们共持有99%的银行存款),同时(b)"由于贸易大幅收缩、现金支付比支票转账(checks of *giro conto*)更为普遍……就削弱了银行票据引发通货膨胀的可能性。"(Guilio Pietranera, "Considerations on the Dynamics of the Italian Inflation," *Banco Nazionale del Lavoro Quarterly Review*, I [1947-1948], 27.)

② Marcello Mancini, "Bank Credits in Italy Classified by Business Branches and Bank Groups (1936-1946)," *Banco Nazionale del Lavoro Quarterly Review*, I [1947-48], 184, n.1.

表 3—2　1932—1944 年意大利批发价格指数、流通货币和实际现金余额

年份	批发价格 (1)	流通货币 (2)	实际现金余额(2)/(1) (3)
1932	100.0	100.0	100.0
1933	91.1	96.8	106.3
1934	89.9	95.1	106.7
1935	98.0	106.6	108.8
1936	109.8	120.9	110.1
1937	128.0	125.3	97.9
1938	136.9	133.4	97.4
1939	142.8	158.3	110.9
1940	166.7	198.3	119.0
1941	186.0	280.1	150.6
1942	208.9	416.6	199.4
1943	313.4	809.1	258.2
1944	1175.2	1554.1	132.2

资料来源：Instituto Centrale di Statistica Repubblica Italiana, *Annuario statistioo italiano*, 1944-1948, Series V, Vol. 1。

到了 1943 年，当价格指数能够更准确反映市场状况时，意大利的批发价格指数急剧上升，但是上涨速度仍赶不上手持现金的上涨。到了 1944 年，价格上涨远超出了货币流通量的增长。因而，实际现金余额迅速下降。准确地说，实际现金余额仍是 1932 年水平的 1.32 倍，但显著低于德国 1944 年的实际现金余额，后者是其 1932 年水平的 4.40 倍。因此，与德国的数据恰恰相反，1932—1944 年，意大利的批发价格指数与货币存量之间紧密相关。

与德国以及其他大多数参战国一样，意大利也使用了一系列政策来抑制潜在的通货膨胀，如外汇管制、封锁投资和价格管制。

然而,政策的效果又如何呢?上述的这些指数表明它们的作用是有限的。①

(三) 英国

总体来看,英国的情况和德国某种程度上有些类似。一个不同之处就是货币存量指数与批发价格指数之间的差距,德国的比英国的更大。

如表3-3和图3-1所示,1932—1939年,英国价格和货币存量同步变化。实际现金余额,1939年的是1932年的1.08倍,到1940年下降到了1932年的89%。这是由英国1939年后期到1940年间的通货膨胀引发的。

由于通货膨胀,英国实施了各种经济管制。然而,英国只是逐步在经济体中推行这些措施的。例如,在1939年底,只有对诸如汽油、煤炭、煤气和电力等重要商品才实行配给。到了1940年初,直接配给被用于限制奶制品、肉类、烟草、茶叶和纺织品的消费。而面包、谷物和土豆并未在配给产品之列。德国并没有一个这样逐步推行的体系。根据1939年8月24日的法令以及之后数周间颁布的其他法令,德国几乎对所有商品的消费都实施了配给,如食品、衣物和燃料等。进而,自从1936年后期,德国不得不通过普遍最高限价,来应对扩大的购买力对价格的影响。英国没有效仿德国管制价格的方法来应对通货膨胀。1939年后期,英国开始借助

---

① 本节没有讨论意大利的国民收入,因为作者没有发现任何连续的、可比的有关意大利国民收入的原始数据。

一个补贴生产者体系,对生活费用指数中所包含产品的生产者进行补贴。

表3-3　1932—1947年英国的批发价格指数、货币存量、实际现金余额、国民收入和收入流通速度*

年份	官方批发价格指数 (1)	调整后的货币存量[1] (2)	实际现金余额 (2)/(1) (3)	国民收入（百万英镑）(4)	收入流通速度[2] (5)
1932	100.0	100.0	100.0	3 969	1.92
1933	100.1	108.3	108.2	4 068	1.82
1934	103.0	105.0	101.9	4 369	2.01
1935	103.9	111.4	107.2	4 650	2.02
1936	110.2	119.9	108.8	4 955	2.00
1937	127.0	130.6	102.8	5 197	1.93
1938	118.5	130.5	110.1	5 327	1.97
1939	120.1	129.8	108.1	5 714	2.13
1940	159.5	142.2	89.2	6 824	2.32
1941	178.3	169.8	95.2	8 047	2.29
1942	186.1	191.3	102.8	8 894	2.25
1943	190.0	218.2	114.8	9 490	2.10
1944	194.0	248.9	128.3	9 624	1.87
1945	197.5	281.3	142.7	9 605	1.65
1946	204.6	303.8	148.5	9 362	1.61
1947	224.0	330.9	147.7	10 159	1.49

* 资料来源:

第1列和第2列:London and Cambridge Economic Service, *Bulletin I*, XXVIII (1950), 32-33。这些数字基于月度平均值。

第4列, Colin Clark, *Conditions of Economic Progress* (London, 1951), p.63。这些数字是市场价格水平的国民收入。

[1]流通中的纸币和清算银行的净存款。

[2]国民收入除以平均货币存量。

1941年,英国开始经历抑制型通货膨胀。英国的各种管制政

第三章 1932—1944年德国的货币与价格

策似乎发挥了作用,在此后的战争时期,价格水平上涨的速度显著下降。实际现金余额从1932年的95%上涨到了1944年的128%。以1932年为基年,货币存量和货币价格指数分别从1941年的170%和178%,上涨到了1944年的249%和194%。

这些数据表明,与德国相比,英国在限制货币存量的上涨方面更成功,但是在抑制价格指数方面却不太成功。然而,这个分析可能有欺骗性,因为抑制型通货膨胀在德国开始于1938年,在英国开始于1941年,与价格管制的实施之间都存在着时滞。从1941到1944的三年间,英国的货币存量、批发价格和实际现金余额分别上涨了47%、9%和35%。从1938年到1941年的三年间,德国的这三个指标分别上涨了85%、6%和74%。这些数据表明,英国和德国在抑制价格指数方面几乎同样成功,同时英国在1944年不像德国那样担心抑制型通货膨胀带来的潜在影响,主要由于英国的货币存量增速较为缓慢,同时英国的经济体受管制的时间也相对较短。

为了更有可比性,如果将英国的数据延长到1947年,德国的数据延长到1944年,结果又如何呢?二者的时间跨度都是7年。英国1945年的实际现金余额是1941年的1.5倍。然而,在1946年和1947年分别稳定在1941年的1.54倍和1.55倍。在此期间,英国仍然实施大范围的经济管制。相比而言,德国1944年的现金余额是1938年的3.46倍。因此,在抑制型通货膨胀期间,英国的价格水平和货币存量之间的差异从来没有过像德国那么大。

分析英国的国民收入,也能得出基本相同的结论。表3-3的第 5 列给出了 1932 年到 1947 年英国的收入流通速度。伴随着 20 世纪 30 年代后期的经济萧条,收入流通速度从 1938 年较低的 1.93,上涨到了 1940 年较高的 2.32。此后,它逐渐下降到 1944 年更低的 1.87。此后,收入流通速度持续下降,1947 年下跌到 1.49。英国 1947 年的收入流动速度是 1941 年的 65%。相比而言,德国 1944 年的收入流通速度是 1938 年的 28%。

(四) 美国

德国和美国在哪些方面相似呢?如表 3-4 和图 3-1 所示,与 1932 年相比,美国 1941 年的价格水平是其 1.35 倍,货币存量是其 1.63 倍,实际现金余额是其 1.21 倍。截止 1944 年,实际现金余额是 1932 年水平的 1.62 倍。而德国为 4.4 倍。与英国和意大利相比,美国的情况与德国稍微接近一些。

美国与德国经济环境的不同对上述结论有何影响呢?从 1932 年到 1941 年,美国试图摆脱经济萧条。它使美元贬值,从而银行的状况到 1935 年有所改善。继而,活期存款和货币存量有所增加。尽管大规模的公共工程、财政赤字、价格上涨和货币存量增加,直到 1942 年早期,美国才实现了劳动力的充分就业。此时,它的状态与 1936 年的德国才具有可比性。[①] 美国也使用了与德国类似的价格管制和配给制度。因此,为了使得观察的结果更具可比性,1942 年作为美国的基年,而 1938 年作为德国的基年。

---

① 美国和德国在很多方面都不具备可比性。美国各种管制政策的实施随意性小且更加严格。

表 3—4　1932—1946 年美国的批发价格指数、货币存量、
实际现金余额、国民收入和收入流通速度*

年份	官方批发价格指数 (1)	调整后的货币存量[1] (2)	实际现金余额 (2)/(1) (3)	国民收入（百万美元）(4)	收入流通速度[2] (5)
1932	100.0	100.0	100.0	41 690	0.93
1933	101.7	90.7	89.2	39 584	0.97
1934	115.7	98.3	85.0	48 613	1.10
1935	123.5	109.1	88.3	56 789	1.16
1936	124.7	119.8	96.1	64 719	1.20
1937	133.3	125.8	94.4	73 627	1.30
1938	121.4	124.4	102.5	67 375	1.30
1939	119.0	133.7	112.4	72 532	1.21
1940	121.4	1407.0	121.1	81 347	1.23
1941	134.9	163.1	120.9	103 834	1.41
1942	152.5	178.1	116.8	137 119	1.71
1943	159.1	226.9	142.6	169 686	1.66
1944	160.6	259.3	161.5	183 838	1.58
1945	163.4	307.6	188.2	182 691	1.32
1946	186.9	350.7	187.6	180 286	1.14

* 资料来源：

第 1 列和第 2 列：各期的 *Federal Reserve Bulletin I*；

第 4 列，United States Department of Commerce，*National Income and Product of United States*，1929－1950（Washington，D.C.，1951），Table 1，p.150.

[1] 6 月末银行以外的货币、调整后的活期存款和定期存款。

[2] 国民收入除以平均货币存量。

美国 1944 年的实际现金余额是 1942 年的 1.38 倍。1940 年是德国抑制型通货膨胀的第三年，实际现金余额是 1938 年的 1.36 倍。因此，美国价格指数和货币存量之间走势的差额与德国抑制型通货膨胀的三年几乎相同。然而，美国此期间处于战时，由于避

免了价格管制以及奢侈品和假冒产品消费的增加,价格指数可能很大程度上是有偏的。因此,在这三年中,美国和德国的问题大致相同:价格指数和货币存量之间的变动缺少相关性。

如果将美国的数据延伸到 1944 年之后,结果又如何呢? 1945 年和 1946 年的实际现金余额分别是 1942 年的 1.612 倍和 1.607 倍。相比而言,德国 1941 年和 1942 年的实际现金余额分别是 1938 年的 1.74 倍和 2.21 倍。那么,美国和德国的状况就不再相似。

美国收入流通速度给出了与实际现金余额数据相同的结论。收入流通速度反映出了 20 世纪 30 年代早期从经济萧条中的复苏、1938 年的经济衰退、1939 年到 1941 年的经济复苏,最后还反映出抑制型通货膨胀而带来的现金余额的积累。收入流通速度从 1932 年 0.93 上涨到了 1937 年的 1.30,又下降到 1940 年的 1.23,再次上涨到 1942 年的 1.71,接着又下跌到 1944 年的 1.58。到了 1946 年,它下降到了 1.14,是 1942 年的 66%。在德国,四年的抑制型通货膨胀之后,收入流通速度是 1938 年的 50%。

(五) 小结

本节的比较分析对研究德国的货币与价格至少有三个贡献。第一,与意大利、英国和美国相比,德国的价格与货币存量之间的变化趋势的差异明显不同。德国和美国看似可比。然而,我们仍不能贸然对二者进行比较,这是因为它们的经济状况不同,而且经济状况可比的那段时间持续期又很短。总体来看,这四个国家构成一个连续体,德国和意大利分别位于两个极端。1944 年,德国的价格水平和货币存量之间差异最大,其次是美国、英国和意

第三章 1932—1944年德国的货币与价格

大利。

第二,本节的分析提出了一个问题,那就是"德国价格水平和货币存量之间的显著差异,是由于德国采取了一系列更有效的价格管制措施,还是德国有的官方价格指数呢?"第三节将讨论这个问题。

第三,本节的分析表明,在充分就业的前提下,未出现通胀与有效的经济管制之间可能具有相关性。

第二节 1932—1944年德国的货币存量

本文中德国的货币存量包括手持现金、结算交换金(*Giroguthaben*)、活期存款和定期存款。本节的研究目的包含三个方面:(1)估计并描述货币存量的这些组成部分;(2)追溯它们在1932—1944年的发展变化;(3)确定它们的相对重要性。

(一) 货币存量的组成部分的说明

1.手持现金——德国货币的单位是马克,可分成100分(reichspfennigs)。本研究该时期的手持现金包括:(1)德国国家银行的纸币;(2)农业地租银行(Rentenbank)的纸币;(3)私人银行的纸币;和(4)小额铸币。本研究未考虑两种军用货币(*Reichskreditkassen* notes and *Wehrmachtsbehilfsgeld*),①因为它们除了在军队食堂外,并不能在德国境内使用。

---

① 这个都是与德国殖民相关的货币政策。——译者

上述四种类型的手持现金,只有德国国家银行的纸币是不受任何支付限制的法币。1938年8月16日以后,金铸币不再被承认为法币,必须于1938年9月1日之前出售给德国国家银行。① 德国国家银行纸币的面额为1、2、5、10、20、50、100和1000马克。

1933年之后,对德国国家银行的纸币并没有有效的储备要求。在此之前,纸币需要有40%的储备金,包括30%的黄金和10%的外汇储备。但是,1933年10月27日,德国国家银行董事们的提议废除纸币储备的要求,于是修改了银行法律。接下来,他们的确也这么做了。然而,法律仍规定这类纸币的保证范围,主要包括:(a)德国政府三个月的国库券;(b)三个月、三人签名的商业票据;(c)股票市场上的证券和一年后到期的国库券;(d)随时支取的余额(balances at call);(e)商业汇票;(f)按市场价值3/4计价的债券。

农业地租银行的纸币是1923年恶性通货膨胀的产物。一般认为,它的发行是为了扼制1923年的恶性通货膨胀。② 它们不是法币,用途仅限于政府承兑,但却可以自由流通。农业地租银行的票据面额为1、2、10、50、100和1000地产马克(rentenmarks)。

州立私人银行发行纸币的特权被废除,到了1935年,这些私人纸币已经不再流通。③ 因此,在我们研究的期间,私人银行纸币并不重要。

---

① *Reichsgesetzblatt* (Berlin:Reichsverlagsamt, 1938), I, 901.

② 见 e.g., C. W. Guillebaud, *The Economic Recovery of Germany from 1933 to the Incorporation of Austria in March 1938* (London, 1939), chap. i.

③ *Reichsgesetzblatt* (1933), II, 1034.

第三章 1932—1944年德国的货币与价格

辅币的面额有1、2、5、10和50分,同时1、2、5马克也属于辅币。

计算1932—1944年德国平均手持现金量存在两个问题。一是需要确定库存现金;二是要根据德国货币区的变化作出调整。

首先,手持现金数据并未根据库存现金进行调整。大多数德国的资产负债表都会给出现金储备数据,并不缺分库存现金、在中央银行的贷方金额、外国货币和息票。然而,流通中的手持现金数据是德国国家银行纸币和铸币的净值。

第二个问题就是德国不断变化的货币区。导致德国流通中的手持现金数量增加的一个原因就是,德国马克成为法定货币的区域在不断增加。

德国马克逐渐成为了以下地区的法币:1938年4月在奥地利;1938年10月在苏台德;1939年3月在梅梅尔地区;1939年9月在但泽自由市和东部的上西里西亚地区;1939年11月在合并的东部各省(annexed eastern provinces);1940年6月在奥伊彭、马尔梅迪和莫里斯尼特地区;1941年2月在卢森堡地区;1941年3月在阿尔萨斯和洛林地区;1941年6月在卡林西亚、卡尼奥拉和下施蒂里亚地区;1942年1月在比亚韦斯托克地区。上述这些地区都直接被合并入德国的领土。另外,马克也是德国保护领土波西米亚-摩拉维亚的法定货币,与捷克的克朗同时流通。

德国马克在越来越广阔的领土上成为法定货币,这在多大程度上降低旧德国货币存量实际增加的速度呢?为了本文的研究,假定这些新占领领土货币发行量占总手持现金的比例等于这些新领土上的人口占总人口的比例。基于这一假设,本文来估算1937

年德国领土的货币存量。

这个假设的准确程度如何呢？1938年，由于增加了奥地利和苏台德两个货币区，德国国家银行增发的纸币为11.25亿马克。增加的数量相当于1938年平均手持现金量的13.7%。1939年中期，不包括梅梅尔地区，德国的新增人口为7937.5万人。[①] 因此，这个人口统计只包括德国、奥地利和苏台德地区。1939年，旧德国的人口为6928.6万。也就是旧德国的人口比新德国要少12.7%。因此，至少对于旧德国、奥地利、苏台德来说，领土扩张带来的人口增加与货币存量的增加是非常接近的。

根据货币区进行调整的重要性体现在：没有调整过的手持现金数量，1944年是1932年的6.88倍，而根据领土面积调整过的是4.89倍。

2. "结算交换金"（*Giroguthaben*）——除了支票账户，德国的货币机构还开发了一种叫做"汇拨账户"（*Giro*）的转账系统，是不使用现金的转账体系，它与其他西方国家的系统有显著的不同。实际上，直到第二次世界大战，支票支付在德国也并未广泛普及。很多个人持有支票账户是为了快捷地支取现金，而非使用支票进行支付。

在汇拨账户的转账系统中，这种无现金交易的机制使得借方收款人是被动的。这个系统中的另一方，付款人书面通知付款机构，要求从其存款账户拨款到收款人的账户。

在本文的研究期间，有三种汇拨账户的转账系统比较重要。

---

① *Jahrbuch*，LIX，22.

根据重要性排序如下：(1)德国银行汇拨系统（*Reichsbankverkehr*）；(2)邮政储蓄汇拨系统（*Postscheckverkehr*）；(3)储蓄银行汇拨系统（*Giroverkehr*）。只有邮政储蓄汇拨系统的余额是计入货币存量的汇拨账户的，具体包括个人、商人和小商业者等。德国银行的余额是没有被计入的，这是因为很难把德国政府、其他公共机构、大的商业企业、银行等机构之间的余额区别开来。储蓄银行的汇拨账户余额也没有被计入，这是由于它们被包括在了储蓄银行的活期存款中。

计算邮政汇拨账户系统的平均余额存在问题，与计算平均手持现金的问题相似，主要是需要根据领土的变化相应调整数据。这个系统提供服务的区域随着德国占领新领土而不断扩大。调整区域的难点与计算平均手持现金量的难点相同。

3.存款——德国的银行统计数据一般把存款分为三类，包括(1)应付其他同业银行的金额；(2)其他存款；和(3)储蓄存款。进一步分类的话，第(1)类和第(2)类合并，然后总金额分为两类：(a)活期存款和(b)定期存款。然而，并不能把"其他存款"进一步分为是活期存款还是定期存款。本文中，"其他存款"和储蓄存款都被看做是货币存量的组成部分。①

---

① 是否把储蓄存款看作货币，取决于人们认为它们多大程度上可以替代汇拨账户和支票账户。德国的储蓄存款受法律限制，每次最高可以支取1000马克。这个意义上看，1000马克以下的储蓄存款基本可以替代现金。然而，支取超过这个额度需要提前三个月通知，而且经常被拒绝。然而，也不能不考虑储蓄账户，因为战争期间商品匮乏同时缺少金融投资方式，人们倾向于增加储蓄存款，而非低利率的"见票即付"的活期存款。

大多数德国的银行机构从事一些商业银行业务，因而很难获取精确的存款统计数字。例如，商业银行、公众银行、抵押银行、储蓄银行、合作信用社和邮政储蓄等各类银行都发放商业信贷或提供抵押融资。① 由于并不能获得所有类型银行的存款统计数据，本文忽略了各种不同类型的银行机构。不过，本研究的数据涵盖了大部分德国银行的存款。

1939年以后数据的缺失是决定德国存款数量的关键，主要原因是停止了对官方商业银行的统计。依据大型的柏林银行和储蓄银行的资产负债表，有可能对存款进行估计。类似于上文对手持现金与邮政汇拨账户的处理，需要根据德国边界的扩张做出一些调整。不过，这并不是主要问题。这是因为：第一，有可能获得其他替代性的数据；第二，事实上，大型的柏林银行并没有在合并地区开展太多业务。

本研究包含了以下银行的存款：(1)商业和公共银行——大型的柏林银行、有支行的地方银行、抵押银行、特殊劳动与建筑贸易银行、国家银行、土地银行、公有土地信用银行、农村地主联合银行以及城市信用机构；(2)储蓄银行；(3)城市合作信用社；(4)农村合作信用社。

---

① 或许需要指出的是，德国对于商业银行没有真正有效的存款准备要求。信用监督委员会随时规定现金准备的要求，即库存现金以及在德国银行的存款。现金准备的要求不会高于10%的水平。1936年，商业银行和公共银行的现金准备平均不足存款总额的3.5%。

表3-5 德国1932—1944年的货币存量和它的组成部分
(单位:百万德国马克)*

年份	平均手持现金量[1] (1)	平均"其他存款"[2] (2)	平均储蓄存款[3] (3)	平均货币存量[4] (4)	平均货币存量(1932=100) (5)
1932	5802	13113	14527	33442	100.0
1933	5359	12193	14626	32178	96.2
1934	5477	12290	15525	33292	99.6
1935	5761	12777	16974	35512	106.2
1936	6174	13475	18490	38139	114.0
1937	6686	14718	20078	41482	124.0
1938	7479	16634	22517	46630	139.4
1939	8992	19474	25242	53708	160.6
1940	10485	24692	30657	65834	196.9
1941	12716	32307	41062	86065	257.4
1942	16445	28739	56319	111503	333.4
1943	20983	45623	75498	142104	424.9
1944	28375	56473	94601	179449	536.6

* 资料来源:John J. Klein,"German Monetary Development,1932 – 44"(unpublished doctoral dissertation,University of Chicago,June,1955),chap. ii, pp. 22 – 42,and Appendix II, pp. 99 – 102.
[1]纸币和铸币。
[2]包括邮政储蓄银行、商业与公共银行、储蓄银行、农村和城市合作信用社。
[3]包括商业与公共银行、储蓄银行、农村和城市合作信用社。
[4]第(1)、(2)、(3)列的加总。

(二) 德国货币存量的发展和组成部分之间的相对重要性

表3-5总结了德国货币存量数据。手持现金包括纸币与铸币。"其他"存款包括邮政汇拨系统、商业与公共银行、储蓄银行、

农村和城市合作信用社等机构的存款。它们不包括银行同业间的存款,并且大部分是活期存款(例如汇拨与见票即付存款)。储蓄存款包括商业与公共银行、储蓄银行、农村和城市合作信用社等机构的储蓄余额。

在1932—1944年,手持现金增加了4.9倍,"其他存款"增加了4.3倍,储蓄存款增加了6.5倍。平均货币流通量总体增加了5.4倍。货币流通总量从1932年的334亿马克上涨到1944年的1794亿马克。

在1934—1944年,平均货币存量的增长速度是加快的,同时货币存量每年比上一年平均高出30.8%。按百分比来看,1934、1940和1941年的货币存量增长得最快。在这些年份中,平均货币流通量增长率的上升速度分别为7.3%、7.4%和8.2%。在1942、1943和1944年这三年中,增长率有所下降,但是下降的幅度较小。因此,按平均货币流通量增长的百分比来看,这些年份分别列为第二、第三和第四。可见,在1940—1944年的战争期间,货币存量的增长最多。

在整个期间中,储蓄存款对货币存量增长的贡献最大。从1933年到1936年,和从1941年到1943年,储蓄存款的增加既快于"其他存款",也快于手持现金。早期的增长可以归因于个人试图补偿其1929—1933年的经济萧条中,储蓄存款余额的严重亏空。后期的增长是由于投资渠道的缺失。汇拨和见票即付的活期存款在1937—1940年的货币存量增加中变得更为重要。可能的原因是资源充分利用带动了更多的商业活动,同时储蓄存款已经达到了其理想水平。手持现金对1939年(第二次世界大战的第一年)和1944年货币总量增长的贡献最大。盟军的轰炸、流离失所的人群和瘫痪的交通都可能与1944年的增长有很大关系。在1934—1936年的就业创造期间和1942—1944年的战争年间,手持现金的增长可能比"其他存款"的增长更重要。

手持现金与"其他存款"的比例从1932年的44%上涨到1944年的50%。然而,手持现金占储蓄存款的比例从1932年的40%下降到1944年的30%。

(三) 小结

本节首先考察了计算德国货币存量的主要问题,由于缺乏数据以及考虑到德国领土的扩张,需要向下调整1938—1944年的货币存量数据。其次,本节指出储蓄存款、手持现金和"其他存款"对平均货币存量增长的贡献分别列为第一、第二和第三位。最后,本节给出了战争期间对各年份平均货币存量增长的影响。

第三节 1932—1944年德国的价格水平

如果经济体中有未被充分利用的资源,那么货币存量的增加未必会引起价格上涨。然而,一旦所有的生产要素被充分利用,如果缺乏相应的手段,那么货币存量的增加必将引起价格上涨。假设政府希望避免出现这样的价格上涨,同时政治环境又能够保证大部分资源可转被政府所用,政府增加支出的政策就必然紧随其后。在这种情况下,政府要么加税——在任何时候,都是一个不受欢迎的措施,要么阻止民众全部花掉增加的收入。

德国没有采取加税的措施来支付增加的支出。① 为了避免价格上涨,同时也为了能够利用信贷市场,德国政府实施了经济管制。首先是管制工资、价格和信贷,接着实行配给制度。最终,德国经济变成了一种指令经济。

这种管制的目的为了限制个人的支出,从而使得个人支出的增长慢于货币存量的增长。如果能够严格执行这种政策的话,应该能遏制住价格水平的上涨。上文曾指出,这一政策表面来看在纳粹德国时取得了成功。本节的目的是仔细推敲这一结论。为此,我们需要估计德国批发价格指数可能存在的偏差,并且推算出新的价格水平估计值。

(一) 德国价格指数偏差

第一,对德国官方批发价格指数及其存在的问题的一个说明。德国官方批发价格指数是一个加权价格指数。它包含四种类别的商品:(1)农产品;(2)殖民地产品;(3)工业原材料和半成品;(4)产成品。它们在批发价格指数中所占的权重分别为35%、3%、38%和24%。这四种类别商品中的每一类均由其他种类和相应权重的商品组成。换句话说,特定品类和质量的商品决定着其比重,构成每一种类;同时,它的价格由该种商品及其质量在特定市场中的价格来决定。

上述过程会引发一个非常重要的问题,即随着时间的推移,给

---

① 德国也没有鼓励个人投资政府公债。它主要使用了从德国的银行系统大量举债的方式。

定的权重是否依然合适。① 本文所列举的权重,基于1908—1913年以及1925年某些特定商品的人均消费量。基于有代表性的1913年的价格,对这些人均消费量的价值进行估算。例如,假定在价格管制下,特定质量商品的价格保持不变,同时它的权重保持不变。然而,如果某种商品在市场上缺货,而需用购买一种价格更高、质量更好的商品作为替代,这在多大程度上扭曲价格指数呢?或许最初的价格综合指数中从未包括这种质量更好的商品,或许原来商品的质量有所下降。任何一种情况都会导致实际的价格要高于官方价格指数所显示的价格。同样,在战争期间,如果更多的原材料被用于军需品的生产(实际情况也正是这样),那么会进一步扭曲批发价格指数中各组成部分的权重。②

第二,德国官方批发价格指数的估计偏差。找到价格指数估计偏差的一种可行办法就是,构建一个潜在的价格指数,然后把它与官方的价格指数进行比较。具体的方法是比较各个年度同一个时期生产的商品价值与产量,前者除以后者就是潜在价格指数。

这种方法的分析逻辑基于交易方程($MV = PQ$)的右侧。如果 P 代表一组商品的价格指数,Q 代表同一组商品的数量指数,那么二者的乘积就是该组商品的总价值指数。用 X 代表这个指数,如果 X 和 Q 都是已知的,那么潜在的价格指数就是 P,即 $P =$

---

① 德国统计署给出了对权重统计方法的详细解释,见 *Vierlejahrsheftezur Statistik des Deutschen Reichs*, I (Berlin, 1937), 170。

② 对德国价格指数计算难度的讨论,详见 F. Rompe, "Der Aussagewert der Preisindexziffern," *Jahrbücher für Nationalökonomie und Statistik*, CLVIII, (1943), 207 – 33。

X/Q。

a)所有商品的潜在价格。为了估计官方批发价格指数的偏差,需要一个所有商品的综合生产指数和一个所有商品的价值(当前价值)指数。

德国生产学会年报披露生产指数的信息。[①] 该指数首先包括工业原材料和半成品的信息,如钢铁、金属、煤、燃气、电力、钾碱、化学品、纺织、造纸等。其次,它包括成品(生产用品与消费用品)的信息,如鞋类、家庭用品、收音机等。官方批发价格指数的第 III 和第 IV 类主要包括这些项目。可见,除了殖民地产品和农产品外,德国生产学会的生产指数几乎包括官方价格指数中的所有商品。事实上,从某种意义上说,这一指数的范围更广泛,因为它还在这两大类中包含了一些食品和奢侈品。那么,我们需要做的只是在产成品和半成品中,再加上农产品和殖民地产品。

一种方法是(1)农产品产量乘以官方的价格指数,再乘以他们以某给定年份为基年[②]的价格;(2)对所有的乘积求和;(3)沿用基年的价格,计算以后年份的生产;(4)经过适当加权,将以上结果加到工业生产指数上。[③] 由于缺乏数据,本研究忽略了殖民地产品。然而,工业生产指数中已经包含某些殖民地产品。表 3-6 第 1 列

---

① *Die deutsche Wirtschaftzwei Jahre nach dem Zusammenbruch* (Berlin, 1947), pp. 264-65.

② 可以使用 1936 年的价格来构建该指数。选择这一年为基年,从而可以把同样以 1936 年为基年的德国生产学会的工业生产数据与农业生产指数合在一起,推算出所有商品的生产指数。

③ 加权的方法假设:1936 年,农业产量占总产量的比例等于农民收入占总国民收入的比率。

给出了上述方法的计算结果。可以看出,1939年的产量达到了最高水平。

表3-6 1932—1944年德国所有产品的数量与价格、潜在价格水平和官方批发价格水平指数*

年份	总生产量 (1)	总生产价值 (2)	潜在价格 (2)/(1) (3)	官方批发价格 (4)
1932	100.0	100.0	100.0	100.0
1933	110.3	111.1	100.7	96.7
1934	138.3	143.6	103.8	102.0
1935	157.6	168.3	106.8	105.5
1935	175.0	191.3	109.3	107.9
1937	191.9	219.5	114.4	109.7
1938	202.9	234.6	115.6	109.5
1939	203.1	244.6	120.4	110.8
1940	182.4	259.2	142.1	114.0
1941	181.2	282.8	156.1	116.5
1942	179.8	281.5	156.6	118.5
1943	178.8	282.0	157.7	120.4
1944	161.3	252.7	156.7	121.9

* 资料来源:Klein, *op. cit.*, chap iii, pp.43-55, and Appendix III, pp.103-13。

这个生产指数可能出现错误,一个可能的原因是:由于产量资料缺失而被忽略的产品生产所发生的变化,可能不同于指数中所包含商品发生的变化。① 这样,所构建的指数或许就不能代表全部的生产。由于物理、技术以及需求条件的变化,某种商品的生产也可能增加。在这种情况下,商品的相对重要程度也会发生变化。

---

① 总体来看,本文的生产指数忽略了官方批发价格指数中15%的商品。

如果出现这种情况，增加的生产可能是由于生产要素的转移，同时被用于生产更受欢迎的商品。只要那些被忽略的商品与指数中商品产量的变化幅度相同，指数就能够准确反映所有商品产量的变化。

下一步，需推算所有产品的价值。首先，把德国农业的总现金收入与农村消费的农产品价值相加。然后，给它们适当的权重，将其结果与工业产品的价值加权相加。① 价值序列除以产量序列就得到了所有商品的潜在价格指数，见表3-6。

表3-6给出了所有商品的数量指数与价值指数之间的差异。这主要是由于德国价格指数的上升。在1939、1940、1941和1944年，所有商品的潜在价格指数分别是1932年水平的1.20、1.42、1.56和1.57倍。因此，表中给出的价格水平的上涨，大于官方批发价格指数的变化。

商品的潜在价格指数能够相应地揭示军需品价格的上涨、不同类别商品的生产与销售，以及商品质量的下降。具体的理由是生产的价值与数量指数：(1)不仅包括政府直接管制的商品，还包括一些不受政府管制的商品；(2)包括一些没有计入官方价格指数中的商品。尤其是德国生产学会的指数，涵盖了一些没有计入德国统计署价格指数中的商品。②

---

① 加权的方法假设：1936年，农业产量在总产量中的比例等于农民收入在总国民收入中的比例。

② 参见 Ferdinand Grunig, "Die Wirtchaftstatigkeitnach dem Zusammenbruch-im Vergleichzur Vorkriegzeit," *Die deutsche Wirtschaftzwei Jahre nach dem Zusammenbruch* (Berlin, 1947), p.62.

第三章 1932—1944年德国的货币与价格

尽管对价格指数做了诸多改进,但它还是不够全面。例如,如果黑市比较活跃,那么表3-6中的产品价值可能就低估了实际的产品价值。显然,黑市的销售是不向政府报告的。进而,表3-6中的实际产量也可能被低估。因此,须考虑黑市的交易,对德国产品的价值与数量进行调整。

德国统计署的艾尔弗雷德·雅各布博士曾经估计过,黑市中销售的粮食、饮料和烟草超过其合法价值的数量分别是:1940年40亿马克;1941年30亿马克;1942年50亿马克;1943年90亿马克;1944年140亿马克。如此可观的数量级对有关商品价格的影响,要远大于对其数量的影响。据估计,这些商品占到合法交易额的比重只有2%。[①]

可以利用这些数据来修正潜在价格指数,进一步假设:(1)食品、饮料和烟草的销售在旧德国与领土更大的德国(包括奥地利和苏台德地区)之间的比例关系,与二者之间人口的比例关系相同;(2)黑市上工业品的销售额占黑市上总销售额的62%,这意味着黑市上商品的需求行为与所有市场是类似的;[②](3)黑市活动增加产品的当前价值,增加的比例与总销售的变化相同;(4)从1940年

---

① United States Strategic Bombing Survey, Overall Economic Effects Division, "The Gross National Product of Germany, 1936 - 1944," *Special Paper No.1*, prepared by Wesley C. Haraldson and Edward F. Denison, p.3.

② 德国官方批发价格指数中,食品、饮料和烟草属于农产品和殖民地产品。这两个类别在价格指数中的比重为38%,其余62%为工业品。

到1944年的各个年份中,所有产品的生产量均高于显示数量2%。

表3-7显示,从1938—1944年,当考虑到黑市交易时,德国潜在价格水平上涨了约52%。如果没有考虑黑市交易,潜在价格指数只上涨了35%。

表3-7 1938—1944年根据黑市活动计算的德国潜在价格水平*

年份	生产价值 (1)	生产数量 (2)	潜在价格水平 (2)/(1) (3)
1938	100.0	100.0	100.0
1939	104.3	100.1	104.2
1940	114.8	91.7	125.2
1941	123.9	91.1	136.0
1942	125.7	90.4	139.0
1943	130.4	89.9	145.1
1944	123.4	81.1	152.2

* 资料来源:Klein, *op. cit*., chap iii, pp.62-65。

b)作为价格水平衡量尺度的货币平均面额。到目前为止,本文通过比较总价值和总数量,来估计德国价格水平的变化。另一种估计方法是观察日常交易中,手持现金总量在不同面额货币间的分布。如果价格上涨了,人们购物时需要支付得更多,因而倾向于使用更大面额的货币。这样,货币平均面额的变化就可以衡量价格水平的变化。

表3-8给出了1932—1943年,德国货币平均面额的变化。1938年,通货的平均面额为2.21马克,而1932年为2.42马克。与1932年的经济萧条状况相比,1933年和1934年德国的经济状况已经有所好转,人们不再窖藏货币,这或许是这两年货币平均面

额下降的原因。不再窖藏货币不会影响1934年以后的数据。因此，此后的任一年份都可以作为基年。本文选择1938年为基年，因为正如前文所说，这一年标志着德国抑制型通货膨胀的开始。

表3—8 1932—1943年货币的平均面额*

年份	货币的平均面值	
	德国马克[1]	1938 = 100
1932	2.42	109.5
1933	2.22	100.5
1934	2.12	95.9
1935	2.08	94.1
1936	2.08	94.1
1937	2.10	95.0
1938	2.21	100.0
1939	2.49	112.7
1940	2.66	120.4
1941	2.82	127.6
1942	3.41	154.3
1943	4.05	183.3

* 资料来源：1931—1940年，各期的 *Verwaltungsbericht der Deutschen Reichsbank*；Länderrat des Amerikanischen Besatzungsgebiets, *Statistisches Hankbuch von Deutschland 1928-1944* (Munchen, 1949)。

[1]这些数字的计算方法：首先把上年年末以及当年流通货币的总价值相加，然后再除以流通中上年年末以及当年货币总的数量。它们未根据德国领土的扩张进行调整。因此，旧德国与领土更大的德国使用货币时，假设货币平均面额变动是相同的。

1943年，货币的平均面额是1938年水平的1.83倍。如果假设货币的面额是连续的，那么德国从1938—1943年的实际收入没有发生变化。同时假设货币发行人愿意按照需求的面额进行供应，也就是说在这一时期，德国的实际价格上涨了83%。不过，这种价格上涨是建立在上述前提之上的。如果我们放松前两个假设,情况会如何呢?

首先,货币面额连续的假设是不现实的。在有这个假设和没有这个假设的两种情况下,价格上涨如何影响货币平均面额呢?

假设流通速度、相对价格、实际收入均保持不变,那么货币数量的增加将伴随着价格水平的上升。货币的平均面额会发生什么变化呢?考虑下列情况:(1)随着价格的上涨,个人希望拥有至少同样数量的钞票,例如12张;(2)他希望在持有货币价值的划分(如每种各占50%)与在持有货币面额的划分(例如,1∶5)之间有一定关系。假如开始时,个人拥有10和50马克两种形式的货币,总价值为200马克。那么,这种情况就如A所示:

A情形:价格上涨之前连续的货币面额

50马克(每张纸币的价值)×2(纸币数量)=100马克

10马克(每张纸币的价值)×10(纸币数量)=100马克

总价值=200马克

货币的平均面额=16.6马克

如果价格水平上涨1倍,那么情况会如何?根据给定的假设,货币余额也会加倍,即货币总价值变为400马克。那么,这种情况就如B所示:

B情形:价格上涨1倍后的连续的货币面额

100马克(每张纸币的价值)×2(纸币数量)=200马克

20马克(每张纸币的价值)×10(纸币数量)=200马克

总价值=400马克

货币的平均面额=33.3马克。

因此,货币的平均面额将是33.3马克。价格水平与货币的平

第三章 1932—1944年德国的货币与价格

均面额均增加了一倍。

现在我们不再假设连续面额,而假设货币面额是不连续的。进一步假设只有10马克与50马克两种货币。那么,之前的两个条件就不能同时得到满足。如果满足条件(1),那么货币的平均面额将会上涨一倍;如果满足条件(2),那么货币价值在两种面额间仍然各占一半,但是货币的总量会增加一倍。这样,货币的平均面额仍保持不变。显然,由于货币的面额是不连续的,我们无法比较上述两种情况。最多只能说,个人可能比以前持有更多的纸币,但是也不会多到使货币的平均面额与价格上涨前一样。

那么,当货币面额不连续时,价格水平的变化与货币平均面额的变化之间有何关系呢?二者之间的关系是不确定的。可以预期,随着价格水平的变化,人们起初只会持有少量50马克的纸币。货币平均面额将滞后于价格水平的上涨。接着,随着看到价格的持续上升,人们可能决定将持有的10马克换成50马克的纸币。举例来说,如果价格上涨两倍,同时人们将10马克换成50马克,那么货币的平均面额可能上升超过两倍。正如前文所述,如果我们能够获取较短时期中实际价格变动的统计数字,再加上货币在不同面额之间分布的数据,或许就可以发现,货币平均面额相对于价格水平的变动呈现出一种"滞后—加速"的变化模式。

如果不再假设实际收入没有变化,那么情况又如何呢?为了简单起见,假设货币面额是连续的,这样就避免了货币的数量与比例之间的问题。进一步假设,(1)流通速度与相对价格没有发生变化;(2)价格水平相同;(3)在实际收入变化之前,人们将货币总值在不同面额的货币间进行分配,并使之间保持特定比例。现在考虑实际收入下降的情形。

根据上述的假设,实际收入与货币余额按比例变化。然而,平均货币面额并不会按比例发生变化。随着实际收入的降低,消费者对货币总值在不同币种之间的分配就会改变。人们将不得不放弃部分消费。被放弃的部分可能是他们消费模式中比较昂贵的耐用品和奢侈品。人们现在要购买的物品比之前要购买的花费更少。因此,与以前相比,他们倾向于持有更多较小面额的货币。在这种情况下,随着实际收入的下降,货币的平均面额将会下降。如果实际收入是上升的,上面的论述反过来即可。①

如果我们将 B 情形的价格上涨与前一段讨论的实际收入下降结合起来,货币平均面额就可能不会与价格水平同比例上涨。假设随着价格指数上涨,实际收入下降。那么总的看来,货币平均面额的上涨小于价格水平的上涨。基于货币平均面额而估计的价格水平变化,会随实际收入的变化而减小。

如果不考虑领土的变化、实际收入的变化和货币面额的不连续带来的困难,这一节对德国实际价格水平的估计在多大程度上能够解释官方价格与货币存量的增加之间的差异呢?1943 年,官方价格、货币平均面额值以及货币存量分别是 1938 年水平的 1.10 倍、1.83 倍和 3.05 倍。因此,通过货币平均面额来估计价格的变化,很大程度上减少了有待解释问题的量级。

(二) 总结

本节给出了纳粹统治时期,衡量德国价格水平变化的三种方

---

① 这里假定没有纸币的窖藏与非窖藏的问题。

法的结果。这三个方法均表明,事实上的价格水平上涨要高于官方价格指数。第一种方法是基于1932—1944年的生产价值与产量,推导出所有商品的潜在价格指数。第二种方法利用黑市交易与产量,调整第一种方法估计的价格。第三种方法利用货币的平均面额来衡量价格水平。这些方法显示:由于三种方法的差异,德国1943年的价格水平依次为1938年的1.36、1.45和1.83倍。然而,正如前文所示,官方价格水平却只有1938年的1.10倍。

第四节　1938—1944年实际现金余额、国民收入和收入流通速度

本节综合第二节和第三节的估计结果来分析:(1)这两节的数据分析是否减少了货币存量与价格水平变化之间的差异,以及(2)调整后的数据如何影响收入流通速度和实际收入。

(一) 实际现金余额

1938年,德国官方批发价格指数是1932年水平的1.10倍,而平均流通货币量是1932年的1.39倍。因而,1938年的实际现金余额是1932年的1.27倍。这是一个异常的现象。1938年之前,德国日益繁荣。1937年,收入流通速度已经增加,而后1938年保持相对稳定,失业也不复存在。

然而,从1939年开始,实际上现金余额显著增加。1944年,德国官方批发价格指数是1938年水平的1.11倍,平均流通货币量是1938年水平的3.85倍。因而,实际现金余额是1938年水平

的 3.46 倍。这也是一个异常的现象。在战争期间或通货膨胀期间，持有货币成本的增加会导致实际现金余额的下降；人口流动性的增加和不确定性的增加会导致实际现金余额的上升。因此，如果没有诸如价格管制等限制性措施，实际现金余额无论是适度上升还是下降，都不会出人意料。然而，问题是上述列举的因素，没有一个足以使实际现金余额发生这么大的变化。

如果人们预期到实际现金余额基本保持不变，那么对德国货币存量与价格水平变化的估计将如何影响实际现金余额呢？表 3－9 对此进行了总结。

表 3－9　1938—1944 年的实际现金余额

年份	未经调整[1]	调整后的货币存量[2]	调整后的货币与价格[3]	调整后的货币与价格[4]
1938	100.0	100.0	100.0	100.0
1939	135.5	113.8	110.6	102.2
1940	172.6	135.6	112.8	117.3
1941	204.5	173.7	135.7	144.7
1942	259.8	221.0	172.0	155.0
1943	322.3	277.0	210.0	166.2
1944	435.8	345.7	252.8	200.1

[1] 未调整的手持现金除以官方批发价格指数。
[2] 调整后的平均流通货币量除以官方批发价格指数。
[3] 调整后的平均流通货币量除以基于黑市价格估计的价格水平变化。
[4] 调整后的平均流通货币量除以根据平均货币面额估计的价格水平变化。1944 年所用数据是基于 1943 年估计的货币平均面额估计乘以一个百分数（104.9），该百分比是由 1944 年和 1943 年之间的黑市价格换算而来。

如果把未经调整的手持现金作为货币存量，当使用官方批发价格指数，1943 年和 1944 年的实际现金余额分别是 1938 年水平的 3.22 和 4.36 倍。当调整了货币存量，把手持现金、其他存款和储蓄存款（均随领土扩张进行调整）包括在内,那么1938—1943年,实际现金余额的增加将减少15%；截止到1944年,实际现金余额的增加将减少21%。

如果把平均货币流通量当作货币存量,当使用货币平均面额或是黑市价格的估计值时,1943年的实际现金余额是1938年水平的1.66倍或2.10倍。因此,截至1943年,两个价格水平变化的估计值分别降低了40%和24%,同时调整后的货币存量计算而得的实际现金余额仍在增加。至1944年,使用货币平均面额与黑市价格的估计值时,实际现金余额的增加分别下降42%和27%。

调整货币流通量和构建德国价格水平估计值的方法,很大程度上减轻了解释货币存量与价格水平变化之间差异带来的困难。两种方法合起来时,能够解释实际现金余额增加中的54%或42%,二者间的差别取决于使用货币平均面额还是黑市价格来代表价格水平。此外,还有剩余的46%或58%有待于进一步解释。

（二）潜在价格与实际收入

潜在价格指数能多大程度上解释德国实际收入的变动呢？

官方批发价格指数显示,德国实际收入持续上涨到1941年。直到1943年,实际收入仍保持相当高的水平。1944年,它下降到接近1938年的水平。当时,官方的实际收入是1938年水平的98.5%。

如果生产要素已经得到充分利用,同时不考虑技术发明的影响,那么实际国民收入很难增加。与官方价格指数得出的结论相比,潜在价格指数给出的结果与国民收入数据更加一致。用国民收入除以货币平均面额的价格水平估计值,发现直到1941年,德国的实际收入与1938年的水平都非常接近,而后在1942年急剧下降。一直到战争后期,实际收入都在持续下降,1944年的实际收入是1938年水平的57%。根据黑市的估计数,它是1938年水平的72%。

上述的结果揭示了货币收入准确性的问题。德国的实际收入的下降,似乎不可能像数据看上去那样严重。如果潜在价格指数是合理的——从实际现金余额来看似乎合理——那么答案就是实际货币收入的增长大于官方公布的国民收入。进一步来看,有理由认为,既然官方价格指数的准确性是有问题的,那么也可以质疑官方公布的国民收入的准确性。更高的货币收入也有助于解释计算出来的收入流通速度的变动。

(三) 修正后的国民收入与收入流通速度

这部分从三个方面对德国的国民收入数据进行修正。

首先,截止到1941年底,旧德国收入的数据都来自官方渠道。1942—1944年的数据来自于德国统计学院,它使用1942年、1943年和1944年的总销售额来估计国民收入。这几年也是收入流通速度和国民收入都下降最多的年份。这意味着德国统计学院的数据可能不准确。那么,有没有其他方法来估计这些年份的国民收入呢?

美国战略轰炸调查报告分别估算过1936—1944年德国、奥地利和苏台德地区的国民生产总值。假定在此期间德国的国民生产总值与旧德国的国民收入密切相关,我们就可以估计1942—

1944年德国的国民收入。这么做的结果是,1944年国民收入的估计值大幅提高。

其次,德国的国民收入中未包括军队开支。然而,在战争期间,军队开支日益重要且不断增加,应该计入国民收入。

再次,德国统计署和美国战略轰炸调查报告都没有使用非法的黑市交易修正其数据。正如前文所述,从1939年之后可以获得黑市交易数据。因此,为了更准确地估计国民收入,应该考虑黑市交易的影响。

表3-10给出了根据上述方法计算得出的结果。由此估算的国民收入,1944年的货币收入是1938年水平的1.66倍,收入流通速度是0.79倍。

表3-10 1938—1944年国民收入和收入流通速度的估计*

年份	官方国民收入 (1)	调整的国民收入 (2)	收入流通速度算法1[1] (3)	收入流通速度算法2[2] (4)
1938	100.0	100.0	1.76	1.83
1939	109.4	110.2	1.67	1.75
1940	112.7	120.4	1.41	1.56
1941	119.1	134.5	1.14	1.33
1942	119.4	141.0	0.88	1.08
1943	120.6	153.9	0.70	0.92
1944	109.6	165.7	0.50	0.79

* 资料来源:Klein, op. cit., chap iv, pp.72-75。

[1][2]第1列和第2列的货币收入分别除以各年度平均货币流通总量。

表3-7中的生产产量指数可以用来检验上述结论。1944年的货币收入是1938年水平的1.56或者1.23倍,这取决于实际产

量(1938年水平的81%)乘以货币平均面额值,还是乘以黑市价格的估计值。后者计算的数值等于所有生产的价值。这样,上一章计算的货币收入与基于实际生产产量计算的货币收入之间就存在着很大差距。1943年,基于实际生产产量和潜在价格计算的货币收入分别是1938年水平的1.30或1.65倍,二者的差别取决于使用的价格指数。表3-10中给出的货币收入是1938年水平的1.54倍。因而,使用货币平均面额计算的货币收入,表3-10计算的结果比较接近。

(四) 总结

本节首先指出,调整平均货币流通量和构建潜在价格指数,使得1938—1944年实际现金余额的增长减少了54%或42%;其次,1938—1944年,货币收入增长了66%;第三,1944年的收入流通速度是1938年水平的43%;第四,不同方法计算实际收入数据是不尽相同的。使用修正的货币国民收入除以1944年的黑市交易估计的价格,得到的实际收入是1938年水平的1.09倍。使用同样的国民收入数据除以1944年的货币平均面额估计的价格,得出实际收入是1938年水平的86%。此外,计算的实际生产产量是1938年水平的81%。

第五节 1932—1944年德国的经济政策

上述各节已经表明,"二战"期间的收入流通速度与实际现金余额都发生了巨大变化。与其他交战国相比,德国的这些经济活动变化更为显著。从1939年开始,德国为下面假说的一个反例:实际现金余额与收入成比例变化。

如何解释这一现象呢?在调整相关的货币、价格和收入的统计数据之后,剩下的解释还包括:(1)1943和1944年的交通瘫痪,使得人们持有更多的现金;(2)德国的经济管制不仅成功地限制了个人支出,而且成功地诱导个人以现金的形式持有其累积的资产。本节的目的是简要分析可能导致后一种结果的经济政策。

(一) 财政政策

这一时期,德国的财政政策可以划分为五个阶段——四个在"二战"前,一个在"二战"时。

第一阶段是就业创造法案时期,这实际上是开始于希特勒之前的冯·帕彭(Von Papen)政府。当时,经济体缺乏贷款能力。一个理想的方案就是通过公共工程,来减少大规模的失业。由于德国国家银行能够不受限制地为商业票据贴现,人们觉得使用德国国家银行贴现的方式为公共工程融资是有利的。因此,要求各地方政府制定道路、公共建筑、住宅等建设计划。就业创造法案,按下面的方式,为这些项目的资金进行融资。地方机构向承包商发出订单。承包商开出一张汇票,经地方机构背书后再交给商业银行或公众银行。银行视其为商业汇票而予以承兑,并向德国国家银行贴现。一般情况下,银行把就业汇票贴现时,可以用其支付过去交易的负债。这类汇票名义上只有三个月的期限,但实际上可以无限展期。因此,这种信用结构就转变成当前商业和贸易交易中有代表性一种形式。银行的流动性得以恢复,利率开始下降。

第二个阶段是 1935—1938 年的特种汇票时期。这一阶段，政府的资本金可以通过上述方法获得，但是更多地依赖长期的帝国贷款和国债的发行。上述融资方案中一些具体措施也发生了变化。汇票不再称作"就业创造汇票"，而叫做"特种汇票"。名义期限变成 6 个月，并且在 3 个月之后即可贴现。他们仍然可以无限期展期，但是商业银行是按照低于德国国家银行的私人利率来贴现的。公众和州立银行持有了大部分汇票与信用的新增额度。

第三个阶段开始于 1938 年 4 月的金融改革。6 个月期限的验收付款汇票替代了特种汇票，用来支付公共建设的合同。它们不能在德国国家银行再贴现。特种汇票不再被用于进行事前融资，这只是一项过渡性措施。此外，新发行的利率为 4.5% 的帝国贷款数量不断增加，因此长期债务与短期债务同时增长。

第四个阶段开始于 1939 年 5 月的新金融计划。两种金融工具替代了验收付款汇票："(1) 新增的普通无息财政债券；(2) 两种新型的纳税凭证。"① 不过在战争爆发后不久，就停止使用后者。同时，财政债券也不再公开认购，且不断被保险基金、储蓄银行和地方政府所取代。流向资本市场的储蓄，如果没有转化为帝国贷款，就可以用来购买产业债券和股票。

第五个阶段是战时融资时期。战时德国信用政策主要通过国库券、财政债券和军用本票的形式来确保短期信贷。最后一种形式用于预付军火承包商。承包商可以把这些本票出售给银行或者用于贷款抵押。此外，德国继续使用与上一时期相似的方法获得

---

① Reichs-Kredit-Gesellschaft, *Economic Conditions in Germany in the Middle of the Year 1939* (Aktiengesellschaft Berlin, August, 1939), p.44.

第三章　1932—1944年德国的货币与价格

长期资金。它向商业银行、信用合作社、储蓄银行、保险公司、社会保险基金以及其他金融机构定向募集公债。

在这整个期间,德国政府始终都有赤字运营。例如,在1943年4月1日开始的财政年度中,收入为678亿马克,而支出为1530亿马克。国债总额高达2734亿马克。① 政府支出的增加引起收入的增加,因而就有通货膨胀的压力。为了减轻通货膨胀压力,德国既没有提高税率,也没有让公众认购公债。它单纯依靠价格、配给和资本市场管制来实现这一目标。

当德国公众不能通过增加的收入来提升购买时,"其他"和储蓄存款上升。现金余额相应积累,同时收入流通速度下降。政府通过向银行系统定向发行债券的方式来获得资金——缺少可供累积资金进行投资的其他生息资产。随着收入的增加,商业与私人偿还银行系统中所欠的债务,很少有信贷的需求。因此,德国的信用机构似乎大多都转变为德国财政部与公众之间的中介机构。

(二) 价格政策

价格管制被认为是使得德国经济免于价格膨胀的主要原因。这种方式在希特勒统治早期就已经存在。工资是最先被稳定的价格。1934年的工资被冻结在1933年的水平上。1933年之后,农产品价格也被管制,从生产到销售的各个环节都受到管制。

至于其他价格,1934年11月,德国任命了一名价格管制的专

---

① Edward Wolf, "Geld und Finanzprobleme der deutschenNachkriegswirtschaft," *Die deutsche Wirtschaftzwei Jahre nach dem Zusammenbruch* (Berlin, 1947), pp. 198 – 99.

员。他需要确定工业中各个行业的"正常价格"。他工作的首要职责是使各种价格保持处于低水平。这与希特勒政权之前的政策是一致的,当时的政策受1923年超级通货膨胀的影响,将通货紧缩看作货币贬值的一种替代形式。这个价格专员起初只管制工业产品的价格,但是很快管制的范围就扩大到所有商品。然而,直到1935年底,价格一直上升,因此价格管制的权限被分散到各个经济部门。而不久这一政策也发生了变化。

1936年11月26日,实施了一个普遍价格冻结的法令,并且制定了相应条款由一名国家专员负责价格编制工作。除了工资、资本、农产品和货币市场的价格由其他专员管制以外,价格冻结的范围非常广泛,适用于每一种价格。然而,这一价格政策也有一定的弹性。价格专员可以使用一般规则以外的方法,允许价格上涨。同样,他也可以根据法令来降低任一商品的价格。一般来说,他要看利润率的大小。如果企业的利润率相当高,他不会批准价格上涨。成本加成的定价的方法首先用于建筑业和电力工业中,然后扩展到所有接受政府订单的企业。

1937年,受卡特尔和其他价格协议支配部门,商品价格开始下降。这一情况影响了经济不景气时曾保持相对稳定的商品价格。例如,电器、化学用品、钟表等产业的制造商、零售业者和批发业者承担了大约5%到10%的价格下跌。

第二次世界大战的开始,延长了1936年颁布的价格冻结法案,同时需要重新检查所有价格的计算。

1940年和1941年间,重新修订了影响价格决定协会的管制规则,重点在于:

第三章 1932—1944年德国的货币与价格

> 无论是同一生产或分配阶段的生产者和经销商之间、转卖时的价格维持协议、还是计算与政府有关的合同成本协议，所有的这些都必须经过价格专员按照价格协议予以批准。不受法规限制的价格协议包括以下情况：生产者与批发商之间价格是固定的；而且加入固定价格联盟无需价格专员的批准。①

然而，卡特尔与辛迪加在经营年度开始时，就必须提交参与价格固定经济活动的新成员名单。

1941年，德国的价格政策又发生了改变。负责价格管制的价格专员宣布，政府对军需品支付的价格需依据中等成本的生产者的"公正平均"成本，而非依据根据经济体中个别生产者的生产成本，来制定的统一的价格。

1942年的价格管制引入了新原则：(1) 为了克服不同生产者之间的成本差异，同样的商品可以有多种价格；(2) 允许价格随成本的上涨而上涨。

总起来看，1936年11月之前，德国实行的是有选择的价格管制，而此后实行的是普遍的最高限价。政府订货的价格基本上基于"公正平均"的生产者的成本。大多数其他产品的价格，很大程度上都受到1936年制定的最高限价的限制。

---

① Sidney Merlin, "Trends in German Economic Control since 1933," *Quarterly Journal of Economics*, LVII February, 1943), 189.

(三) 生产管制

德国经济对生产的管制是从纳粹统治早期开始的。管制的基础是原材料的分配。根据1934年9月4日经济部长的一个法令,他有权监督商品交易。他也可以颁布涉及商品购买、分配、储藏、销售和消费活动的各种法规。[1] 在该管制流程中,各个监督委员会是他的代理人。这些委员会对多种商品拥有管制权限,诸如烟草、工业油脂、羊毛、棉花、皮革、钢铁、木材、煤炭、化工、纸张和非稀有金属等。此外,帝国食品管理局,负责管制农业生产。

第二次世界大战爆发前夕,进一步强化了有关商品监管的法律。监督委员会的活动扩大到消费品的定额配给。事实上,几乎所有日常消费品都需要配给,如食品、服装、煤炭等等。日常的需求需要配给卡,且大众化的需求需要供应证。因此,最终的消费品与(经过配额制度的)原材料都需要配给。

上述对生产与消费的管制,只是看起来令人印象深刻,但实际上直到1942年,只不过将国内生产与消费限制在了"战"前水平。"在丰克经济部(Funk's Economic Ministry)宽松的管制下",大部分经济活动允许"以一种轻松、半和平时期的方式运转"。[2] 丰克领导下的各委员会基本上是一种松散的组织。经济部表述这样的:

---

[1] *Reichsgesetzblatt* (1934), I, 816.
[2] United States Strategic Bombing Survey, Overall Economic Effects Division, *The Effects of Strategic Bombing on the German War Economy* (October 31, 1951), p.24.

一个基本的看法,即控制国民的牺牲最小化。它试图在企业家、军方和纳粹头目的不同诉求之间寻求平衡。然而,这种平衡的结果绝不会是最大化产量。相反,它是过剩能力的一种平衡,其中高成本的企业得到保护,过剩民用品的生产得以继续,稀缺的原材料被配置到不重要的领域。①

1942年12月斯大林格勒战役后,德国当局在意识到当前经济政策导致军需品生产不足以保证战争新阶段的需要。因而,新的军需生产部成立了。艾伯特·斯皮尔(Albert Speer)任部长,对德国的工业资源几乎具有无限的控制权。

然而,德国的工业生产能力已不能再扩张。唯一的办法要么限制国民消费,要么提高现有工业生产能力。艾伯特·斯皮尔任选择了后者。②

那么,德国的生产和配给政策的效果如何呢?首先,直到1942年,国民消费维持在接近战前的水平,当然高于1932年的水平。随着收入的增加、价格管制和商品供应的小幅下降,人们倾向于积累货币余额。只有在1943年,国民消费才受到了更严格的限制。煤炭、住房和服装的供应紧缺。但是,这种限制的主要原因不是德国的管制政策,而是盟军的轰炸和交通的瘫痪。这也可能进一步使现金余额增加。其次,直到1942年,生产管制制度导致本

---

① 同上注。
② 同上注,Chap. viii, "German Armament Production"。

该用于军需生产的资源配置不当。

(四) 资本市场的管制

德国资本市场管制的主要形式是限制资本发行和限制股息。

根据1933年5月31日的一个决议,资本股票的发行必须经过德国国家银行的特别委员会的批准。这个程序事实上废除了资本发行,直到1936年这个禁令才有所松动。对资本发行限制的松动持续到1939年底,但是企业基本上只能依靠内部资金的积累来增加融资。显然,限制资本发行的目的是为了鼓励银行体系投资政府证券,而非私人证券。

到了1939年,产业界已经积累了足够的储备,基本上可以依靠自有资金进行扩张。战争开始时,制造业企业发现很难更换存货与设备。相应地,它们积累了现金余额而没有进行内部投资。企业使用这些现金做了两件事情:持有现金或者在股票市场购买股票。个人也使用多余的现金余额来购买股票。因此,股票市场出现了繁荣,1941年的股票价格是1939年的1.45倍。

在德国,股票市场是唯一不受管制的自由市场。随着股票价格的上涨,政府开始采取了一些措施对其进行管制。战争开始以后,买入股票必须进行登记。在需要的时候,证券购买者需将其出售给国家。股票价格从1941年下半年有些下跌,但是1942年又有所回升。最终,股票价格被冻结在1943年1月25日的水平。1943年6月,股票价格是1939年水平的1.54倍。

对资本市场的管制另外体现在对股息的限制。根据1934年

第三章 1932—1944年德国的货币与价格

3月29日的投资法,股东股息的现金分配不得超过6%。① 股息超过上一年度的部分,必须投资于政府证券。根据后来修正的一项条款,超额股息应转交给黄金贴现银行(Gold Discount Bank),用于投资为期三年的政府证券。② "这项法令的效果并不显著,到1940年底,累积的现金余额只有1.08亿马克。"③1941年,新的股息限制法令对超过6%(有时是超过8%)的股息征收累进税。这项法令进一步允许企业参照资产状况来增加资本。这样做的目的是将大量工商业的现金储备资本化,从而减少股票市场的投机行为。因此,需要对流通中的股票重新估价。

总体来看,德国并没有对民间资本市场进行系统性管制。产业扩张基本上是由企业来推动的。一些措施的实施导致了经济体中商业部门现金余额的累积。如果没有控制股票价格,个人就可以通过购买股票来抵御通货膨胀。企业也购买股票。这样,当股票的供给没有增加时,股票的价格就会被推高。④ 之后,当控制股票价格时,最后一个替代持有闲置现金余额的方案也就取缔了。

---

① *Reichsgesetzblatt* (1934), I, 295.
② 同上注,第1222页。
③ "Civil Affairs Handbook: Germany, Section 2T: Government and Administration. 'Economic Controls in Nazi Germany,'" *Army Service Forces Manual M346-2T* (U.S. Army Service Forces, 1 February 1944), p.164.
④ 这预示了如果没有价格管制,官方价格水平会出现的情形。然而,所有产品的价格可能不会像股票价格那样上涨很多,因为可能存在其他可供选择的投资渠道。

（五）总结

本节简要描述了 1932—1944 年的一些经济政策,这些政策可能导致了收入流通速度的下降和实际现金余额的上升。具体包括通胀性的财政和价格政策和对生产、消费与资本市场的控制。1938 年,经济实现充分就业后,所有这些管制措施综合起来,限制了公众随着收入增长而增加支出的能力。此外,本节中其他一些未讨论的因素,对减少货币存量对价格水平的影响方面,也可能起着重要的作用。其中包括:(1)国际贸易管制;(2)1943 和 1944 年,盟军的轰炸以及由此引起的交通瘫痪;[①](3)对违反价格上限的严厉处罚——有些情况,高于限价的价格出售商品的商人被处以死刑;以及(4)普通德国民众的强烈爱国热情。

第六节　结论

正如前文所述,本文的研究目的是解释 1932—1944 年德国货币存量和官方价格指数之间变动的差异。换句话说,解释为什么德国的收入流通速度下降。

随着货币存量和价格水平的上涨,人们希望持有更少货币,从而预期到流通速度上升。然而,如果人们希望持有的实际现金余额保持在既定水平,那么就限制了流通速度的提升。直到 1938

---

① "1944 年 9 月开始的对交通轰炸,是导致德国经济最终崩溃的一个最重要的原因"(参见 United States Strategic Bombing Survey, Overall Economic Effects Division, *The Effects of Strategic Bombing on the German War Economy*, p.13)。

年,德国都符合这一原则。此后,由于各种资源的充分利用、战争和价格上涨,可以预期到实际现金余额会下降且收入流通速度会上升。然而,这并没有发生。相反,实际现金余额迅速上涨,而收入流通速度急剧下降。

其他国家,诸如意大利、英国和美国,在可比期间也经历了实际现金余额的上涨和收入流通速度的下降。然而,没有哪个国家的实际现金余额像德国一样上升那么大的幅度,也没有哪个国家的收入流通速度像德国一样下降那么大的幅度。那么,德国真的不同于其他国家吗?

表3-11总结了本文的发现。未调整的数据显示,德国1944年的实际现金余额和收入流通速度分别是1938年水平的4.36倍和23%。货币存量、价格、收入数据和实际现金余额等数据经过校准之后,一方面,实际现金余额是1938年的2.53倍或者2倍,而收入流通速度是1938年的43%。另一方面,(1)意大利1944年的实际现金余额是1938年的1.36倍;(2)英国1947年的实际现金余额和收入流通速度分别是1941年的1.55倍和65%;(3)美国1946年的实际现金余额和收入流通速度分别是1942年的1.61倍和66%。为了与美国具有可比性,我们取德国1938—1942年的时段,德国1942年的实际现金余额为1938年的1.72倍或者1.55倍,而收入流通速度是1938年的59%。因此在一个较短的时间段内,美国与德国某种程度上是可比的。然而,总体来看,即使对德国的数据进行修正,而其他国家的价格和收入数据不变的话,德国的状况仍然不同于其他国家。

表 3-11 研究结果总结:1944 年的货币存量、价格、实际现金余额、实际收入、货币收入和收入流通速度(以 1938 年为基期计算的百分比)

类别	货币存量	价格	实际现金余额	真实收入	货币收入	收入流通速度
未调整的数据	485[1]	111[2]	436	98	110[3]	23
调整过的数据:						
a)与价格无关的结果	385[4]				166[5]	43
b)基于黑市价格	385	152	253	109	166	43
c)基于平均货币面额的价格	385	192	200	86	166	43
直接计算的实际收入						
a)基于黑市价格	385	152	253	81[6]	123	32
b)基于平均货币面额的价格	385	192	200	81	156	41

[1]未调整过的手持现金。
[2]官方批发价格。
[3]德国经济研究所的数据。
[4]调整过的平均货币流通量。
[5]修正后的德国经济研究所的国民收入,调整了军队支出和黑市活动。
[6]来自于表 3-7 中产量指数。

对价格、货币和收入数据的修正很大程度上减弱了德国实际现金余额上涨的幅度,也减弱了收入流通速度下降的幅度。但是,德国的经济状况的确发生了变化。导致这种变化的显著的原因包括:直接管制发挥了部分作用、1943 年和 1944 年交通瘫痪使得人们持有更多的现金余额。

第四章　1861—1865年美国南方联盟的通货膨胀

尤金·M.勒纳

内战期间,美国独立战争时期以来最为严重的通货膨胀折磨着南方各州。1861年10月至1864年3月间整整31个月,南方联盟商品价格指数每月平均上涨10%。1865年4月,李(Lee)将军投降同时内战结束,物价指数是战前的92倍。如同所有经历过高速通货膨胀的人,南方人抨击各种导致价格上涨的手段。他们告诫、恐吓、诽谤,并且通过立法来管制并控制以高于"公平"价格来出售商品商人和农民。他们的国会宣布能干的财政部长——克里斯托弗·G.梅明杰(Christopher G. Memminger)不称职;然而,物价依旧持续上涨。梅明杰辞职了,但是他的继任者并未能够成功地控制商品价格的上涨。

商品价格水平急遽而且持续上涨是由货币存量的不断扩张、流通速度的急剧加快和实际收入的下降造成的。这篇文章论述这些力量的影响,并且分析它们之间的相互关系。

第一节　南方联盟的税制

许多南方人期望能尽快且轻而易举地取得胜利,因为北方人很多都是商人和经纪人，并不是好斗的人。此外，"棉花是决定性的"。他们期望英国海军穿过封锁，与北方作战来确保棉花的稳定供应。南方人相信，没有棉花英国的棉纺厂就会关闭，并导致国民的失业增加，从而市场也随之消失。1861年7月，布尔溪战役（Bull Run）的胜利进一步增强了自信的南方联盟对成功预期。同时，北方人也期望在短期内取得战争的胜利。要求男人们自愿服兵役的时间只有90天。北方有原材料、工厂和人口的优势。北方人认为这些资源将使他们势不可挡。南方人和北方人都认为，没有必要采取通过征税来大幅提高收入这种过激的战争措施。

1861年5月，梅明杰部长建议征收一种财产税，以便在下一年提供不多于1500万美元的财政收入。他还建议，如果出售债券和征收关税能够筹集足够的资金，总统有权来缩减这项财产税。脱离联邦的南方各州坚持保留各州的独立，反对征收繁重税负的强中央政府。南方联盟国会认为行政机关提出的1500万美元的征税要求过高，希望解决方案不超过1000万美元。[①] 1861年8月，南方联盟国会通过了收入法案，只对财产和个人私有物品征收0.5%的税。

美国国会提高了进口关税，征收了2000万美元的直接税，而且第一次对800美元以上的收入征收3%的税。然而，这些温和的措施姗姗来迟，并没有在战争的第一个财政年度为北方筹集到

---

① 对这一征税法案比较完整的描述以及南方联盟的财政部提出的其他观点，详见 Eugene M. Lerner, "The Monetary and Fiscal Programs of the Confederate Government, 1861-65," *Journal of Political Economy*, LXII (December, 1954), 506-22.

第四章 1861—1865年美国南方联盟的通货膨胀

大量资金。

南方联盟政府缺乏相应的机构来评估并征收0.5%的低财产税。南方联盟政府组建不久,战争就爆发了。直到萨姆特堡垒(Fort Sumpter)被攻破且林肯召集军队时,弗吉尼亚、田纳西、阿肯色和北卡罗来纳等州才加入了南方联盟。重要的政府机构,诸如最高法院等,并未能组建起来;南方联盟战争和财政等部门的重要职务也是空缺。

为了避免与每个州的征税机构重复并加快政府征税的管理进程,梅明杰部长希望能够利用每个州的评估数据和征税机构。国会减少各州应承担的筹集税额10%,希望这样的退步能赢得各州的合作。

一个详细的调查显示,每个州对财产的评估方法不同。例如。一些州对奴隶征收统一的人头税;另外一些州对奴隶进行估值后,征收从价税。由于缺乏一致性,南方联盟政府被迫对所有财产重新估值,而这也遇到了一些困难。有些州禁止南方联盟政府使用他们的工作人员,这样就不得不雇用一些缺乏经验的财产评估师。由于修订了部分法律内容,大批印刷工和装订工参军,同时纸张缺乏,因此纳税申报表制成的时间很晚。当这些表格最终下发的时候,财产的估值并未遵循统一的标准。那么,"怨言和不满"便随之而来。

南方的州长们反对使用本州征税机构来征收联盟政府的财产税。阿拉巴马州的州长A.B.摩尔强烈地论述了这一点。在州立法机关联席会议上,他说:"由州政府征收这项税将是一项繁重且不愉快的任务,因为它把执行南方联盟政府法律的必要性强加给各个州,从而州政府与自己的公民之间形成了对抗。"①

每个州都想要 10% 的折扣,他们都承担征集所评估额度税收的责任。然而,只有南卡罗来纳州实际上以税收的形式征集到了资金。得克萨斯州通过没收外国人的财产筹集到了它的分摊额度。其他一些州则通过发行债券来筹集资金。银行购买了许多债券,从而扩大了货币存量。② 因而,南方联盟的第一个税收法案并没有带来预期的效果,它增加而非减少了货币存量。在战争的第一年,6100万美元流入了财政部,但绝没有一美元源自于财产税。截止到 1863 年 9 月 30 日,12 亿美元流入了财政部,这笔钱中只有 1.7% 源自于财产税收入。

接下来的征税立法既麻烦又错综复杂,失望和拖延是难以避免的。随着战争的继续,税款的评估和征收变得更加困难。纳税申报表和有经验的工作人员日益缺乏。南方的州长命令联盟政府的收税员离开他们所在的州。逃税成了一种风气,同时北方军的入侵完全破坏了税收管理。在北方军到来之前,收税员就已经丢弃了自己的工作并且逃离家园。例如,在阿肯色州,一个财政部专员试图向该州的收税员格林伍德传达指令。这个专员报告:"格林伍德先生为了躲避敌人的捕捉,已经携带他的财产逃离阿肯色州,

---

① "A. B. Moore to Gentlemen of the Senate and House of Representatives, October 28, 1861," in the U.S. War Department, *The War of the Rebellion*, Series IV (Washington D.C.: Government Printing Office, 1880 – 1901), I, 698.

② 如果银行不购买州政府债券的话,就没有相应金额的货币借贷给个人。对州政府的忠诚,银行家愿意降低准备金率来购买州政府债券。此外,在战争期间,在南方贷款给个人的风险要比贷款给州政府的风险高。个人可能被应征入伍、产品可能被充公,或者财产可能遭到破坏。因此,对个人的贷款,需要进行仔细地审核。

现已定居在得克萨斯州。"①直到1864年10月,在南方联盟财政部所有收入中,税收收入所占的比例不到5%。在北方,税收方案相对比较成功。从1861至1865年,在美国政府的所有开支中,税收收入占将近21%。

第二节 南方联盟的债券

梅明杰部长预期到税收收入少,因而希望通过向私人和非银行机构出售大量的债券来抑制价格的迅速上涨。南方的种植园主直到收获后才能抽出资金。然而,战争在4月份就爆发了。因此,梅明杰部长提出了一个切合实际的方案——让种植园主马上做出购买债券的承诺。当庄稼出售时,种植园主通过购买债券来兑现他们的承诺。

1861年5月,南方联盟国会采纳了梅明杰的方案并批准发行5000万美元的债券。每一位立法委员都成为了承诺人的律师,而且公众非常热情地响应,以至于梅明杰部长要求国会授权再发行5000万美元的债券以支付他所收到的所有承诺。他向国会汇报:"一旦销售完农产品,可以确定无疑地收到一大笔钱。"②

1861年收获的时节,出口商品市场小于原来的预期。南方的港口被封锁了,同时不鼓励与敌人进行贸易。迫使欧洲承认南方联盟合法性的一个宏伟设计正在酝酿中,而且南方人自己也阻止

---

① 来自南方联盟财政部办事员艾伦写给梅明杰部长的信,见 Raphael P. Thian (ed.), *Appendix* (Washington, D. C., 1878), II, 250。

② "1861年11月20日的报告"(同上,III, 17)。

"棉花大王"的出口。维持治安小组形成了,他们摧毁码头上准备装运的棉花,并且劝说"爱国者"不再供应这些商品。结果是,棉花的价格下跌了。1861年9月,棉花的价格比1861年6月下降了近25%。在此期间,所有商品的一般物价指数上涨了27%。棉花种植园主的实际收入急剧下降,因而许多打算卖庄稼后购买债券的人开始变得不满。他们不再想购买债券,而是要求政府立即援助。

种植园主们提出两个援助方案:政府要么直接购买全部棉花,要么批准使用棉花作为担保进行贷款。面对抗议和压力,梅明杰部长还是完全否决了这两个备选方案。"补贴棉花会消除种植园主调整产量的动机",紧接着就会需要"相应的措施,来缓解对食品和谷物的需求。"①任一种补贴都需要一到两亿美元的经费支出。货币存量的增加将会导致价格的进一步上涨。像第一个税收法案一样,第一次债券的发行也将产生净通货膨胀的效应。

因为没有购买棉花,梅明杰部长受到当时和现今历史学家的广泛的攻击。然而,他认识到,为了抑制物价有必要尽可能地降低政府开支。为了达到这一目的,他推迟支付南方联盟军队的报酬,他强烈要求购货商使用债券而不是现金购买粮食,同时,除非政府供应商接受某种债券,否则他不发放物料征用许可证。作为一种经济手段,他还降低了债券的利率。

1861年5月,南方联盟发行了收益率为8%的债券。接下来发行的债券,收益率降低到4%。毫无疑问,一些南方人仍继续购

---

① "1861年10月15日的报告"(同上,III,17)。

买债券,而没有关心它们的收益和资金价值。战争意味着斗争、牺牲以及购买债券,不管债券的收益率是4%还是8%。然而,另外一些人却非常关心这些,这样债券的销售额就下降了。商品价格的上涨使得债券的收益率为负,并且破坏了它们的价值。在这些情况下,爱国主义就成为了南方人购买债券的唯一动机。

面对物价的上涨,为了改善债券的销售情况,梅明杰的大臣劝诱国会颁布立法,通过对购买较高利息债券的货币发行资格设置一个时限,来"抑制货币流通并减少货币存量"。1863年3月23日,国会通过了这项请求法案,以区别对待特定货币的发行。例如,1862年12月1日之前发行的货币,直到1863年4月20日方可兑换成利率为8%的债券。1863年4月20日和8月1日之间发行的货币,它们可以用于购买利率为7%的债券。此后,这些纸币将也不能用于购买任何联盟政府的债券。

法令的这些条件恰恰违背了其想要达到的目的。限制某些货币购买债券的权利,会使这些货币的持有者处于不利地位。这个法令不是鼓励购买债券和"抑制货币流通",而是鼓励人们不再持有现金余额。货币流通速度的加快驱使价格进一步上涨。

价格水平的上涨和收成的下跌使得人们不愿意购买债券,也使得该债券法案没有达到预期的效果。直到1864年10月,在联盟国库的所有财政收入中,债券占不到30%。

第三节 南方联盟的货币

严重的预算困难和联盟债券方案的失败使得梅明杰部长的办

公桌上未付票据迅速增加。印刷纸币成为了解决这些问题的权宜之计。1861年3月9日,南方联盟国会批准发行纸币,"公用事业遇到紧急状况时,可能需要一笔或者几笔这样的资金,但是任何时候都不能超过100万美元"。在接下来的四年中,财政部印刷的纸币是这个数目的1500多倍。

早在1861年11月,梅明杰部长汇报说,"日常需要超过货币供给将近50%。"①他把财政部纸币签署局的员工人数从1862年7月的72人扩大到1863年7月的262人。尽管如此,货币的发行量依然不足。随着战争的持续,越来越难找到纸张、适合的雕版以及印刷工人。绝望之中,梅明杰部长建议南方采取承兑假币的办法。任何假币持有人都可以用它交换到一张利率为6%的催款凭证。然后,财政部在这些假币上盖上"有效"字样后,就可以重新发行。

货币数量持续增长。梅明杰部长警告国会:"货币数量的增加会引发物价的天天上涨……如果不加以抑制,这将给国家造成灾难性后果。"然而,国会除了发行纸币外别无选择。《威明顿杂志》(*Wilmington Journal*)代表广大读者谴责税收时指出:

> 今天,为了保卫我们正义的战争,我们付出了鲜血、伤口和死亡的代价;在心里,我们为父亲、儿子和兄弟的伤亡感到苦恼和极度悲痛;我们每个人都饱受贫困和痛苦的折磨,我们的后代以金钱为代价支付赋予他们的自由、财产和荣誉的遗

---

① "1861年11月10日的报告"(同上,p.30)。

第四章 1861—1865年美国南方联盟的通货膨胀

产,这是公平和正义的……那么,为了战争的继续同时征税不会把负担累累的人民压倒在地,让我们的政府当局大胆地开展这项艰苦的工作,并尽一切力量扩张政府信贷吧!①

政府信贷没能进一步扩展,因为土地、存货、设备以及任何耐用品的投资都比债券投资更具吸引力。在这种情况下,南方联盟的国会就只能让印钞机保持运转。

虽然北方军队的胜利缩小了南方联盟纸币作为法定货币的区域,南方人用船把这些纸币运送到那些仍然流通的地区。在新奥尔良被北方攻占很久之后,每周的报纸依旧公布"非流通的南方联盟"绿背纸币的价格。这些纸币的运输,增加了南方联盟纸币合法地区的货币存量,并驱使物价进一步上涨。

从1861年7月1日到1863年10月1日,南方联盟国库的全部财政收入中,68.6%源自于新印刷的纸币。没有人打算以这种方式筹措战争资金,因为这必将会导致通货膨胀。

第四节 银行的扩张

1861年6月到1864年1月之间,未兑现的南方联盟纸币从100万美元上涨到8.26多亿美元。这些纸币许多都进入到南方联盟银行系统并增加了储备。它们为银行提供大量贷款和大幅度提高价格水平创造了条件。然而从1861年6月到1864年1月,

---

① 1863年4月9日。

银行中的纸币和存款实际上并没有迅速增长。如表 4-1 所示,二者在这段时期扩张了不到 3 倍。①

表 4-1 南方的货币总量(单位:百万美元)

日期	纸币和存款*	南部联邦政府纸币	总计	指数:1861 年 1 月 = 100
1861 年				
1 月	94.6		94.6	100
4 月	121.8		121.8	130
6 月	119.3	1.1	120.4	130
10 月	146.3	24.5	170.8	180
1862 年				
1 月	165.2	74.6	239.8	250
4 月	151.1	131.0	282.1	300
6 月	142.9	166.1	309.0	330
10 月	181.5	287.3	468.8	500
1863 年				
1 月	239.1	410.5	649.6	690
4 月	257.1	561.7	818.8	870
6 月	267.5	637.3	904.8	960
10 月	274.7	792.4	1 067.1	1130
1864 年				
1 月	268.1	826.8	1 094.9	1160

* 这些统计数字没有根据银行之间的存款进行调整,因此有些偏差。

战争期间对货币的需求很大。由于工资滞后于价格,利润率很高。生产者知道任何战争和进口竞争性商品的市场需求是确定的。而且,商品价格的持续上涨意味着所有的贷款都将用贬值的

---

① 表 4-1、表 4-2、表 4-3 来自于我的文章"Money, Prices, and Wages in the Confederacy, 1861-65," *Journal of Political Economy*, LXIII (February, 1955), 21. 在这篇文章中,我详细地描述了如何估计这些系列的数据。

美元来偿还。那么,在创造存款时,为什么银行家们显得如此有节制呢?

最重要的原因是,商业银行在危机期间没有中央银行的支持。无论北方军队什么时候到来,南方的银行家们都期望能够大量提款。因此,他们被迫使用能够使用的唯一方法——通过限制信用扩张和增加准备金来保护自己。1862年6月,乔治亚州的银行的储备金率为47%,而1863年6月为69%;1861年5月,北卡罗来纳的费耶特维尔银行的储备金率为21%,而1863年11月为46%;1861年1月,南卡罗来纳银行的储备金率为5%,而1863年10月为30%;1861年,弗吉尼亚州的山谷银行平均储备金率为41.2%,而1862年为56.5%,1863年为57.2%,1864年为66.4%。

战争期间,北方政府印刷1美元能够创造出1.49美元。[①]在南方,截止到1864年1月,政府印刷1美元只能创造出1.2美元。如果南方的银行家没有提升准备金率,且增加货币存量的话,价格水平会上涨更多。

第五节 价格的上涨

从1861年4月战争爆发到1864年5月,南方联盟一般商品价格指数一直稳定上涨(见表4-2)。作为对1864年2月货币改革的响应,物价停止上涨,而且轻微下降直到同年的11月份。

---

① Milton Friedman, "Prices, Income and Monetary Changes in Three Wartime Periods," *American Economic Review*, XLII (May, 1952), 635.

1864年12月,价格指数又开始攀升,并且继续急剧上升直到战争结束。

表4—2 南部联盟东部地区的一般价格指数(1861年的前4个月＝100)

月份	年份				
	1861	1862	1863	1864	1865
1月	101	193	762	2 801	5 824
2月	99	211	900	2 947	6 427
3月	101	236	1 051	4 128	8 336
4月	101	281	1 178	4 470	9 211
5月	109	278	1 279	4 575	
6月	109	331	1 308	4 198	
7月	111	380	1 326	4 094	
8月	120	419	1 428	4 097	
9月	128	493	1 617	4 279	
10月	136	526	1 879	4 001	
11月	161	624	2 236	4 029	
12月	172	686	2 464	4 285	

战争爆发后,价格的迅速上涨降低了南方联盟纸币的真实价值。除非债务人使用黄金、皮革或其他商品偿还债务,否则借款人拒绝扩展信用期,同时债权人拒绝接受战前的债务偿还。一位客户写信给弗吉尼亚州莱克星敦的戴维森(Davidson)律师:"大约这个月1号的某个时间,杰克·乔丹(Jack Jordan)先生又来找我,因为当考虑到现在的通货情况,我拒绝接受他以货币的形式偿还金钱债务。"[①]这位债权人希望戴维森来阻止债务人偿还债务。

---

① University of Wisconsin Historical Society, McCormick Collection, Special Davidson Collection, Charles Aenentrout to James D. Davidson, March 13, 1864, Fol. Jan., 1863-65.

第四章 1861—1865年美国南方联盟的通货膨胀

在北方,通货膨胀并没有这么严重。威廉·麦考密克(William McCormick)写信给他当时在英国的兄弟赛勒斯,提到当时的事态使他想起了威瑟斯庞(Withersoon)博士提及的一个时代——"债权人逃离他们的债务人,债务人成功地找到他们并毫不留情地偿还债务"。①

早在1862年,南方的一些企业出售产品时不再只接受货币,顾客不得不同时提供商品和纸币来购买东西。制造商被迫使用商品来支付员工的部分工资。一个制造商抱怨"钱将买到很少的东西,或者根本什么东西都买不到,除非我能为工人们找到一些获得食物的方式,否则我都担心会失去他们"。②

在北方,麦考密克们通过购买耐用品和不动产,使自己免受价格持续上涨之苦。威廉·麦考密克"认为把纸币存起来是不明智的……他购买了将近3000吨的生铁。"③这足够供应公司两年的经营。麦考密克们还购买了油漆、钉子、铅制品和木材等,数量之大使得他们不得不扩建存储空间。以最低额度的首付和最高额度的贷款来购买土地和资产,"如果通货膨胀变得更严重的话,那我们就有途径来花这些贬值的纸币"。

许多南方人使用同样的方法来保护他们的财富,但被谴责为投机,而且有人甚至焚烧他们的模拟像。为了设法"捉拿"投机者,

---

① McCormick Collection, letter from William S. McCormick to Cyrus H. McCormick, January 23, 1863.
② Letter from J. Ralph Smith, general supervisor of the State Works of South Carolina, to William Gregg, September 4, 1863 (Thian [ed.], op. cit., II, 140).
③ Letter from William S. McCormick to Cyrus H. McCormick, August 3, 1862.

南方联盟国会颁布了一个税法,允许1862年1月1日之前购买的财产按照1860年的价值征税。1862年1月1日之后购买的财产,将按照购买价征税。

价格持续且飞速上涨使得梅明杰部长在1863年12月写道:"作为通货的纸币持续贬值到现在这个程度,毁坏了政府和私人信贷,而且将使政府丧失保卫公民生命和财产的手段。"① 因而,有效减少货币存量的方案迫在眉睫。

1864年2月17日,南部联盟国会实施了一项货币改革。除了1美元、2美元和5美元的票据外,所有现存的通货和催款凭证都可以在1864年4月之前以1:1兑换成4%的债券。4月1日仍未兑现的纸币,将按照3:2的比率兑换成新发行的纸币。因为这项法律,抹去了南方三分之一的现金。

预期到货币改革,南方人试图减少手中的现金余额,这使得价格水平上涨的速度高于战争以来的任一时期。1864年2月15日到3月15日之间仅仅一个月中,价格指数上涨了23%。在中世纪时期,王权在物价下跌期间降低硬币的成色,在物价上涨期恢复硬币的成色。这样的政策使得"价格长期保持惊人的稳定",但是汉密尔顿教授指出,它们可能"加剧了短期的不稳定性"。② 南部联盟通过广为人知的通货改革来稳定价格,正好有这样的效果。

1864年5月,货币改革生效,同时货币存量减少。一般价格

---

① Memminger, "Report of December 7, 1863" (Thian [ed.], op. cit., IV, 189).

② Earl J. Hamilton, "Prices and Progress," *Journal of Economic History*, XII (fall, 1952), 329.

第四章 1861—1865年美国南方联盟的通货膨胀

指数开始显著下降。尽管北方联邦军队的入侵、军事失败的逼近、对外贸易减少、政府组织紊乱和联盟军队士气低落,这次价格开始下降了。相比这些强大的力量,减少货币存量对价格的影响更显而易见。

然而,税款依然未能征收到、债券卖不出去,同时政府开支持续增大。印钞机再次被采用,到了1864年12月,价格又开始上涨,而且持续上涨直到战争结束。

第六节 货币的实际价值

从1861年第一个季度到1864年1月,南方联盟的一般商品价格指数增长了28倍。在此期间,货币存量只增加了11倍。这两个比率之间的差别可归因于货币流通速度的加快和南方实际产出的减少。不幸的是,统计数据的缺失不能精确地计算这两种力量具体是如何变化的。货币存量的实际价值可以衡量二者之间形成的合力。当流通速度下降或实际收入增加时,这一统计量变大;当流通速度上升或实际收入减少时,这一统计量变小。

表4-3估计出了南方联盟现金余额实际价值的变化。直到1862年6月,实际价值指数都高于1861年1月的水平。南方人不是马上减少他们持有的现金,而是持有纸币的时间更长,这说明他们对已经到来的通货膨胀反应是迟钝的。1862年10月,当更严重的通货膨胀必将发生的迹象更明显时,现金余额的价值下降到了1861年1月的水平之下。此后,价格水平的上涨高于货币存量的增加。

表 4—3　货币的实际价值

日期 (1)	货币存量的增加 (1861年1月=100) (2)	商品价格指数 (1861年1月=100) (3)	货币存量的实际价值 (第2列÷第3列) (4)
1861年			
1月	100	100	100
4月	129	100	129
6月	127	108	117
10月	180	135	134
1862年			
1月	253	191	133
4月	298	279	107
6月	337	328	102
10月	496	522	95
1863年			
1月	687	756	90
4月	666	1168	54
6月	959	1296	74
10月	1129	1858	61
1864年			
1月	1159	2276	42

在现有的统计数据中,人们在历次重要的通货膨胀中总可以发现这样的变化模式——加总的实际现金余额价值先上升后下降。凯恩斯在描述欧洲第一次世界大战后的通货膨胀时,这样解释这种现象重复发生的原因:

　　在错误的方向上,起初可能存在着一种习惯的变化,而这实际上推动了政府通过发行纸币进行征税。公众早已习惯于把货币看作最终的本位币,当价格开始上涨时,由于相信这种上涨肯定是暂时的,他们倾向于贮藏货币并且推迟消费,结果他们以货币形式持有比以前更高的实际价值总额……但是第二阶段迟早会到来。公众发现纸币的持有者遭受了纳税的痛苦并且支付了政府开支,因此他们开始改变他们的习惯并且有效地利用持有的纸币。①

1863年1月10日,梅明杰部长指出货币流通速度已经下降到战前的2/3。如果这个估计是正确的,那么截止到1863年1月,南方的实际收入下降了40%。如果只有流通速度下降的判断是正确的,那么南方实际产出的下降导致了货币实际价值的下降。

在战争前两年,联盟军队使得大量白人男子不能参与劳动生产,从而导致南方实际收入下降。克莱门特·A. 埃文斯(Clement A.Evans)将军估计,有大约40%的适龄服兵役的白人男子已加入了军队。② 托马斯·L. 利弗莫尔(Thomas L.Livermore)上校把这个数字估计得更高。空缺的职位不能马上被填充。老人、妇女、奴隶或受伤的退伍军人替代了服兵役的男人,而这些工人的生产效率却不如他们所替代的那些人。

随着战争的继续,北方军队的入侵、北方的封锁和南方劳动力

---

① John M. Keynes, *A Tract on Monetary Reform* (New York: Harcourt, Brace & Co., 1924), pp.50 - 51.

② *Confederate Military History* (Atlanta: Confederate Publishing Co., 1899), VII, 500.

的重新分配都导致产出减少。然而，这些干扰因素被部分抵消掉了。价格上涨远快于工资上涨，这导致了实际工资下降。南方的劳动者试图通过更长的工作时间和同时做多份工作，来维持他们战前的生活水平。在诸多情况下，妻子和孩子们第一次加入劳动力大军来添补家用。爱国主义也使得工人更有效率、工作时间更长，同时寻找生产中的"捷径"。每个月领11美元的军队士兵中，其中大量的人擅离职守而回到家里的农场干活。如同法国在第一次世界大战期间，南方联盟意识到动员的兵力太多，于是把战士遣送回家乡的工厂中工作。这些劳动力的增加减少了南方生产中的"瓶颈现象"，进而增加了南方的实际产出。如果上述描述的相互对立的力量彼此抵消的话，军队对人力的严重消耗所导致的实际产出下降是"彻底的"——战争的前两年，人们感受到了这种下降的严重性。

货币流通速度的加快造成了现金余额实际价值的持续下降。类似于那些经历过长期且价格迅速上涨的人，南方人终于意识到：避免通货膨胀纳税效应的唯一办法就是减少手中持有的现金。有些人诉诸于有限的以货易货的形式，并拒绝接受只用现金交换他们的产品。其他一些人借助于更加稳定的通货，如北方的绿背纸币或者使他们的纸币可以用于支付商品。耐用品、土地、贵金属和珠宝代替了纸币和存款，成为人们的最终储备。当流通速度加快时，价格上涨得更高，同时现金余额的实际价值下降。

就像在美国历史上早些年，通过印刷货币征税对美洲大陆的国会和对此后诸多政府有吸引力一样，它对南方联盟政府同样也具有吸引力。值得注意的是，南方战争的支出，相当大的一部分都是通过发行货币的方式来融资。人们如此依赖于一种货币，即使在它贬值的时候，仍愿意为它支付大量的资源，这使得该现象尤为重要并值得关注。

第五章 美国的货币流通速度

理查德·T.塞尔登

第一节 问题

考察货币流通所依赖的环境,仍然是商业理论必须关注的问题。①

成形的货币数量理论中……总有一个薄弱之处,即流通速度。货币数量是一个可以观察到的现象,而且至少可以确定影响它的一些直接因素……虽然流通速度也是可以观察的,但却不易辨别它的影响因素。②

经济学家讨论货币流通速度及其相关概念已经有将近三百年

---

① Dugald Stewart, "Notes on the Bullion Report," Appendix II to Vol. I of his *Lectures on Political Economy*, ed. Sir William Hamilton (Edinburgh: T. & T. Clark, 1877), p.433.

② Roy F. Harrod, *The Trade Circle* (Oxford: Clarendon Press, 1936), pp. 125–26.

第五章　美国的货币流通速度

的历史了。① 尽管如此,这一领域仍是研究的沃土。这一概念的重要性是不容否认的。受流通速度变化的影响,货币数量的某种变化,将对价格和收入水平产生广泛且不同的影响。

在经济大萧条之前,为了"解决"这一问题,多数经济学家假设流通速度在较短的"正常"时期内保持基本稳定。② 然而,自20世纪30年代初以来,人们逐渐认识到,货币流通速度是非常容易变化、不可靠的。同时,分析货币问题采取完全不同的方法时,可以得到更好的结果。这种情况导致了一个结果,即近年来已经基本上放弃了把货币政策作为稳定经济的一个主要工具。

本章研究两个问题:(1)美国货币的收入流通速度是如何变化的?(2)引起这种变化的原因是什么?第二节讨论术语和定义。第三节主要分析观测到的收入流通速度的变化。第四到第六节试图解释第三节中揭示的现象。

---

① M.W. Holtrop ["Theories of the Velocity of Circulation of Money in Earlier Economic Literature," *Economic History* (supplement to the *Economic Journal*), January, 1929, pp. 503-534] 简明扼要地梳理了这一领域的早期思想。他认为配第最早涉及"研究货币流通速度问题"(*Verbum sapienti*, 1664)。

② 我并非是说早期的经济学家对货币流通速度理论一无所知,或者他们没有意识到货币流动速度在(1)"过渡"时期和(2)跨度长的时间期中的大幅变化。货币理论文献中有大量的关于现金持有相对于支付决定因素的讨论(参见 Arthur W. Marget, The Theory of Prices, Vol. I [New York: Prentice-Hall, Inc., 1938]中有提到了很多关于这个问题的文献)。然而,货币流通速度理论的核心内容并不完整,而且大部分没有得到实证检验。

第二节 各种术语和定义

(一) 流通速度

货币的流通速度(V)是指在一段时期内,货币流量与该时期内平均货币存量之间的比率。

如果不加以限定地使用"流通速度"来表示货币流量与货币存量之间的比率,就有可能产生歧义。例如,可以广义地把货币流量看作交易流通速度,即一定时期内所有货币交易量的货币数量与该时期内平均总货币存量之间的比率($V_t = PT/M$,其中,P 是一般价格水平,T 是所有货币交易量的实际价值)。或者货币的流量可能只包括部分交易,例如收入流通速度,是指一定时期内货币收入的货币价值与平均总货币存量之间的比率($V_y = Y/M$)。进一步,我们还可以考察货币存量中特定组成部分的流通速度,例如存款周转率,即银行存款的借方总额与平均银行存款存量之间的比率。本文不考虑其他的流通速度。在下文的论述中,本文将不加限定地使用"流通速度",这一点对"收入"和"交易"的流通速度也同样适用。

(二) 流通速度、现金余额和货币需求

有时对货币流通速度的讨论,并未提及这个术语,从而使得问题变得更为复杂。特别地,"剑桥"与"现金余额"的货币方程式并没有货币流通速度 V 的显性表达式:它假定实际货币余额($M/$

第五章 美国的货币流通速度

P)等于实际货币收入(y),或者交易(T)乘以数字 k。显然,经过代数运算,$V = 1/k$,而且任何有关期望现金持有额与收入或交易总额之间比例的分析,都能够很容易使用货币流通速度来重新表述。①

同样,人们经常听到:在货币流通速度下降时期,"货币需求上升"。这里真正说的是一个函数与该函数的某一特定值之间的区别,而不是用不同的方式表述相同的观点。同时,可以使用不同的方法来定义货币需求函数,使得问题更加复杂。②

本文自始至终使用"货币需求"一词来表示期望持有的货币相对总货币交易额的(M/PT)与货币持有成本(r)和其他变量(O)之间的函数关系。用符号表示为:

$$D_m = \frac{M}{PT} = D(r; O)$$

显然,M/PT 相当于剑桥方程中全部交易形式中的 k。这样定义

---

① 剑桥方程通常被看作是"收入"型[例如,参见 Alfred Marshall, *Money, Credit, and Commerce* (London: Macmillan & Co., 1923), p.44]。相对而言,流通速度方程几乎总是与"总交易"方法联系在一起[例如,参见 Irving Fisher, *The Purchasing Power of Money* (2d ed.; New York: Macmillan Co., 1911)],这个事实不会引起任何问题。对这两个方程式的代数关系的论述,参见 D. H. Robertson, *Money* (rev. ed.; New York: Harcourt, Brace & Co. 1948), p.180。需要注意的是,J. M. Keynes, *Tract on Monetary Reform* (London: Macmillan & Co., 1923)第三章实际余额方程中的 k 与 Marshall 和 Robertson 的方程均不相同。

② 例如,古典经济学家们(例如,Pigou, "The Value of Money", *Quarterly Journal of Economics*, Vol. XXXII)有时将货币需求函数看作是一个长方形的双曲线,用以表示货币价值与数量的关系。另一方面,凯恩斯在 *The General Theory of Employment, Interest and Money* (New York: Harcourt, Brace & Co., 1936)中,建立起期望持有的货币与利率和其他变量之间的关系。他认为"货币需求"、"流动性偏好"和"窖藏货币的倾向"是同义词(同上,第166和194页)。

的好处在于可以将货币需求和交易速度较好地联系在一起。

(三) 收入流通速度概念

本文主要研究的收入流通速度概念,曾受到凯恩斯[①]、马吉特[②]等人的广泛批判,因此这里有必要先做出一些解释。我们关注 V_y 有两个理由,第一是为了方便,第二是为了原则。最主要原因是,现金交易规模数据很少,使得缺少对货币存量的 V_t 的可靠估计。[③] 即使是对支票交易的估计,也不尽如人意。长期趋势研究,情况更是如此。这是因为只有到了1919年之后,才开始有详尽的银行借方的资料。[④]

然而,让我们依旧假设在较长一段时期内,有一个相当好的 V_t 指数。根据我的判断,我们应该主要研究 V_y,因为 V_y 明确地将货币数量与货币收入水平——一个经济学家们非常感兴趣的变量联系在一起。研究收入决定的学者,如果要使用流通速度的分析方法,可以使用两种基本方法中的任一种。一种方法是,学者们可以遵循凯恩斯和马吉特的建议:首先借助部门流动速度,分析现

---

① J. M. Keynes, *A Treatise on Money*, Vol. II (London: Macmillan & Co., 1930), p. 24. 凯恩斯认为"V_y 是个混杂概念,没有特别的重要意义"。在 *The General Theory* (p.299)中,凯恩斯认为使用 V_y "除了引起困惑,别无他用"。

② Marget, *op. cit.*, pp. 368 ff.

③ 费雪作了巧妙的尝试(*op. cit.*, p. 285).

④ Board of Governors of the Federal Reserve System, *Banking and Monetary Statistics* (Washington, D.C.: Board of Governors, 1943), p. 231. 对这些数据的讨论参见 George Garvy, *The Development of Bank Debits and Clearings and Their Use in Economic Analysis* (Washington, D.C.: Board of Governors, 1952). 除了计算的复杂性之外,支票的使用,使得银行的借方未能准确反映交易量。应从总额中扣除用支票提取的现金,此外,很多支票经过不止一次的转手。

行美元计价下货币支付总量的决定因素(PT);然后检验影响非收入支付规模的各种因素。① 另一种方法,学者们也可以采用收入流通速度的方法。按照这种方法,收入决定因素大致相同,但是需要留意货币收入的概念变化。无论采用何种流通速度概念,必须全面分析非收入支付的规模。②

但是,争论到此并未结束。文献中有诸多关于 V_y 的定义,我们必须决定哪个定义最适合本文的研究。比如,V_y 的分母是否应包括定期存款和政府持有的现金?分子是否应包括国民生产总值、国民生产净值、国民收入、个人收入还是可支配收入?分子中是否要扣减掉"实物收入"和政府购买商品和劳务的支出,等等?

我们将在附录 A 中详细讨论这些问题,并给出下列的结论。分母 V_y 最好定义为银行之外的全部通货和存款总额,包括美国政府持有的"国库现金"以及在所有银行中的存款。最适当的分子是国民收入加上个人收入,并减去非货币收入。

第三节 美国的收入流通速度

我从来没有读到过尝试考察哪个国家货币平均流通速度决定的文章。除非按照相反的方向,我也没有找到考察这一问题的方法。如果我们知道交易的数量,以及所使用的货币

---

① 参见 Marget, *op. cit.*, pp.389 and 395。凯恩斯和马吉特认为,V_y 这一比率使得原本没有关联的变量之间有了相互联系——收入或者支出与货币存量之间的关系,而后者也是为了满足其他支付而持有的。

② 第五节中详细阐述这一观点。

的数量,使用除法可以得到平均的通货流通次数;然而,……非常缺乏这些数据。[1]

(一) 估计美国 V_y 的早期研究

在杰文斯(Jevons)写下上述那段话的二十几年之后,皮埃尔·德埃萨斯(Pierre des Essars)[2]利用他所提到的方法,第一次对货币流通速度做了广泛的实证调查。再过了十年,克莱默拉(E. W.Kemmerer)[3]追随德埃萨斯,第一次估计了美国的货币流通速度。克莱默拉只做了1896年一个年度的估计,同时仅限于所有货币交易中的通货流通速度。费雪发表于1911年的估计,也是交易型的,只是不再限于货币交易。[4]

直到1933年,美国第一个收入流通速度序列才出现。从那时起,至少已经形成了38个 V_y 序列(见表5-1)。下文将按照表5-1所列的编号,来引用这些序列。詹姆斯·W. 安杰尔(James W.Angell)(V.1)和劳克林·古列(Lauchlin Currie)(V.2)共同分享最早发表 V_y 序列的荣誉;他们把最初的估计数都发表在1933年11月的《经济学季刊》上。古列在第二年计算了两个稍微修改的 V_y 序列(V.3和V.4),安杰尔于1936年发表了6个新序

---

[1] W. Stanley Javons, *Money and the Mechanism of Exchange* (1875), p. 336, quoted by E. W. Kemmerer, *Money and Credit instruments in Their Relations to General Prices* (New York: Henry Holt & Co., 1909). p.108.

[2] "La Vitesse de la circulation," *Journal de la Société de Statistique de Paris*, April, 1895.

[3] *Op. cit.*

[4] *Op. cit.*

列(V.5 至 V.10)。安杰尔于 1941 年又建立了另一个 V_y 的时间序列(V.11)。此后 10 年中,费尔纳(Fellner)、沃伯顿(Warburton)、沃内特(Wernette)、哈特(Hart)、麦基恩(McKean)、汉森(Hansen)、威拉德(Villard)、戈登(Gordon)、钱德勒(Chandler)以及戈登威泽(Goldenweiser),不断补充这一序列。沃伯顿和安杰尔两人完成了表 5-1 近一半的工作。

这些序列大多数是年度序列,只有 6 个是季度序列和一个月度序列。当然,它们涵盖的时期相差很大。这些序列可以回溯到 1799 年,但是连续的年度估计是从 1899 年开始。季度估计可以回溯到 1919 年,而月度序列是从 1929 年开始的。

表 5-1 对美国收入流通速度的估计

序列	作者与参考文献*	时间单位和期间
V.1	James W. Angell, "Money, Prices and Production: Some Fundamental Concepts," *QJE*, November, 1933, p.75, n.4	年,1909—1928
V.2	Lauchlin Currie, "Money, Gold, and Income in the United States, 1921-1932," *QJE*, November, 1933, Table V	年,1921—1930
V.3	Lauchlin Currie, "A Note on Income-Velocites," *QJE*, May, 1934, p.354	年,1921—1930
V.4	Lauchlin Currie, *The Supply and Control of Money in the United States* (Cambridge, Mass.: Harvard University Press, 1934), p.6	年,1921—1929
V.5	James W. Angell, *The Behavior of Money* (New York: McGraw-Hill Book Co., 1936), Table VIII	年,1909—1928
V.6	同上	年,1909—1928

(续表)

序列	作者与参考文献*	时间单位和期间
V.7	同上	年,1913—1928
V.8	同上	年,1913—1928
V.9	同上	年,1929—1932
V.10	同上	年,1929—1932
V.11	James W. Angell, *Investment and Business Cycles* (New York: McGraw-Hill Book Co., 1941), Appendix II	年,1899—1941
V.12	William J. Fellner, *A Treatise on War Inflation* (Berkeley: University of California Press, 1942), Table 3	年,1939—1941
V.13	同上	年,1939—1941
V.14	同上	年,1939—1941
V.15	Clark Warburton, "The Volume of Money and the Price Level between the World Wars," *JPE*, June, 1945, Table 1	年,1919—1943
V.16	J. Philip Wernette, *Financing Full Employment* (Cambridge, Mass: Harvard University Press, 1945), Table 8	年,1800—1910（每 10 年），1911—1940
V.17	Clark Warburton, "Quantity and Frequency of Use of Money in the United States, 1919—1945," *JPE*, October, 1946, Table 1	年与季度,1919—1945
V.18	同上	年与季度,1919—1945
V.19	同上,Table 2	年,1938—1945
V.20	同上	年,1940—1945
V.21	Albert G. Hart, *Money, Debt, and Economic Activity* (New York: Prentice-Hall, Inc., 1948), Fig. 3 and Appendix C	年,1909—1947

(续表)

序列	作者与参考文献*	时间单位和期间
V.22	同上	年,1909—1947
V.23	Roland N. McKean, "Fluctuation in Our Private Claim-Debt Structure and Monetary Policy" (unpublished doctoral dissertation, University of Chicago, 1948), Table 4	月,1929—1941 和 1945—1947 (按年利率计)[1]
V.24	Henry H. Villard, "Monetary Theory," chap. ix of H. S. Ellis (ed.), *A Survey of Contemporary Economics* (Philadelphia: Blakiston Co., 1948), p.318	年,1929—1947
V.25	Clark Warburton, "Index Numbers of Elements of the Equation of Exchange," presented at a joint meeting of the Econometric Society and the American Statistical Association, December 28, 1948 (Mimeographed.)	年和季度, 1919—1947
V.26	同上	年和季度, 1919—1947
V.27	Clark Warburton, "The Secular Trend in Monetary Velocity," *QJE*, February, 1949, Table 2	年,1799—1939 (每10年)
V.28	同上,Table 3	年,1909—1947
V.29	同上	年,1909—1947
V.30	Alvin H. Hansen, *Monetary Theory and Fiscal Policy* (New York: McGraw-Hill Book Co., 1949), Table 1	年,1800—1900 (每10年), 1905—1945(第5年), 1947,1948(上半年)
V.31	同上,Table 5	年,1892, 1895—1945 (每10年),1947, 1948(上半年)

(续表)

序列	作者与参考文献*	时间单位和期间
V.32	R. A. Gordon, "The Treatment of Government Spending in Income-Velocity Estimates," *AER*, March, 1950, Table 1	年,1939—1948
V.33	同上	年,1939—1948
V.34	同上,Table 2	年,1939—1948
V.35	同上,Table 3	年,1939—1948
V.36	Lester V. Chandler, *Inflation in the United States*, 1940—1948 (New York: Harper & Bros., 1951), Table 90	季度(按年利率计),1945—1948
V.37	同上,Table 91	年,1929—1948
V.38	E. A. Goldenweiser, *American Monetary Policy* (New York: McGraw-Hill Book Co., 1951), Appendix, Table 1	年,1919—1938,半年(按年利率计),1939—1942;和季度(按年利率计),1943—1950

* 本表使用了以下的缩写:*QJE*,Quarterly Journal of Economics;*JPE*,Journal of Political Economy;*AER*,American Economic Review。

[1]如果能维持正常的季节变动形式,V.23、V.36和V.38后一部分中,作为V_y分子的收入值是年度数据。

有诸多年份,V_y的估计值只有一个。相比而言,1940年的V_y有23个各不相同的估计值。对V_y度量的差异,反映出了定义、基础数据以及数据处理方法上的不同,其中定义的不同是差异的最主要来源。安杰尔V.5序列最接近第二节所提出的规则,而安杰尔的其他序列(V.7及V.9)、沃内特的(V.16)以及沃伯顿的(V.17,V.25及V.27)与这些规则相差并不大。在这7个序列中,沃伯顿的估计在基本数据的质量以及计算方法方面受到的批评最少。①

（二）收入流通速度的新估计

沃伯顿的 V_y 序列（V.17, V.25 及 V.27）足够满足多种研究目的。然而，对 V_y 的深入研究，需要尽可能好的估计。为了避免已有序列存在的困难，本文设计了几种新的方法来估计 V_y。这些新的序列编号为 V.39 至 V.45。附录 C 给出了这些序列和详细的数据说明。

V.39 是 1839—1939 年每 10 年为单位的序列，可以把它与涵盖整个 19 世纪的沃内特（V.16）、沃伯顿（V.27）和汉森（V.30）的序列进行比对。V.39 未包括 20 世纪的前 40 年，因为这些年份中的货币估计的质量很差。V.39 的分子和 V.27 相同。分母（1839—1899 年）是基于多个资料来源推算得出的（参见附录 C）。由于分母的数值与 V.27 分母的数值误差不超过 ±10%，V.39 与以前同时期的大多数序列相比，并没有很大的不同。

V.40 是 1899—1938 年的年度序列，和安杰尔 V.11 序列非常近似。它们之间的主要区别是：(1) V.40 自始至终都采用了单一的收入序列；(2) V.40 使用了联邦储备货币；(3) V.40 分母中包含定期存款。

V.41 也是一个年度序列，涵盖的期间为 1909—1946 年。分子由早期商务部的"国民收入"序列组成，这是 1929 年以前该机构

---

① 基于这些观点，分析得出了附录 B 中表 B1 的第 38 个序列。

发表的唯一一个序列。V.41 与哈特的 V.21 相似，但是采用的是国民收入而不是国民生产总值。V.40 和 V.41 并不是令人满意的流通速度序列，但对于 1929 年以前的年份，也算是现有的最好的序列，可以用于研究本世纪最初几十年间长期趋势的变化。

V.42 和 V.43 是 1929—1951 年的序列，分子分别使用了国民收入和国民生产净值。基本的收入数据取自 1951 年《当前商业调查》(Survey of Current Business)中的"国民收入附录"，于该刊 1952 年 7 月修订时发表。这两个序列的数据都经过了调整，即扣减掉了实物支付。分母的计算与第二节和附录 A 中给出的规则一致。12 月－6 月－12 月的平均值按照 12 月数据权重为 1/4，6 月的数据权重为 1/2 来计算。[①] 这两个序列实际上相差无几。也许国民收入的估计比国民生产净值更为准确；如果这样的话，V.42 序列更为可取。

V.44 和 V.45 是 1943—1951 年的序列，它们分别是 V.42 和 V.43 按季度数据计算的对应序列，差别在于前者的季度收入序列未减掉实物支出。此外，对这两个序列，并没有进行季节调整。

（三）收入流通速度的长期趋势

在货币经济学领域，V_y 的长期趋势是最吸引人同时也最具争议的话题之一。一位评论家曾指出，"在文献中，关于货币流通

---

① 关于这一计算方法的基本原理，参见附录 B 的第 49 页"如果可能"所在段落的内容。

速度众说纷纭：有学者认为它基本稳定（安杰尔）；或者长期上升（费雪，哈特）；或者长期下降（沃伯顿）①"。

事实上，这种争论想象的部分多于现实。关于货币流通速度的趋势，有些人的论述显然是指交易流通速度②，或者事实上的流通速度。③ 我们无法确定持有这种观点的人，用同样的术语来指代 V_y。此外，我们必须区分未经检验的假设和基于大量的实证检验的观点。钱德勒④、哈尔姆（Halm）⑤、费雪（Fisher）⑥和维克塞尔（Wicksell）⑦的看法可以归入前一类，哈特至少有一个说法⑧也是如此。事实上，定义或者研究期间的不同都可以解释所有剩下的意见分歧。

---

① Ernest Doblin, "The Ratio of Income to Money Supply: An International Survey," *Review of Economics and Statistics*, August, 1951, p.201.

② Fisher, *op. cit.*, pp. 79 ff. and 110; Carl Snyder, "New Measures in the Equation of Exchange," *American Economic Review*, December, 1924, p. 699; and Arthur F. Burns, "The Quantity Theory and Price Stabilization," *American Economic Review*, December, 1929, p. 572.

③ Knut Wicksell, *Lectures on Political Economy* (London: Routledge & Kegan Paul, 1935), II, 66："在商业进步的每一阶段……我们都注意到会出现一个新的、更高的交易媒介的平均流通速度"。事实上的流通速度定义为总交易除以通货总额（见前文，第67—70页）。很显然，在这段引文中，维克塞尔指的是事实上的流通速度。

④ Lester V. Chandler, *The Economics of Money and Banking* (New York: Harper & Bros., 1948), p. 565.

⑤ George N. Halm, *Monetary Theory* (2d ed.; Philadelphia: Blakiston Co., 1946), p. 76.

⑥ *Op. cit.*

⑦ *Op. cit.*

⑧ Albert G. Hart, Money, *Debt, and Economic Activity* (New York: Prentice-Hall, Inc., 1948), p. 167.

对 V_y 做实证研究的学者可分为两派。安杰尔[①]、哈特[②]和威拉德[③]认为:在 1929 年以前,V_y 保持基本稳定,此后则急剧下降。他们相信,1929 年,序列出现了非连续性,从而使得两个时期使用同一趋势线是没有意义的;另外一种观点是沃伯顿[④]提出的,他认为"货币流通速度下降的趋势并不是最近才开始的,这种现象显然可以追溯到一个半世纪以前"。汉森(Hansen)[⑤]和沃内特[⑥]也支持这一立场。

值得注意的有两点:第一,安杰尔、哈特和威拉德的结论是基于 V_y 如下的度量:V_y 的分母中扣减掉了定期存款,他们的 V_y 序列最早开始于 1899 年;第二,沃伯森(Warbur_ton)、沃内特和汉森测量的货币中包含定期存款,同时他们的序列涵盖整个 19 世纪以及最近的一些年份。如果所有这些序列都涵盖 19 世纪且使

[①] James W. Angell, *Investment and Business Cycles* (New York: McGraw-Hill Book Co., 1941), pp. 153 and 279-283.

[②] *Op. cit.* p. 167; also "Postwar Effects To Be Expected from Wartime Liquid Accumulations," *American Economic Review*, *Proceedings*, May, 1955, p. 343.

[③] Henry H. Villard, "Monetary Theory", chap. ix in H. S. Ellis (ed.), *A Survey of Contemporary Economics* (Philadelphia: Blakiston Co., 1948), p. 317。威拉德的观点是建立在安杰尔工作的基础之上的。

[④] Clark Warburton, "The Secular Trend in Monetary Velocity," *Quarterly Journal of Economics*, February, 1949, p.81; "Volume of Money and the Price Level between the World Wars," *ibid.*, June, 1945, pp. 153-55; and "Quantity and Frequency of Use of Money in the United States, 1919-45", *ibid.*, October, 1946, pp. 447-48.

[⑤] Alvin H. Hansen, *Monetary Theory and Fiscal Policy* (New York: McGraw-Hill Book Co., 1949), p. 1.

[⑥] J. Philip Wernette, *Financing Full Employment* (Cambridge, Mass.: Harvard University Press, 1945), pp.36-37.

用相同的定义,上述差别就将消失。确实,哈特曾经说过:"如果我们使用现金总额做分母,……就会得到呈下降趋势的流通速度。"① 值得注意的是,安杰尔的研究早于沃伯顿、沃内特和汉森,并且他没有反驳过他们的研究发现。②

进一步,V.11(安杰尔)和 V.22(哈特)相对时间的简单线性回归,都产生了负的斜率。省略 1929 年以后的年份,会产生较小的正斜率。③ 对 V.21 和 V.22 也进行简单线性回归,其中 V.22 分别计算只包括定期存款、包括现金及活期存款两种情况;虽然全部序列的回归斜率不如 V.22 陡峭,但是 1909—1929 年的斜率与全部序列的斜率基本相同。这是一个非常重要的结论,因为它意味着:如果将定期存款包括在货币中,哈特和安杰尔观察到的 1929 年的"不连续性"基本上不复存在。这个"不连续性"其实反映了 1929 年之后,定期存款向活期存款的转换。

值得注意的是,表 5-1 的 38 个序列中,尽管时期相差很大以及前间提到的诸多不同,除 5 个序列之外,其余序列的斜率均为负。例外的序列是 V.2 至 V.4(古列)以及 V.6 和 V.8(安杰尔),它们都没有包括定期存款,而且只涵盖 1909—1930 年的时期。

---

① *Money, Debt and Economic Activity*, pp. 166-167.
② 在早期的著作中,安杰尔认为 V_y 是呈下降趋势的(见 Angell, "Money, Prices, and Production: Some Fundamental Concepts," *Quarterly Journal of Economics*, November, 1933, p. 75)。
③ 全部序列:V.11, -0.0171, V.22, -0.0397;省略 1929 以后年份的序列:V.11, 0.0059, V.22, 0.0072。学者们也许会有反对意见,认为线性回归不适合作为趋势指标。趋势线的拟合是一个复杂的问题,学者之间存在不同看法。本文使用线性回归,因为这是大家都熟悉的一个简单的描述方法。

新的 V_y 序列(V.39 至 V.43)更为复杂。毫无疑问,V_y 在 1839—1939 年急剧下降。V.39(1839—1939 年)的回归斜率是 -0.0628,这一数字与 V.16(沃内特)和 V.27(沃伯顿)[①]在可比年份计算的斜率 -0.0586 和 -0.0594 相当接近。早期货币数量的严重低估可能夸大了下降趋势幅度,但即使充分考虑了这一因素,V_y 仍呈现非常明显的下降趋势。

即使估计本身是准确的,周期性的变化也可能干扰 V_y 的变化趋势。例如,V.39 序列早期部分的估计值,可能正处于周期的波峰;而后期部分的估计值,正处于周期的波谷。因此,负斜率的趋势线部分可能并不真实。根据伯恩斯和米切尔(Burns and Mitchell)[②]提出的经济周期的基准日期,1839、1869、1899 和 1929 年是经济周期的波峰;虽然战时财政导致 V_y 很高,但 1919 年仍出现了波谷。显然,1849、1859、1879、1889、1909 和 1929 年的趋势有高有低。经济周期波峰与波底的分散分布不可能使 V_y 的趋势出现重大偏差。

V.40(1899—1938 年)和 V.41(1909—1946 年)的回归斜率基本也是如此:它们分别是 -0.0167 和 -0.0235。这两个序列远没有 V.39 陡峭。V.42 和 V.43(1929—1950 年)的斜率为正但比较小,分别是 0.0090 和 0.0062。回归斜率的这些差别不足为奇。V.39 和 V.40 及 V.41 之间的差异,只是进一步强调一条回

---

① 在整个 1799—1939 年,回归斜率都远小于 V.16 和 V.27 的斜率(分别是 -0.0978 和 -0.1173)。

② Arthur F. Burns and Wesley C. Mitchell, Measuring Business Cycles (New York: National Bureau of Economic Research, 1946), Table 16, p.78.

归趋势线不能令人满意地拟合 V.39。1879—1939 年 V.40 和 V.41 回归线斜率非常接近 V.39 的回归斜率,恰恰说明了这一点。换句话说,当把 V.39 的绘制在算术标尺时,它是向上凹的;这与 V.40 和 V.41 的在可比年份很接近。① (1)V.40 和 V.41 与(2)V.42 和 V.43 之间的差别主要在于后者的时期跨度小,从而受经济周期和战时变化的影响大。② 当然,定义的差别也有一定关系。

因此,本节得出了如下结论:(1)1839—1939 年,V_y 显著下降;(2)1899—1938 年和 1909—1946 年,V_y 也是下降的;(3)1929—1951 年,尽管这一期间回归曲线的斜率略微为正,V_y 的变化却很小;(4)单独一条回归趋势线很难拟合所有的数据。

在结束长期趋势这一话题之前,我们有必要评价一下沃伯顿使用的长期趋势曲线方法。他尝试利用指数趋势曲线代表 V_y,得出的结论:每年下降 1.33% 的曲线能够很好地拟合其数据。③ 通过计算 1923—1928 年这段所谓正常期间的指数趋势曲线来,他最先推算得出这一数字;如果这条曲线在时间上向前和向后延展,他发现这对其所有序列都是一个很好的趋势指标。

如果希望使用一条曲线来代表 V_y 的趋势,沃伯顿的方法优

---

① 即使按对数刻度绘制,V.39 的图形也是向上凹的。

② 比较 1929—1938 年与 1929—1946 年相同年份的回归斜率,可以看出这种说法是可靠的。计算结果如下:1929—1938,V.40,-0.0033,V.41,-0.0285,V.42,-0.028 和 V.43,-0.0206;1929—46,V.41,-0.007,V.42,+0.0088 和 V.43,+0.0068。

③ "Index Numbers of the Elements of the Equation of Exchange", presented at a joint meeting of the Econometric Society and the American Statistical Association, December 28, 1948, p.16, n.2 "Charts and Tables." (Mimeographed.)

于单纯的回归线。他的趋势线基于"正常"年份,这样就避免了V_y中经济周期和战时因素带来的干扰。但是,有学者也反对他的方法。无论如何,人们可以质问1923—1928年是不是"正常"期间。更重要的是,对基准年份V_y估计值的微小变化,沃伯顿的趋势线都非常敏感。

在沃伯顿货币政策研究方法中,向下倾斜的趋势线具有决定性的作用。对沃伯顿来说,这条趋势线是一个预测工具:当货币存量没有不均衡变动的情况下,他预测下一年的V_y值要比这一年小1.33%。由此他得出结论:当货币当局预期V_y降低时,每年增加1.33%的货币数量,或者当实际经济增长时,每年增加3.6%的货币数量,就可以实现价格水平的稳定。如果V_y显著偏离其趋势线,仅仅是因为未能遵照这一稳定规则。[1]

除了上述的反对意见外,沃伯顿趋势线的使用也是有问题的。对于影响V_y长期下降的决定因素,他未能给出令人满意的答案。[2] 他假定影响过去变化的各种因素,无论如何都将使V_y以每年1.33%的速度下降。从1947年以来的发展情况看,简单的趋势线外推是不可靠的。[3] 本文接下来的部分,试图为预测流通速度的变化打下一个更为坚实的基础。

---

[1] 同上,第12页及后面诸页,以及前文引用的他的所有著作。

[2] 对于这些因素最全面的说明请参考:*Quarterly Journal of Economics*,February,1949,pp. 84 – 89.

[3] 例如,把每年1.33%的下降率应用于沃伯顿1925年的数据,可以得到1947年之后的近似值如下:1948,1.30;1949,1.28;1950,1.26;1951,1.24。相同时期的V.43值(乘以1.044则调整为沃伯顿的概念)如下:1948,1.36;1949,1.35;1950,1.43;1951,1.60。直到1951年,沃伯顿的数据比上述趋势高出将近30%。

(四) V_y 的短期变动

一个多世纪以来,尽管 V_y 一直下降,但是这种下降并不是连续的。美国所有的 V_y 序列短期内都具有或升或降的特点,归纳起来包括:(1)在经济扩张期,V_y 通常上升,在经济收缩期,V_y 通常下降;(2)每年的第一个季度,V_y 季节性处于较低水平,而在最后一个季度则处于较高水平;(3)两次世界大战期间,在战争初期,V_y 显著上升,在军事活动最激烈的时期开始下降,战后初期又再度上升。

在 1900—1938 年,年度的 V_y 序列与国民经济研究局经济周期的基准日期[①]非常一致(见表 5-2)。在 V_y 序列涵盖的 272 个基准期间中,有 235 个(86.4%)与上述的经济周期一致(即在扩张期上升,在收缩期下降)。涵盖 40 个参考时期的 8 个序列(V.6、V.9、V.10、V.22、V.24、V.37、V.42、V.43)毫无例外地一致。在 5 个不一致的情形中,V_y 既不上升也不下降。大多数不一致的情形(37 个中有 25 个)出现在 1919 年的经济收缩时期(13 个序列中有 5 个)、1920 年的经济扩张时期(19 个中有 13 个)和 1926 年的经济扩张时期(15 个中有 7 个)。所有的序列在 1900、1904、1911、1914、1921、1923、1932 年的经济收缩时期和 1910、1923、1929 年的扩张时期是一致的。

当然,这些年度序列很难体现 V_y 周期变化的时点;表 5-1 以及附录 C 中的季度序列能较好地实现这个目的。然而,季节波

---

① Arthur F. Burns and Wesley C. Mitchell, *Measuring Business Cycles*, p.78.

动问题是首先需要考虑的。美国 V_y 的季节序列共有 8 个：V.17、V.18(1919—1945 年)、V.25、V26(1919—1947 年)、V.36(1945—1948 年)、V.38(1944—1950 年)、V.44、V45(1943—1951 年)。只有 V.44、V.45 采用了完全未经调整的数据。其他序列的性质较为复杂：分子由经过季节调整的收入序列组成，而分母则由原始货币数据组成。稍微观察一下 V.44 和 V.45 的原始序列就可以看到：自从 1946 年开始，V_y 呈现出较小的季节变动，低值出现在全年的第一季度，然后在这一年中连续上升。这种模式不是所有年份的特征，V.44 也不如 V.45 那么显著。

1939 年之前，不存在未经季节调整的收入序列，沃伯顿的季度货币序列是 1943 年之前所仅有的。数据的缺乏不利于研究战前 V_y 的季节性变化。通过使用季节调整后的分子，沃伯顿是否消除或减少了 V_y 的季节性变化模式？① 如果货币存量没有季节性，一个经过季节调整的收入数量就足以来衡量去季节化的 V_y。另一方面，如果货币与收入呈现出相同模式的季节性变动，幅度会较小，那么采用季节调整后的分子，则会使 V_y 序列中的季节性高值转变为季节性低值。大致观察沃伯顿的序列可以看出，这种情况在整个 20 世纪 20 年代均可能出现。然而，这种虚假的季节性模式（如果存在的话），对转折点的时点也不会产生多大影响。

---

① 从沃伯顿的商业波动理论的视角，这个问题显得尤为重要。基于趋势线，他可以计算 V_y 的偏差和货币存量；他观察到在货币存量偏离趋势线后，V_y 肯定总是会偏离趋势线；他认为商业活动的主要下滑是由货币量不足引起的（详见 Clark Warburton, "The Theory of Turning Points in Business Fluctuations," *Quarterly Journal of Economics*, November, 1950, pp. 525-549）。分析他的发现是否对去季节化的 V_y 序列也成立，将是一个非常有趣的尝试。

表 5-2　每年 V_i 序列的变动方向与 1900—1938 年间国民经济研究局经济周期变化的对照关系[1]

序列	C[2] 1900	E[3] 1903	C 1904	E 1907	C 1908	E 1910	C 1911	E 1913	C 1914	E 1918	C 1919	E 1920	C 1921	E 1923	C 1924	C 1926	C 1927	E 1929	C 1932	E 1937	C 1938
V.1																					
V.2								+		+	−	−	−	+	+	−	−	+			
V.3							−		−	+		+	−	+	0	+	0	+			
V.4							−	+	−	+		+	−	+	0	+	0	+			
V.5								+	−	+	−	+	−	+	+	+	−				
V.6										+		+		+							
V.7										−				+		+					
V.8																					
V.9																					
V.10	−																				
V.11		−		+	+				−	+		−		+	+	+	−	+			
V.15										+	−	+		+		+	−	+	−	+	−
V.16								+		+	+	+	−	+	+	+	−	+	−	+	−
V.17										+	−	+	−	+	+	+	−	+	−	+	−
V.18										−		−		+		+	−	+		+	−
V.21								+		+	0			+		+	−			+	−
V.22								−		+	−	−		+		+	−			+	−
V.24																				+	−
V.25								+	−	+	+	−	−	+		+	−	+		+	−
V.26								+		+	+	+	−	+		+	−	+		+	−
V.28														+		+		+		+	−
V.29																				+	−
V.37								+	−	+	−	−	−	+		+	−	+		+	−
V.38						+		+		+	+			+			−	+		+	−
V.40																				+	
V.41					−		−		−					+	+	−	−	+		+	−
V.42															−	−				+	
V.43	−																		−		
Total	2	2	2	2	2	2	11	11	13	13	13	19	19	22	22	22	22	17	20	18	18
Conform	2	0	2	1	1	2	11	10	13	12	8	6	19	22	19	15	20	17	20	17	18
Non-conform	0	2	0	0	1	0	0	1	0	1	5	13	0	0	3	7	2	0	0	1	0

[1] Arthur F. Burns and Wesley C. Mitchell. *Measuring Business Cycles* (New York: National Bureau of Economic Research, 1946), p. 78.

[2] 经济收缩期于 1900 年结束。

[3] 经济扩张期于 1903 年结束。

比较国民经济研究局的季节基准日期[①]与 V.17、V.18、V.25 和 V.26 可以看出,从 1920 年的经济扩张期到 1938 年的经济收缩期,两者在所有可比时段完全吻合。但 V_y 的转折点只与 4 个经济活动的转折点(11 个情形中)完全对应。在 4 个情形中,V_y 滞后于经济周期的转折点,在 3 个情形中它领先。[②]

如同一般的经济周期活动,这些 V_y 的周期性变动幅度是不规则的(见表 5-3)。在 1919—1938 年,最大幅度的下降出现在 1920—1921 年和 1929—1933 年,这与一般经济活动的大幅收缩有关。最大幅度的上升出现在 1933—1937 年,这反映了 V_y 从之前经济萧条的低水平开始恢复。这一事实表明,V_y 周期变动模式是存在的。[③]

战时 V_y 的变动比较混乱。"一战"期间,13 个序列中的 12 个在 1914—1915 年温和上升,但在第二年只有 5 个序列上升。在战时的 1915 年,有 2 个序列达到其峰值,1917 年有 4 个,1918 年有 5 个,1919 年有 2 个。与其他 11 个序列相比,V.40 和 V41 可能更可靠,分别于 1918 和 1917 年达到其峰值。此后,V.40 持续下降直至 1922 年;V.41 在 1918 年下降,但是在 1919 年又回升至峰值。

在"二战"期间,所有的序列都反映出相同的情形。在 1940—1941 年或者 1940—1942 年,V_y 急剧上升,但随着军事活动

[①] Burns and Mitchell, *op. cit.*, p.78.
[②] 当然,完整的分析将需要进一步调整趋势。
[③] 国民经济研究局对斯奈德的存款活动指数周期变化的研究支持这些发现(Burns and Mitchell, *op. cit.*, pp.98-88)。

的大肆扩张,又于年内急剧下降。大多数序列在1946年处于较低水平,此后急剧上升。战后的峰值比1939年的数据高出15%—20%,但是小于战争初期的峰值。

这就是V_y的变化情况。我们将在下文讨论如何解释这种变化。

表5—3　1919—1938年V.25和V.26的周期性变动幅度

扩张与收缩	V_y相对于上一个波峰或波谷的百分比	
	V.25	V.26
1919(ii)—1919(iv)	106.0	108.4
1919(iv)—1922(i)	82.3	80.6
1922(i)—1924(i)	112.0	112.9
1924(i)—1924(iii)	90.4	90.0
1924(iii)—1926(i)	106.3	106.7
1926(i)—1928(ii)	90.2	91.5
1928(ii)—1929(i)	108.5	110.0
1929(i)—1933(i)	62.3	57.9
1933(i)—1937(iii)	135.4	140.7
1937(iii)—1928(ii)	89.4	89.8

第四节　提出一个货币流通度理论：持有货币成本

上一节描述了美国V_y变化情况。如果使用相同的定义,对货币流通速度变化的"事实"不会有多大的争议。如果是流通速度理论,问题就不一样了。如果把"理论"理解为"分析框架",对流通速度理论的主要部分,学者之间存在着基本一致的看法;然而,如果把"理论"理解为"经过检验的假说或预测",那么学者之间几乎没有任何共识。尽管现有的分析框架还不够完备,但是并没有被用于解释已观察到的流通速度的变化。本文接下来的部分尝试从这两方面讨论的 V_y 理论。这一节首先考察货币流通速度与持有货币成本之间的关系。

(一) 第一种近似方法:未经调整的利率

第二节[①]把货币需求 D_m 定义为剑桥方程 $k(M/PT)$ 与持有货币成本和其他变量之间的函数关系。因为 $k = 1/V$,显然 V_t 的变化要么反映持有货币成本的变化,要么反映其他尚未确定变量的变化。

不难理解,流通速度的变化主要受持有货币成本的影响。沃尔德(Wald)[②]、贝尔曼(Behrman)[③]、沃伯顿[④]都曾检验过这一假说,他们使用未经调整的利率来衡量持有货币成本。沃尔德和沃伯顿发现,在 1909—1946 年以及 1919—1940 年,利率与流通速度的诸多测算值之间存在很强的正相关。此外,沃尔德在计算还中考虑了趋势的影响。沃伯顿承认这样的正相关存在一些时期

---

① 第 181 页。

② Haskell Wald, "The Expanded Money Supply and Economic Activity," *Survey of Current Business*, May, 1946, pp. 8 – 15.

③ J. N. Behman, "The Short-term Interest Rate and the Velocity of Circulation," *Econometrica*, April, 1948, pp. 185 – 190; also "Addendum," *ibid.*, October, 1948, p.370.

④ Clark Warburton, "Monetary Velocity and Monetary Policy," *Review of Economics and Statistics*, November, 1948, pp. 304 – 314; and "Monetary Velocity and the Rate of Interest," *ibid.*, August, 1940, pp. 256 – 57.

件,尤其是短期利率与存款周转率之间。① 然而,他坚持认为在1889—1939年,与长期利率之间并不存在显著关系。与托宾的观点②相反,沃伯顿认为不能把 V_y 的下降"解释为利率变化的结果。"③

这些研究引出了几个问题。第一个问题:D_m 应该与需要的货币相对所有支出的比例有关,还是与需要的货币相对收入支出有关?换句话说,到底是 V_t 还是 V_y 与持有货币的成本有关?沃尔德和沃伯顿两位学者支持后一种观点,而贝尔曼与托宾两位学者支持广义的支付(和流通速度)的定义。④ 这个问题非常重要,因为 V_t 和 V_y 之间并没有严格的比例关系。

第五节将讨论二者不存在比例关系的原因,这里先暂时不予考虑。我们必须回答的问题如下:假定持有货币成本保持不变,其他变量的变化引起了 V_t 和 V_y 之间的差异。流通速度之间的差异将表现为哪种形式呢?(1)V_t 稳定时,V_y 下降;(2)V_y 稳定时,V_t 上涨;或者(3)V_y 下降,V_t 上涨。如果第一种形式是正确的,那么贝尔曼和托宾(Behrman)支持的广义流通速度的定义是正确的。如果第二种形式是正确的,沃尔德和沃伯顿就是正确的。

---

① "Monetary Velocity and the Rate of Interest,"*op. cit.*, p. 257.

② James Tobin, "Rejoinder", *Review of Economics and Statistics*, November, 1948, pp. 314 – 17.

③ Warburton, "Monetary Velocity and the Rate of Interest," *op. cit.*, p. 257.

④ Wald, *op. cit.*, p. 10 – 11; Warburton, "Monetary Velocity and Monetary Policy," *op. cit.*, p. 311; Behrman, *op. cit.*, p. 186; and Tobin, *op. cit.*, p. 316.

这是流通速度理论中一个悬而未决的问题,第五、六节将讨论这个问题。为了本节的研究目的,同时建立起持有货币成本与 V_t 和 V_y 之间的关联,或许可以解释这个问题。

这些研究引出的第二个问题:货币中是否应该包括定期存款?沃尔德、贝尔曼和托宾剔除了定期存款;而沃伯顿则包括了它们。[1] 沃伯顿的方法较为可取,本文在附录 A 中给出了具体的原因。

这些研究引出的第三个问题:如何衡量持有货币成本?沃尔德[2]使用的是杜兰德[3] 30 年期公司债券的基本收益序列。沃伯顿[4]使用的是长期政府债券的收益和麦考利提出的[5]经调整的铁路债券收益指数。相对而言,贝尔曼[6]和托宾[7]使用的都是短期商业票据利率。由于利率时不时会发生改变,有些利率与流通速度之间的关系可能更为密切。

然而,让我们从更一般的层面考虑这个问题。持有现金就是牺牲了其他诸多选择。替代这种持有财富的方式包括消费;转变

---

[1] Wald, *op. cit.*, p. 10; Behrman, *op. cit.*, p. 186; and Tobin, *op. cit.*, p. 315-16; and Warburton, "Monetary Velocity and Monetary Policy," *op. cit.*, p. 310.

[2] *Op. cit.*, p. 11.

[3] David Durand, *Basic Yields of Corporate Bonds*, 1900-1942 (Technical Paper No.3 [New York: National Bureau of Economic Research, 1942]).

[4] "Monetary Velocity and Rate of Interest," *op. cit.*, p. 257.

[5] F.R. Macauley, *Some Theoretical Problems Suggested by the Movements of Interest Rate, Bond Yields and Stock Prices in the United States since 1856* (New York: National Bureau of Economic Research, 1938).

[6] *Op. cit.*, pp. 188-89.

[7] *Op. cit.*, p.316.

为有形的资产或者持有有形资产(或权益)的权利,来获得收益;在不同环境下出租,以获取固定的利息收入。每个经济主体都会努力配置财富,使得不同选择上的货币的边际效用相等。基于这些选择中的任何一种,就可以衡量持有货币成本。

这是一个很有用的一般性规则。它告诉我们:因为基本上无法衡量其他选择的边际效用,那么可以而且必须使用权益的收益率或贷款利率来计算持有货币成本的方法。[①] 不过,这种方法并没有告诉我们如何区分不同期限的贷款利率,这正是我们接下来要讨论的问题。

当我们把价格分析方法应用于货币时,就会出现用长期利率衡量持有货币成本的情形。我们将牛肉的价格看作是很多单位的一般购买力(货币)。我们也可以把对牛肉的需求看作是相关商品(如猪肉、羊肉)价格的函数。可以使用同样的方法,来分析对货币的需求。持有货币成本或"价格",是借款人所得到的回报率或现金余额持有人所牺牲的回报率。然而,具体是哪一种回报率呢?流动性[②]最小的借款回报率似乎是最合适,因为这些利率最能反映出社会对流动性价值的定价。与短期借款相比,长期借款的价格波动更大,因此流动性也更差。

另外,从贷款人的角度来看,短期贷款是货币很近似的替代品;因此,D_m 无疑会受到短期利率的影响。短期利率的升(降)会

---

① 这种说法只有在价格水平稳定的才正确。参见本节第(三)部分的内容,对价格水平变化带来的一系列问题。

② 关于这里使用的流动性概念,参见 J. Marschak and H. Makower, "Assets, Prices and Monetary Theory," *Economica*, August, 1938, pp. 261-88.

引起 D_m 的减少(增加),因为通过货币替代品获得流动性的"成本"会下降(上升)了。① 因此,虽然我和沃尔德、沃伯顿都认为长期利率比短期利率更适合作为持有货币成本的指标,但是对流通速度的研究显然不能忽视短期利率。接下来,本文将考察各种长期利率以及其他若干因素。

长期利率有很多种,包括(1)公、私债券的收益率;(2)普通股、优先股的股息回报率;(3)权益的市盈率。人们可能会预期到这些收益率的周期(或许是长期)变化是不尽相同的。当然,价格水平的变化对权益的影响与对债券和货币的影响不同。因此,债券收益比权益收益更能反映持有货币成本。由于债券的收益是固定的,与货币相同,在通货膨胀(通货紧缩)时期,它们的实际价值会贬值(升值)。贬值肯定就会影响债券的价格和收益。此外,需要调整权益的收益,来解释对价格水平变化的影响。② 至于在股息回报率和市盈率之间,并没有多少选择的余地。

不论使用哪个收益序列来衡量持有货币成本,都必须考虑这样一个事实:即股票、债券的收益都需纳税,而持有现金的非货币收益则无需纳税。由于所得税的税率随着时间会不断增加,这可能对货币与其他资产的相对吸引力有很大的影响,因此应该从收益中扣除平均纳税额。然而,不同的纳税人面临不同的累进税率和其他法律法规的影响,因而不能简略地计算扣除部分的大小。

---

① 这里"成本"实际上指以货币替代品而不是高度非流动性的方式来持有财富,而造成的收入损失。如果长期利率是稳定的,那么短期利率的上升意味着货币替代品持有成本的降低,同时 D_m 将下降——正如猪肉价格的下降会引起对牛肉需求的减少一样。参见第五节第(三)部分的内容对货币替代品的深入讨论。
② 菲利普·卡甘使我最早注意到这一观点。

第五章 美国的货币流通速度

在以下的分析中,本文不考虑税收,但是不应该忽视其影响。

为了检验持有货币成本是流通速度变化的主要决定因素这一假说,我们将考察1919—1951年,每个长期收益序列(共3个)与每个年度流通速度序列(共2个)之间的关系(见表5-4)。在此期间,如果决定 D_m 的其他因素影响较小,那么我们就有可能发现货币流通速度和持有货币成本之间存在一个强的正相关关系。我们选用的收益序列包括公司债券的年均收益①、普通股股票的市盈率和普通股股票的股息回报率。流通速度序列包括(1)一个拼接的 V_y 序列,由1929—1951年的V.42和1919—1928年V.41的93.3%所组成;(2)一个拼接的存款周转序列,由美国联邦储蓄委员会公布的两个借方余额占存款的比例所组合。选择从1919年开始,是因为从这年开始计算存款周转率。

表5-4 研究持有货币的成本与货币流通速度之间关系所使用的数据

年份	收入流通速度[1]	存款周转率[2]	债券收益率[3]	股息回报率[4]	盈利率[5]	货币的收益[6]	批发价格变化率[7]
1919	1.76	24.5	6.3	5.8	10.6	1.9	5.6
1920	1.61	23.8	7.1	6.1	10.1	1.9	11.4
1921	1.27	20.8	7.0	6.5	4.2	2.0	-36.8
1922	1.41	21.6	6.0	5.8	8.2	2.0	-0.9
1923	1.51	20.8	6.0	5.9	11.4	2.1	4.0
1924	1.44	20.7	5.8	5.9	10.3	2.1	-2.5
1925	1.42	21.7	5.5	5.2	11.2	2.1	5.5
1926	1.41	22.2	5.2	5.3	10.0	2.1	-3.4
1927	1.35	23.4	5.0	4.8	7.6	2.2	-4.6

① 参见表5-4的脚注对这些时间序列的引用。

(续表)

年份	收入流通速度[1]	存款周转率[2]	债券收益率[3]	股息回报率[4]	盈利率[5]	货币的收益[6]	批发价格变化率[7]
1928	1.33	26.2	4.9	4.0	7.3	2.3	1.4
1929	1.40	29.9	5.2	3.5	6.2	2.2	-1.4
1930	1.21	22.4	5.1	4.3	4.7	2.2	-9.3
1931	0.97	18.1	5.8	5.6	3.0	1.9	-15.5
1932	0.75	14.8	6.9	6.7	0.7	1.7	-11.2
1933	0.77	15.3	5.9	4.1	3.4	1.4	1.7
1934	0.88	16.0	5.0	3.9	3.9	1.1	13.6
1935	0.95	15.8	4.5	3.9	5.2	0.9	6.8
1936	1.00	16.2	3.9	4.4	5.9	0.7	1.0
1937	1.10	16.1	3.9	4.9	6.2	0.6	6.8
1938	0.99	14.0	4.2	4.3	3.9	0.6	-8.9
1939	1.01	13.6	3.8	4.1	5.7	0.5	-1.9
1940	1.06	12.9	3.6	5.4	7.2	0.4	1.9
1941	1.23	14.0	3.3	6.4	9.5	0.3	11.1
1942	1.44	13.3	3.3	6.9	10.7	0.3	13.2
1943	1.39	12.4	3.2	5.2	8.0	0.2	4.4
1944	1.22	12.0	3.0	5.1	7.6	0.2	0.9
1945	1.01	11.4	2.9	4.4	5.9	0.2	1.7
1946	0.95	11.7	2.7	4.1	6.2	0.2	14.5
1947	1.08	13.4	2.9	5.3	9.7	0.2	25.6
1948	1.20	14.6	3.1	5.9	12.6	0.2	8.5
1949	1.15	14.3	3.0	6.9	11.5	0.2	-5.0
1950	1.24	15.6	2.9	6.0	13.7	0.2	3.9
1951	1.39	16.4	3.1	5.8	12.2	0.2	11.3

[1] 1929—1951 年的 V.42，参见附录 C；1919—1928 年 V.41 的 93.3%，参见附录 C。

[2] 1919—1941 年的"年周转率"、所有商业银行的活期与定期存款、表 5-5，参见 *Banking and Monetary Statistics*；1942—1951 年，(1)与(2)之间比率的 95%。其中，(1)"借方余额占所有存款账户(除了银行间账户和所有申报中心)之间的比率"，参见联邦储备公告，(2)所有申报中心的总存款，参见联邦储备公告，使用纽约市和其他 333 个中心的借方数据除以各自的周转率得来。

[3] 1919—1947 年，"日均穆迪公司债券收益率数据"，引自 Irwin Friend，"Business Financing in the Postwar Period," *Survey of Current Business*, March, 1948, pp. 10-16, Table 5；1948—1949 年，引自 Loughlin F. McHugh, "Current Financial Position of Corporations," *Survey of Current Business*, January, 1951, Table 6；1950—1951 年，根据联邦储备公告中"穆迪公司债券收益率"的趋势外推计算得出。

[4] 1919—1951 年，"股息回报率"和"市盈率"，引自 McHugh, *op. cit.*, Table 6；1919—1938 年的数据来自 Cowles Commission Monograph No.3, *Common Stock Indexes*；接下来的数据基于穆迪的盈利、股票价格和股息序列外推得出；1951 年的数据也是根据同样的方法对 1939—1950 年的趋势外推得出。

[5] 同上。

[6] 见 p.283 的注①。

[7] BLS 批发价格指数(1926 年=100)变化的百分比；1949—1951 年的数据，根据修正的指数计算得出，其中 1947—1949 年的期间为基期，等于 100。

在收益和流通速度之间(见表 5-5 的第 1-3 项)六种相关关系中，最强的是存款周转率与债券收益率之间的关系(+0.73)。其他唯一较强的正相关关系是 V_y 与市盈率之间(+0.68)。实际上，存款周转率和股息回报率之间存在较小的负相关关系。

(二) 第二种近似方法：扣减掉货币收益

上述的研究中均未考虑存款利息。显然，计算持有货币成本时，应该从货款和权益中扣减掉"货币收益"。①

货币收益是每年所有银行存款支付的利息总额与平均货币存

---

① Keynes, *The General Theory*, p.196 中明确地认识到了这一点。

量总额之间的比率。① 尽管这一收益率在 20 世纪 20 年代是 2% 或更大,但自从 1928 年开始稳步下降,目前大约只有 0.20%。从长期收益序列中减去这一序列可以看出:从货币持有者的角度来看,人们经常讨论的利率下降很大程度上是不切实际的。债券的利率减去货币收益呈现小幅下降,但是调整这一因素后的股息回报率和市盈率在 1919—1951 年都有上升的趋势。6 种收益与流通速度的相关系数(见表 5-5),按照调整后的收益重新计算后,结果非常明显。4 种情形存在较小的负相关。存款周转率和减去货币收益的债券收益之间的相关系数只有 +0.26。最强的正相关存在于调整后的市盈率与 V_y 之间,系数是 +0.54。

表 5—5　1919—1951 年 8 个持有货币的成本和两个货币流通速度间的简单相关关系*

持有货币的成本	存款周转率	收入流通速度
1.债券收益	+0.73	+0.22
2.市盈率	+0.10	+0.68
3.股息回报率	-0.08	+0.35
4.债券收益减去货币收益	+0.26	-0.01
5.市盈率减去货币收益	-0.12	+0.54

---

① 参见表 5-4。货币收益是通过下列方式从美联储数据中获得的。1927—1951 年,各成员银行定期存款和活期存款(扣除手续费)的利息分别除以它们 6 月 30 日定期存款和活期存款净额。得到的利率乘以所有银行调整后(6 月 30 日)的定期存款和活期存款,来获得所有存款的估计利息。邮政储蓄额是单独用 2% 的利率计算的。存款的总利息除以调整后的总存款加上银行外的通货(6 月 30 日),就得到了货币收益。1919—1926 年,无法把活期存款和定期存款的利息数据分开。因此,我使用 1927 年的利率乘以 1919—1926 年 6 月 30 日的活期存款和定期存款总量,来估计总的利息支出;货币收益就是利息总额与存款和银行外通货总和之间的比率。

(续表)

持有货币的成本	存款周转率	收入流通速度
6.股息回报率减去货币收益	-0.60	-0.03
7.价格水平变化率减去货币收益	-0.31	+0.06
8.普通股的总收益减去货币收益	+0.11	+0.22

* 所有变量的定义见表5-4和表5-6的表注。

（三）第三种近似方法：调整价格水平的变化

上述研究没有考虑价格水平变化对持有货币成本的影响。[①] 当价格上涨时，货币和其他固定收益债权的实际价值会下降。用实物而不是用货币方式持有的财富，能够避免这种资本损失。因此，当持有有形资产来代替现金时，持有货币成本就会增加。因此，使用价格水平的变化率作为持有货币成本的指数，可能并不比权益收益率（只经过货币收益的调整）更适宜。

然而，我们必须在多种价格指数之间做出选择，同时要考虑具体的指数所适用的时间单位。毫无疑问，以下三个因素之间存在

---

① Avram Kisselgoff("Liquidity Preference of Large Manufacturing Corporations [1921-39]," *Econometrica*, October, 1945, p.337)指出"价格水平的变化率……可能在一定程度上会影响窖藏的倾向。" A.J.Brown,("Inflation and the Flight from Cash," *Yorkshire Bulletin of Economic and Social Research*, September, 1949, pp.33-42)详细讨论了价格变化率和流通速度之间的关系。我特别感谢米尔顿·弗里德曼在这个问题上给我提出的诸多建议。

学者们早就意识到了货币需求和价格变化之间的关系。阿尔弗雷德·马歇尔 [*Official Papers* (London: Macmillan & Co., 1926), p.6]在1886年就简要地阐述了这一点："金属价值的持续上升，会使得出于窖藏目的对金属的需求增加，价值的持续下降则会使该需求减少，这是因为那些窖藏货币的人们相信价值的上升在一段时间内必将持续上升，反之亦然。"

着时滞:(1)变化率的改变;(2)意识到这些改变;(3)相应地调整相对支付的现金余额。① 布朗选择的是与流通速度相关年份前一年的月度批发价格指数的年度变化。② 这种选择似乎并没有特别的理由。然而,比较1919—1951年的批发和消费价格指数发现,选择哪一种指数对结果的影响并不是很大。

本文计算了1919—1951年扣除货币收益的批发价格年度变化百分比,③与存款周转率以及收入流通速度的相关性,得到的相关系数为-0.31和+0.06。这再次说明,货币流通速度和持有货币成本之间的相关关系并不大。

除了直接影响持有货币成本外,价格水平的变化很可能影响持有货币成本的另一个指标,即权益回报率。④ 由于股票价格在通货膨胀时期一般会上涨,货币持有者就会损失资本利得和股息收入。持有货币这种成本可以由1919—1951年(见表5-6)普通股股票的价格和收益数据中计算出来。这种持有货币成本(减去货币的收益)与1919—1951年的两种流通速度序列的相关系数分别是+0.11(存款周转率)和+0.22(收入流通速度)。⑤ 如果考虑到资本价值的变化,调整后的股息回报率与流通速度之间的正相关关系会大幅增加,但仍然不足以让人印象深刻。

---

① 这个滞后期可能也适用于利率和货币收益。
② *Official Papers*,London:Macmillan & Co.,1926,第35-36页。
③ 这些数据参见表4。他们根据BLS全部商品的批发价格指数计算得出,1926=100。1949—1951年根据修订后的指数(1947—1949=100)计算。
④ 债券收益不受此影响(参见上面的"长期利率有很多种"段落的内容)。
⑤ 参见表5-5。

表5-6 1919—1951年的股票的价格、总收益和持有货币成本

年份	普通股股票价格指数[1]	普通股股票总收益[2]	货币持有成本[3]
1918	60.7		
1919	70.7	23.2	21.3
1920	64.2	-3.7	-5.6
1921	52.2	-13.4	-15.4
1922	67.7	18.0	16.0
1923	69.0	8.0	5.9
1924	72.8	11.7	9.6
1925	89.7	29.7	27.6
1926	100.0	17.4	15.3
1927	118.3	23.9	21.7
1928	149.9	31.8	29.5
1929	190.3	31.4	29.2
1930	149.8	-17.9	-20.1
1931	94.7	-33.2	-35.1
1932	48.6	-45.3	-47.0
1933	63.0	35.0	33.6
1934	72.4	19.4	18.3
1935	78.3	12.3	11.4
1936	111.0	47.9	47.2
1937	111.8	5.6	5.0
1937	117.5		
1938	88.2	-22.7	-23.2
1939	94.2	11.2	10.7
1940	88.1	-1.5	-1.9
1941	80.0	-3.5	-3.8
1942	69.4	-7.5	-7.8
1943	91.9	38.9	38.7

(续表)

年份	普通股股票价格指数[1]	普通股股票总收益[2]	货币持有成本[3]
1944	99.8	13.8	13.6
1945	121.5	26.8	26.6
1946	139.9	19.8	19.6
1947	123.0	-7.6	-7.8
1948	124.4	7.0	6.8
1949	121.4	4.0	3.8
1950	146.4	28.2	28.0
1951	176.5	27.9	27.7

[1] 普通股价格指数来源：Cowles Commission Monograph No. 3, *Common Stock Indexes*, pp. 66-67, for 1918-37, and from U.S. Department of Commerce, *Business Statistics* (supplement to *Survey of Current Business*), 1951 ed., pp. 98-99, for 1937-50。前者包括在纽约交易所上市的所有股票，而最近期的数据来自穆迪投资服务公司，包括200个普通股样本。

[2] 普通股股票总收益考虑了资本利得和损失（无论是否实现）以及股息。使用下面的方法计算得出：每年的股息收益（见表5-4）乘以股票价格指数，然后把乘积项加到股票价格指数列的一阶差分项；这个和再除以前一年的股票价格指数，就可以得到普通股股票总收益。

[3] 普通股股票总收益减去货币收益（表5-4）。

（四）最后的检验：多变量分析

到目前为止，本文都将持有货币成本的各种测量指标看作是互相替代的，其中任何一个指标都足以用于研究现金余额或者流通速度的变化。在存在完美市场以及衡量所有变量的数据质量都很高的条件下，这么做才是合适的。然而，在现实世界中，持有货币成本的多个测量指标，可能共同决定货币流通速度。因此，在1919—1951年的多元回归分析中，我加入了上述讨论过的几个变量。首先，把 V_y 当作被解释变量，将债券收益、批发价格变量率、普通股股票的总收益(各自减去货币收益)当作解释变量。[1] 接着,用存款周转率代替 V_y,重复上述的做法。这些分析得到以下的回归方程:

$$V_y = 0.780 + 0.109 r_b + 0.003 r_p + 0.006 r_c, \quad (1)$$
$$V_t = 11.290 + 1.640 r_b - 0.146 r_p + 0.084 r_c, \quad (2)$$

其中,r_b 代表债券收益,r_p 代表批发价格变化率,r_c 代表普通股股票的总收益。多元回归的系数很小,分别为 0.19 和 0.36。对这两个方程进行费雪的 z 检验,两者都在 10% 的水平上显著。

显然,多变量分析并没有改变对持有货币成本与货币流通速度的单变量分析所得出的结论。两个多元相关系数都在表 5-5 所列的数值范围之内,它们的确都明显比其他几个要小。

上述的发现很难支持这个假说,即货币流通速度的变化主要是由持有货币成本的变化引起的。在某些历史时期,不论持有货币成本可能有过哪些影响,它都不能解释 1919—1951 年流通速度的主要变化。下一节将给出一个较可行的解释,来分析这些微弱关系。

因此,需要更复杂的假说。第五节将承担起这个任务。

第五节 对假说的详细说明

(一) 简单介绍

否定了持有货币成本是货币流通度的决定因素,促使我们去

---

[1] 见表 5-4 和表 5-6。

探寻和检验其他假说。由于研究货币的文献中有大量的假说,而与这些假说相关的资料非常缺乏,使得这项工作的难度很大。下面,我们这样解决这个问题:首先,明确第二节中提到的货币需求(D_m)的"其他变量";其次,简要分析那些不适于作为 D_m 和 V_t 决定因素的变量;然后,选择进一步的实证检验的其他变量;最后,通过考察 V_t 和 V_y 之间的关系,扩展整个分析框架。

(二) D_m 的基本决定因素

在讨论任何一种商品的需求函数时,经济学家经常使用五种变量:该商品的价格、相关商品的价格、收入、偏好以及预期。没有理由认为 D_m 是个例外。正如上一节所指出的,"商品的价格"指的是持有货币成本。下一小节中将详细分析相关商品以及它们的"价格"——货币的替代品问题。本小节中主要讨论"收入"、"偏好"和"预期"。

1.收入。个人的收入和消费中包含诸多非现金项目,其中包括从持有货币中获得的服务价值。一般来说,个人收入中为了应对预料到的或突发情况的现金需求部分,会随着其收入水平的变化而变化。① 出于本文的研究目的,需要强调的是:对于整个经济而言,认为只要 D_m 的收入弹性大于零(即,对于整个交易来说,货

---

① 诸多经济学家都认为 D_m 是实际收入(财富)的函数。一部分学者及作品如下:Fisher, *op.cit*., p.167; Hansen, *op.cit*., pp. 1, 8; Keynes, *Monetary Reform*, p. 83; Marshall, *Money, Credit, and Commerce*, pp. 44; Warburton, "The Secular Trend in Monetary Velocity," *op.cit*., p. 89; and Wernette, *op.cit*., p. 44.

币是一种优等"商品"),实际收入的增加会引起 D_m 的增加和 V_t 的下降。①

我们已经观察到了一些相互矛盾的现象。例如,实际收入长期上升而流通速度下降,同时这两个变量在经济繁荣时期上升,而在经济衰退时期下降,而关于 D_m 的收入弹性的资料却非常少。大多数预算方面的研究都缺少持有现金的数据。不过,通过对 1949 年消费者金融调查的分析,克莱因②发现:在样本家庭中,处于收入最高和最低的 10% 分位数上的家庭,持有的流动性资产(不包括通货)在收入中所占的比重最大。这些数据与 D_m 没有直接关系;然而,与低收入家庭相比,高收入家庭可能较少依赖通货而较多依赖货币替代品来提供流动性,这意味着 D_m 的收入弹性可能较小,甚至为负。但是,由于诸多原因,③该发现得出的收入变化对 D_m 的影响是值得怀疑的;日常的观察和内省可能是更好

---

① 文中的"大于零"应理解为"大于1"。如果 D_m 是按照实际余额(M/P)而不是按照剑桥的 $k(M/PT)$ 来定义的话,大于 1 才是正确的。根据 D_m 的后一种定义,单位收入弹性意味着,实际收入增加 1%,带来 D_m 增加 1% 以及 V_t 减少 1%。显然,小于 1 但大于 0 的弹性,在收入增加时,仍会导致 V_t 的下降。

② Lawrence R. Klein, "Asset, Debt, and Economic Behavior," Conference on Research in Income and Wealth, *Studies in Income and Wealth* (New York: National Bureau of Economic Research, 1951), XIV, 210.

③ 例如,对于高收入的家庭来说,因为他们更熟悉投资机制、更能降低中介成本,也能更有效地分析各种投资机会,因而即使在税后,持有货币成本也较高。对解释预算研究得出数据的差异,虽然这些因素有些作用,但是他们对解释一段时间内的变化,基本上没有作用。这对那些显然不能列在调查问卷上的货币替代物(包括信用额度),同样也是如此。此外,本文还需要强调一点:当问及银行存款余额时,大多数人都不太愿意如实回答。

的方法。

D_m 的收入弹性为负意味着货币（相应于总的交易）是一种劣质"商品"，让我们先考察一下劣质商品的性质。通常认为，它们包括"用于出售的质量低劣的商品"，其中马铃薯和人造黄油是典型的例子。① 它们经常被看作社会地位低下的象征。货币（相应于总交易）就上述意义而言，当然不能算作劣质"商品"。货币是衡量其他资产流动性的标准；它自身的流动性最高，持有货币不能被看作是品味或者地位低下的象征。我认为这些理由比基于消费者金融调查的发现更具说服力。另一方面，尽管 D_m 的收入弹性可能是正的，但也可能受到一个事实限制，即近几十年来，经济体中家庭之外的部门开始持有相当大的一部分现金。② 长期收入的变化很难影响政府和企业的 D_m。显然，关于这一重要问题，我们的知识还远远不够。

2.偏好。让我们来探讨货币分析中与"偏好"对应的因素。人们之所以需要现金，是因为它可以作为交易媒介和价值储藏的手段。③ D_m 的变化反映出了人们对这两种功能中的某一个态度发生了改变。作为交易媒介，持有货币是为了应急和正常交易的需要，即通常所谓的"谨慎"和"交易"的动机。大家都很熟悉这些概

---

① J. R. Hicks, *Value and Capital* (2d ed.; Oxford: Oxford University Press, 1946), p. 28.
② 参见表 5-10.
③ "货币的其他功能"并不要求实际上持有货币。

念,在这里无须多加赘述。① 交易动机反映了两个客观的因素:支付的频率、收与支的重复程度。② 如果支付频率降低,或者收与支之间的平均间隔延长,那么 D_m 将会增加。至于谨慎动机,如果预期变得更加不确定,那么 D_m 将会增加。

此外,还有一个影响 D_m 和 V_y 变化的因素,与偏好有关。相对于交易总额来说,假设对作为交易媒介的实际现金需求保持不变,同时人们以现金的形式持有财富的比例也不变,那么如果交易总量增加了,价格水平将会下降,因此实际余额将会增加。然而,如果实际余额既作为价值储藏,又作为交易媒介,那么价格水平下降的比率与交易量增加的比率就会有所不同。这意味 D_m 将减少,而 V_t 将会增加。③ 正如我们看到的,这可能是更重要的一个

---

① 对 D_m 的这些和其他决定因素的一般性讨论,详见:Fisher, *op.cit.*, pp.79-88; Hart, *Money, Debt, and Economic Activity*, pp.165-67 and 191-215; J. R. Hicks, "A Suggestion for Simplifying the Theory of Money," *Economica*, February, 1935, pp.1-19; and Keynes, *The General Theory*, pp.194-209. 我并不认为这些决定因素是毫无疑问的。然而,对每个因素的充分讨论,已经超出了本文的范围。虽然尤其需要仔细辨别重复支付的程度这一概念,但是其基本含义已经相当明确,本文也不打算对其展开讨论。对这一概念的基本讨论,详见:James W. Angell, "The Components of the Circular Velocity of Money," *Quarterly Journal of Economics*, LI (1937), 224-73, and H. S. Ellis, "Some Fundamentals in the Theory of Velocity," *Quarterly Journal of Economics*, LII(1938), 431-72. 后者与希克斯的文章都重新印刷于:*Readings in Monetary Theory*, ed. Friedrich Lutz and Lloyd W. Mints (Philadelphia: Blakiston Co., 1951)。

② 第三个也是更重要的因素,是交易量本身,如果用剑桥的 k 来定义 D_m,则已经直接包含在了分析之中。

③ 这些影响会因交易性质有所不同。如果它们完全是非收入支出,结果就像文中所讨论的那样。然而,如果增加的交易包括了额外的收入支出,D_m 减少的程度就会受限;事实上,D_m 甚至可能增加,这取决于交易与收入效应的相对重要程度。

D_m 的决定因素。

3.预期。由于现金持有者要考虑诸多变量,例如预期收入、获得收入的时机、支出的规模和时机、货币的各种替代品以及持有货币成本等因素,概括"预期"对 D_m 的影响几乎是不可能的。更为复杂的是,与持有货币成本有关的预期发生改变,既可能导致 D_m 的增加,也有可能导致其减少,这取决于人们预期影响持有货币成本的哪一种因素会发生变化。例如,预期价格水平变化率下降,则会引起 D_m 的增加。另一方面,预期股息回报率下降,则可能吸引人们基于资本利得的考虑而购买的证券,从而引起 D_m 很可能减少。①

(三) 流动性的替代性来源

像其他需求函数一样,D_m 也受到替代品和互补品的影响。下文的讨论将会展示,这种影响的性质是非常复杂的。

货币的替代品主要有三类:流动性资产、协商的借款选择权(negotiated option to borrow)和信用获得的便利性(access to-credit market)。资产的流动性是指将其转换为现金的条件。流动性高的资产应具备两个主要特征:潜在出售者所面临的需求计划具有无限弹性、价格稳定或至少在一段时间内可预期。② 尽管

---

① 这个结论与 Keynes, *The General Theory*, pp. 170 - 171 和 196 - 199 中对持有货币的投机性动机的讨论是一致的。不过,凯恩斯进一步说明,如果已有的收益低于投资者通常认为的"正常"收益,预期的(债券)收益就会增加。本文目前完全没有讨论在什么样的条件下,收益增加的预期会出现;我只是描述如果这种预期存在的话,将会带来的影响。

② 对这些观点的讨论,详见 Marschak and Makower, *op. cit.*。

有时候股东权益和有形资产具有很强的流动性,一般说来,它们次于债权(即持有债务的证明),尤其是短期可转让的债权。

借款的选择权包括以下各种安排:信贷额度、贸易账户、信用卡和透支的便利等。它在减少持有现金方面的作用,可能比完成的交易总数量对持有现金的影响还要大。对信贷市场上以及货币持有额的影响,同样也是如此。

货币互补品的概念很难表述清楚。麦基恩认为这是"为了偿债而获得现金余额的能力"①。显然,债务,尤其是短期债务,是货币的互补品。此外,这一概念显然还包括贷款承诺,这与协商的借款选择权肯定是联系在一起。②

下面我们将讨论,如何衡量货币的替代品和互补品对 D_m 的影响。根据传统的价格分析,如果一种商品近似的替代品的价格上升(或下降),该商品的需求就上升(或下降);如果一种商品的互补品的价格上升(或下降),该商品的需求就下降(或上升)。在货币分析中,对流动性资产来说,与"近似的替代品的价格"对应的是长期和短期贷款利率之差。本文把这个差称作"货币替代品的成本,"用来衡量一个贷款人选择短期而非长期的收入损失。从借款人的角度来看,这个差别反映了货币的互补品的成本。当然,对他而言,这个"成本"通常是负的,反映了使用短期借款而非长期借款

---

① Roland N. McKean, "Fluctuations in Our Private Claim-Debt Structure and Monetary Policy"(未发表的博士论文,University of Chicago, 1948), pp. 69 - 70.

② 然而,贷款承诺像耐用消费品的所有权一样,很难预测它的维持成本。因此,应该从持有货币谨慎动机的视角来看。

时节省的利息。长期与短期利率之差扩大,意味货币替代品成本的上涨,同时货币互补品成本的同等程度的下降;这两种情况下,D_m 都将增加。如果利差缩小,相反的情况则会出现。

上一段只涉及流动性资产和债务。至于权益和其他资产,并没有与之相对应且明确的"替代品的价格"。对于信用获得的便利性,困难较少一些:这一重要的货币替代品的成本,简单来说就是借款人支付的有效利息。如果借款人支付的利率下降,D_m 将会减少。[①] 这种说法看上去与第四节的论述相矛盾,第四节曾指出:如果持有货币成本下降,D_m 将会增加。然而,如果我们考虑到计算持有货币成本时,使用的是贷款人利率,而这里使用的是借款人利率,这个"矛盾"就不存在了。这两个利率因中介费的数量而有所差别。短期来看,它们将会同步变化,结果是持有货币成本的下降通常会被货币替代品成本的下降所抵消。如果这一点是正确的话,它就能解释为什么第四节中持有货币成本与流通速度之间相关性很小。

在过去的一个多世纪中,随着信贷市场的完善,借款人和贷款人之间利率的差距在稳步缩小。不考虑持有货币成本是否上升,或者货币替代品的成本是否下降,这种变化都将会使 D_m 减少,而使得 V_t 升高。

当部分准备金的银行制度成为金融体系中不可或缺的部分时,则需要修正上述有关信贷对 D_m 影响的结论。一般而言,信贷机构使用索取权换取货币,然后贷出货币换取对客户的债权。现

---

① 在整个讨论中,需要切记,信贷配给的存在降低了借款人利率的重要性。

代银行的一个显著的特征是：它们创造的索取权（即"存款"）事实上是货币最完全的替代品，从而被列入对货币存量的统计中。货币中包括存款，显然比不包括存款更能使现金持有量远远大于相应的交易量。然而，这一点并未说明部分准备金制对 D_m 的净效应。仔细区分的话，实际上有三种不同的效应：第一，随着服务费用的降低，持有货币成本下降；第二，随着短期利率的下降，货币互补品的成本下降；第三，随着借款人利率的下降，货币替代品的成本下降。前两个效应倾向于使 D_m 增加，而后一个效应则倾向于使它减少。因此，部分准备金制对 D_m 的净影响是不确定的。

（四） D_m 的其他决定因素

基于正统的需求分析，上一小节全面总结了 D_m 和 V_t 的分析框架。需求函数的决定因素都在 D_m 中找到了相对应的部分。然而，上述决定因素的清单是否真的很全面呢？大量货币流通速度和需求的文献中，包含了诸多但上述没有涉及 D_m 的决定因素。本文不准备讨论货币思想史，不过值得考虑其中的两个决定因素。

可以设想到，经济结构的基本变化，例如"大量窖藏货币的人"变得相对更加重要，可能使得 D_m 会增加。费雪[①]认为，"货币流通速度原先较低的南方各州，它们贸易的增加将降低美国的平均流通速度"。其他的例子还包括收入分配和人口种族结构等方面的变化。当然，如果知道大量窖藏货币的人的典型类型，以及这些人的相对重要性，将增进我们对 D_m 变化的理解。然而，本质上

---

① Fisher, *op. cit.*, p.166.

看,这些结构的变化实质上是偏好的变化,因此不是独立的 D_m 的决定因素。

有些经济学家认为货币运输速度的加快也会影响 D_m。[①] 这里有两个不同的问题:一个是"邮寄的延迟",另一个是"银行的延迟"。邮寄的延迟是指出票人邮寄支票到收款人收到支票期间,高估了货币的有效数量。出票人的存款余额会立即扣除该支票的数额,但收款人的存款余额并没有立即增加。从存款人的角度来看,银行记录的货币数量超过了有效的货币数量。如果按照银行记录的货币来定义 D_m,货币运输速度的加快将缩小上述两种货币数量之间的差额,会导致 D_m 下降。

银行的延迟发生在支票存入出票人以外的另一家银行,它会使银行记录与存款人的记录之间出现进一步的偏差:这张支票会记在两个不同的账户上,直到两家银行清算完毕。从货币数量中扣减银行票据清算额,就可以简单地纠正这一偏差。这些清算额的相对规模会影响 D_m 吗?或者换句话说,清算过程的速度会影响 D_m 吗?如果 D_m 指的是总货币量扣减清算额,答案是"不会"。受影响的是有效货币量和价格水平,而不是 D_m。[②]

(五) 进一步的实证检验

上一节讨论的货币需求函数,具有如下形式:

[①] 参见 Knut Wicksell, *Interest and Prices* (New York: Macmillan Co., 1936), pp. 54 – 55; Fisher, *op. cit.*, p. 88; Chandler, *The Economics of Money and Banking*, p.548; and Keynes, *Treatise*, II, 38。

[②] 然而,有些存款人利用清算制度的特点开空头支票,直至收款人的银行在开始清算之前才补足存款,借以获取无息信用。支票清算速度的加快减少了这种无息借款的机会。随着这种借款的减少,D_m 将会增加。

$$D_m = M/PT = D(r_m, r_{ms}, y/N, E, U)$$

其中，r_m 是持有货币成本；r_{ms} 是货币替代品成本；y/N 是人均实际收入；E 是预期；U 是偏好。前三个变量（$r_m, r_{ms}\ and\ y/N$）在下文中一并被称作是 D_m 客观决定因素。与预期和偏好不同，这些变量能够较好地用数据表示出来。

表5-7 1919—1951年人均实际收入、货币替代品成本与两种货币流通速度之间的简单相关系数*

独立变量	存款周转率	收入流通速度
1.人均实际收入	-0.51	+0.12
2.货币替代品成本（债券收益率减去4—6个月的商业票据利息）	-0.69	-0.77

* 所有变量的定义见表5-4和表5-8的附注。

第四节中检验了 D_m 和流通速度的变化主要取决于持有货币成本的变化这一假说。在1919—1951年，我认为应该拒绝这一假说。现在，让我们对另外两个客观变量 r_m 和 y/N 进行同样的检验（参见表5-7和表5-8）。

流通速度和人均实际收入之间的相关关系并不是很强。V_y 和这个变量之间存在一个较弱的正相关（+0.12），而不是人们可能预期的负相关。存款周转率非常符合预期，它与人均实际收入之间的相关系数是-0.51。

本文使用债券收益减去4—6个月纽约主要商业票据的贴现率来计算货币替代品成本。对于本文的研究目的，这种方法比借款人支付的利率指数更适合，原因有两个：首先，除了"利率"之外还有信贷配给和借款成本，因而很难编制一个有意义的借款人利率数列；其次，借款人利率与持有货币成本之间关系密切，这些变量之间很大程度上可能会相互抵消。① 如表5-7所显示,货币替代品成本和两种流通速度之间存在较强的负相关。因此,正如人们所预期的,货币替代品成本的下降(或上升)与流通速度的上升(或下降)相关。

表5-8 1919—1951年人均实际收入与货币替代品成本(每原)

年份	人均实际收入[1]	货币替代品的成本[2]
1919	553	0.9
1920	477	-0.4
1921	392	0.4
1922	474	1.5
1923	534	0.9
1924	520	1.8
1925	533	1.5
1926	542	0.9
1927	540	0.9
1928	551	0.1
1929	586	-0.6
1930	510	1.5
1931	437	3.2
1932	342	4.2
1933	341	4.2
1934	401	4.0
1935	456	3.7
1936	510	3.7
1937	556	3.0
1938	515	3.4
1939	634	3.2
1940	614	3.0

① 见第五节中(四)节的内容。

(续表)

年份	人均实际收入[1]	货币替代品的成本[2]
1941	740	2.8
1942	871	2.6
1943	1003	2.5
1944	1056	2.3
1945	1016	2.1
1946	914	1.9
1947	864	1.9
1948	887	1.7
1949	852	1.5
1950	926	1.5
1951	970	0.9

[1]人均实际收入等于两个国民收入的数列除以每年的人口估计数(U.S. Department of Commerce, Bureau of the Census, *Historical Statistics*, Series B - 31)和消费者价格指数(同上, Series L - 41)。1929—1951年国民收入的估计,来自于 U.S. Department of Commerce, *Survey of Current Business*, *National Income Supplement* (July, 1951), Table 1, as revised by the July, 1952, issue.1919—1928年的数据等于国民收入序列乘以 1.0492 得出,国民收入序列详见 U.S. Congress, Senate, Committee on Banking and Currency, Print No. 4 (79th Cong., 1st sess. [1945]), *Basic Facts on Employment and Production*, Table E - 2。

[2]货币替代品成本等于债券收益(见表 5 - 4)减去 4—6 个月主要商业票据的贴现率(Board of Governors of the Federal Reserve System, *Banking and Monetary Statistics* and *Federal Reserve Bulletins*)。

本文到目前为止的证据表明,美国 1919—1951 年,与持有货币成本或者人均实际收入相比,货币替代品成本是决定 D_m 的一个更为重要因素。先不考虑这一发现的重要性如何,每一个客观变量、预期和偏好,在不同程度上都有可能影响了 D_m。在解释 D_m 的变化时,这些变量之间是相互补充,而不是相互排斥的。显然,对这个问题,需要进行多变量分析。

把存款周转率作为因变量,其他三个 D_m 的客观决定因素作

为自变量,[1]我们得到了如下回归方程:

$$存款周转率 = 42.82 - 2.1478 r_m - 0.0190 y/N - 2.8562 r_{ms} \tag{3}$$

相关系数非常高(为 0.937),估计的标准误差为 1.58。

尽管这样的结论令人非常吃惊,但是我们不应该匆忙接受,尤其是考虑到方程(3)的持有货币成本的相关系数为负。这一点并不足为奇,因为债券收益的下降至少有两方面的原因:(1)作为被放弃的收入,持有货币的代价变小;(2)由于更容易获得信贷,持有现金的需求也减少了。没有理由认为,这两种相反的趋势会恰恰能相互抵消。

事实上,经过调整的债券收益对存款周转率和 D_m 的客观决定因素之间的多元回归分析,并没有多大帮助。因而,从分析中剔除债券的收益,对相关性的影响很小;由此计算的相关系数是 0.915,估计的标准误差是 1.87。下面的方程描述了这一关系:

$$存款周转率 = 32.09 - 0.0137 y/N - 2.8727 r_{ms} \tag{4}$$

方程(4)得到的存款周转率估计与方程(3)相比,在 32 年中有 21 年结果相同或者更好。为研究调整后的债券收益对 D_m 的影响,部分相关性分析提供了进一步的线索。当 y/N 与 r_{ms} 保持不变时,存款周转率与调整后的债券收益之间的部分相关系数是 -0.43。存款周转率与 y/N 之间的部分相关系数是 -0.83,与 r_{ms} 之间是 -0.90。显然,经过货币收益调整后的债券收益,与流通速度之间并不存在通常预想的正相关关系。因此,考虑 D_m 的

---

[1] 本文使用债券收益减去持有货币的成本,数据来源见表 5-4 和表 5-8。

其他决定因素以及持有货币成本,多变量分析进一步加强了第四节中得出的结论。

然而,除这些问题以外,如果要从方程(3)和方程(4)中得出货币替代品成本与人均实际收入可以单独决定 V_t 的结论,恐怕还为时尚早。下一节的历史分析将指出,这些方程"证明"的太多。在有些时期中,偏好和预期肯定对 V_t 有很大的影响。在之前讨论偏好时,本文曾指出交易量的变化几乎肯定会引起 V_t 的变化。在下一节中,我们也可以看到:流通速度之间的不成比例,可能会影响 V_t 和 V_y;如果把存款周转率作为 V_t 粗略的衡量指标,那么1919 年以来,这样重要的事例是存在的。

显然,方程(3)和方程(4)得出了较高的相关性,主要反映了1919 年以来,存款周转率、货币替代品成本以及人均实际收入的变化趋势。对时间序列的相关分析过分注重带来的问题,大家都很熟悉,这里就毋需赘述。

(六)切入对 V_y 的分析

到目前为止,我们基本还没有讨论本文 V_y 这个核心概念。人们通常预期 V_t 与 V_y 的变化呈一定比例。[1] 然而,有一些原因会引起这种变化的发散或收敛。由于 V_t 与 V_y 的分母相同,发散或收敛意味着它们的分子之间的比例,即 PT/Y,发生了变化。这

---

[1] 如果货币与交易量保持不变,那么只有当价格水平成比例上涨时,V_t 才会上涨。然而,如果当期生产的商品价格与其他价格一起上涨,并且实际收入保持不变,那么货币收入与 V_y 一定会上涨。

个比例的变化要么反映相对价格的变化,要么反映了 T/y 的变化,其中 y 指的是货币收入的实际价值。从流通速度发散的视角,我将一一讨论每种情形;当然,如果出现了与我们讨论的情形相反的变化,那将会导致流通速度的收敛。

1.相对价格的变动。让我们假设当期生产的(即"收入")商品和服务的价格下降,并且其他商品和服务的价格相应地上升,P 保持不变。如果 M 和 T 保持不变,那么 $V_t(=PT/M)$ 也不会改变;然而,如果 y 不变,那么 Y 与 $V_y(=P/M)$ 则会下降。换句话说,P 的上涨,可能会导致收入品的价格相对下降。在这种情况下,V_t 和 V_y 之间的发散就会通过 V_t 上升而 V_y 不变的形式来表现。或者是,发散可能通过 V_t 上升而 V_y 的下降的形式来表现。在这种情形下,升降的幅度都不会太大。

2.T/y 的变化。T/y 比率的变化至少有三种方式,从而引起流通速度的发散。[①] 第一种方式与金融交易数量有关。货币性支付可以是金融的(T_f),也可以是非金融的(T_{nf})。金融交易是那些当期生产的商品和服务"之外"的交易,如销售股票和房地产。如果 T_{nf}、M 和 y 保持不变,那么 T_f 的增加会引起发散。既然 T 已经增加,要么 V_t 肯定上升,因而与保持不变的 V_y 之间会出现发散;要么 P、Y、V_y 肯定都会下降,同样会出现发散。T_f 的增加可能与某些时期投机活动比较集中有关,也可能由于长期以来中介费用的降低或者财富随收入的不断积累有关。

---

① 除了 T/y 的变化,还会其他的变化会引发相对价格水平的变动。在这里,我们忽略不讨论这些变化。

第五章 美国的货币流通速度

经济中的纵向非一体化可能会引起 T/y 的第二种变化。[①] 非一体化可能呈现出以下两种形式中的一种:(1)生产产品比较固定的企业,可能变得更加专业化;或者(2)专业化生产的产品,在经济中的重要性增加。不管哪种情况,由于企业内部交易的增加,T_{nf} 将会增加,从而引起流通速度的发散。[②] 第三个导致发散的原因是随着实物交易向货币交易的转变,T/y 可能会增加。如果收入的支付脱离货币经济,也会有同样的效果:相比 T,y 将下降的更多,从而 T/y 将会增加。

流通速度不呈比例变化的形式,比引发该变化的特定理由更为重要。发散意味着 V_y 稳定时,V_t 上涨;V_t 稳定时,V_y 下降;或者 V_t 上涨,V_y 下降。显然,研究货币收入的学者必须要明确这些可能性哪种与事实更相符。

答案很大程度上取决于现金作为交易媒介和作为价值储藏之间的相对重要性。[③] 如果前者更重要,发散意味着 V_t 稳定,V_y 下降。例如,假设 T_{nf}、y、M 以及相对价格保持不变,而 T_f 增加。交易量的增加将会导致对实际货币需求的增加。由于 M 是固定的,实际余额只有在价格下降时才会上涨。如果需要的实际余额

---

① 许多经济学家对一体化与流通速度之间的关系展开了激烈的争论。了解这些争论,可以参考:A. W. Marget, "The Relation between the Velocity of Circulation of Money and the 'Velocity of Circulation of Goods,'" *Journal of Political Economy*, August, 1932, pp. 490 - 96, and H. S. Ellis, *German Monetary Theory*, 1905 - 1933 (Cambridge, Mass.: Harvard University Press, 1937), pp. 134 - 37 and 148 - 53。

② 相对支付金额,如果小企业比大企业持有更大的现金余额,那么纵向非一体化会导致 V_t、P 和 V_y 的进一步下降。

③ 详见本文之前对偏好的讨论。

的增加与 T 的增加成比例,那么这些变化不会影响 V_t。然而,随着 T 的增加,V_y 将会有相应幅度的下降。

这里关键的假设是,对实际余额的需求与 T 成比例。如果持有的一部分实际余额作为价值储藏手段独立于 T,那么结果将会有所不同。① 价格水平下降的幅度与 T 上升的幅度则不会相同。因此,V_t 会有某种程度的上升,而 V_y 的下降也不会像第一组假设的那么大。

如果把这个推理引申到极限,那我们就可以设想这样一种情形:货币作为交易媒介没有价值。这样,T_{nf} 的增加对所需的实际余额没有影响。因此,P 和 V_y 不发生改变,而 V_t 会随着 T 的增加上升相应的幅度。

显然,最后一组假设是对现实的拙劣描述:发散和收敛当然不仅仅影响 V_y。根据我的判断,当发散时,也不可能只有 V_y 发生变化。问题在于当 D_m 的决定因素没有发生变化的情况下,V_t 和 V_y 哪个是更稳定的变量。对这个问题的研究还缺少证据,即使我们饶有兴趣地注意到:如果用 V_y 代替方程(3)中的存款周转率,与 0.937 的存款周转率的相关系数相比,V_y 的相关系数低很多,只有 0.763。下面的回归方程描述了这种关系:

$$V_y = 0.800 + 0.0831\ r_m + 0.0002\ y/N - 0.1445\ r_{ms} \quad (5)$$

估计的标准误差是 0.153。对方程(3)和方程(5)之间的差别,或许可以这样解释:发散和收敛(两个方程均没有考虑)对 V_y 的影

---

① 即使货币的价值只体现在交易媒介上,那么需要的实际余额与 T 之间并不存在比例关系。

响大于 V_t。当我们用存款周转率/V_y 这个比率代替 r_m 重构方程(5)时,某种程度上就支持了这种解释。得到的相关系数是 0.843,标准误差是 0.127。方程(6)描述了这一回归关系:

$$V_y = 2.614 - 0.0492 \text{存款周转率}/V_y - 0.0006 y/N - 0.01596\ r_{ms} \tag{6}$$

即使我们得出结论:流通速度间不成比例对 V_y 的影响大于 V_t,这个因素显然还是 D_m 和 V_t 的一个重要的决定性因素。在第六节中,我们将会看到,这一假说与 1919 年以来观察到的流通速度的变动相吻合。

第六节 对收入流通速度变化的一个解释

(一) 导论

上一节主要讨论了两个问题:构建了一个用于分析流通速度变化的框架,同时提出了几个假说来解释这些变化。借助 1919—1951 年 33 年来的几个时间序列,本文进一步检验了这些假说。我们有必要考察 1919 年以前 V_y 长期下降的情况,[①]来对这一问题的讨论进一步补充。此外,截取 1919 年以来更短的一段时间进行研究,可能帮助我们克服第五节中提到的趋势问题;[②]同时,它能为我们研究存款周转率和 V_y 之间比例失衡的具体原因,提供

---

① 参见本书第五章中第一和第二两个小节的内容。
② 参见本书第一章第(五)节的内容。

一些线索。

(二) 1839—1919 年 V_y 的长期下降

对 V_y 长期下降的原因的解释,可以分成两种。一种解释认为 V_t 与 V_y 之间发散的原因包括:(1)相比于一般价格水平,当期生产的商品和服务的价格是下降的;(2)相比于收入,金融交易是上升的;(3)相比于收入,非金融交易是上升的(例如,纵向非一体化);(4)非收入实物交易向货币交易的转移,或者货币经济向非货币经济的转移。另一种解释认为 V_t 与 V_y 之间的成比例是第五节中所界定的 D_m 的决定性因素:(5)持有货币成本的下降;(6)货币替代品成本的上升;(7)人均实际收入的增加;(8)偏好的变化,同时包括在该项目下交易量的增加;(9)预期的变化。对于 V_t 和 V_y 之间或多或少成比例变动的时期,前四个假设变得无关紧要。因此,问题就在于如何在假设(5)至(9)中做出选择。

1919 年之前,V_t 趋势变化的唯一线索是银行清算额与存款之间的比率,这最多也只是一个粗略的指标。它完全忽略了通货的流通速度,这也是存款周转率的一个缺陷。银行清算额与银行的借方也不一定保持固定的比率。清算额数列的范围随时间而扩大,因而清算额与存款的比率向上有偏。① 1875—1914 年,哈特计算的清算额与总存款之间的比率有略微下降的趋势。② 考虑到这一数列是向上有偏的特点,这一时期的 V_t 可能是下降的。这

---

① 有关银行清算和存款数据的详细说明,详见 Garvy, *op. cit.* 本文假设,存款数据受该偏差的影响较小。

② *Money, Debt, and Economic Activity*, Fig. 3, p.164.

第五章 美国的货币流通速度

个证据较为单薄,并不意味着 V_t 的下降率与 V_y 相同。此外,在这一期间,两种流通速度的变化趋势相差不会很大。V_y 与 V_t 在 1875 年之前的关系如何,我们并不清楚。

在 1875—1919 年,如果 V_t 与 V_y 按相同的比率下降,①导致 V_t 与 V_y 二者之间发散的决定性因素并不能解释这种变化趋势本身。D_m 的决定性因素肯定起到了主要作用。毋庸置疑,总交易量是稳定增加的。除此之外,推测早期偏好与预期的变化,是没有意义的。如果实际收入的增加没有完全(或者更多地)抵消它的效果,这种变化将会使 D_m 减少,V_t 与 V_y 增加。当然,财富可能比交易量增加更快,这种情况下则会出现相反的效果。

对于 D_m 的客观决定性因素,如持有货币成本、货币替代品成本和人均实际收入等因素,人们可以更为肯定地进行论述。在 1919—1951 年,尽管持有货币成本与 V_y 的相关性不是很大(参见第四节),但是在早些年间可能比较重要。衡量持有货币成本的年度数据开始于 1857 年(铁路债券的收益)和 1871 年(普通股股票的股息收益),但在 1899 年之前,并没有 V_y 连续的年度数列。不过,1839 年以后,每隔 10 年有了 V.39 的年度数据。表 5-9 列出了 V.39、V.40,以及三种衡量持有货币成本指标的相关数据。1859—1899 年的数据显示 V_y 与持有货币成本之间的关系相当密切:在此期间,V.39 和铁路债券的收益都出现了大幅下降。

1899—1919 年,V.40 和持有货币成本之间的相关系数:

---

① 在 1914—1919 年,二者可能都上升。

+0.24(债券收益)、+0.16("总"收益)和+0.15(批发价格的变化率)。① 从持有货币成本中扣减货币收益,或许会进一步加强这个弱相关。然而,由于缺乏存款利息数据,并不能做到这一点。② 此外,这个修正对上述相关系数的影响,可以忽略不计。1899年之前 V_y 的下降,持有货币成本可能起到了重要的作用,但是我们认为,它在1899—1919年只是一个次要因素。

表5-9 1839—1919年特定年份收入流动速度与持有货币成本的估计*

年	V.39	V.40	普通股总收益	铁路债券收益	批发价格变化率
1839	6.35				
1849	7.91				
1859	6.09			6.368	
1869	3.23			6.717	
1879	2.50			4.922	
1889	2.20			3.599	
1899	1.87	1.87	28.5	3.226	7.63
1900		1.77	1.8	3.202	7.47
1901		1.66	32.4	3.219	-1.43
1902		1.65	10.7	3.364	6.51
1903		1.66	-9.9	3.586	1.19
1904		1.64	1.8	3.565	0.17
1905		1.58	32.2	3.491	0.67
1906		1.60	11.4	3.600	2.83

① 对这些序列的描述,详见表5-9的附注。
② 存款与货币之间的比率是衡量货币收益的一个粗略指标。开始时的1899年,它是0.824,此后上涨到1917年的0.912,然后又下降到1918年的0.887和1919年的0.890。因此,在1899—1917年,货币收益可能是稳步上升的,在1917—1919年,开始下降。如果这一观点是正确的,那么在1899—1917年,当V.40下降的时候,持有货币成本可能会有较强的下降趋势;而在1917—1919年,当V.40上升的时候,情况则恰恰相反。

(续表)

年	V.39	V.40	普通股总收益	铁路债券收益	批发价格变化率
1907		1.58	−14.2	4.062	5.50
1908		1.56	4.1	3.841	−3.53
1909	1.64	1.64	30.2	3.727	7.47
1910		1.63	1.0	3.866	4.14
1911		1.55	3.6	3.873	−7.81
1912		1.53	1.8	3.391	6.47
1913		1.59	−6.1	4.138	1.01
1914		1.53	−0.4	4.225	−2.44
1915		1.55	8.9	4.285	2.06
1916		1.58	21.6	4.086	23.02
1917		1.63	−3.3	4.695	37.43
1918		1.79	−4.7	4.824	11.74
1919	1.75	1.75	23.2	4.927	5.56

* 数据来源：(1)"普通股总收益"的计算方法与表5-6中"普通股总收益"的计算方法相同；(2)"铁路债券收益"(调整后的指数)，来自 F.R. Macaulay, *Some Theoretical Problems Suggested by the Movements of Interest Rates, Bond Yields and Stock Prices in the United States since* 1856 (New York: National Bureau of Economic Research, 1938), pp. A 142 – A 161 ("highs")；(3)年度变化百分比来自 Bureau of Labor Statistics's Wholesale Price Index (1926 = 100)。详见附录C中对 V.39 和 V.40 的描述。

让我们继续考察货币替代品的成本，它由长短期利率之差计算而来的。这个变量的上升（或下降），意味着 D_m 的上升（或下降），从而导致 V_t 的下降（或上升）。直到1915年（除了1873—1878年），4至6个月主要商业票据的利率通常远高于长期铁路债券的利率。① 从大约1890—1915年，这两个利率的变化趋

---

① 美国联邦储备委员会提供的图表，为研究长期和短期利率之间的关系提供了很大的便利。*Federal Reserve Charts on Bank Creidt, Money Rates, and Business, Historical Supplement* (Washington, D. C., Septermber, 1952), p.39.

势是收敛的,这意味着货币替代品成本是上升的,而如人们预期那样,货币的流通速度是下降的。在1899—1919年,V.40与铁路债券收益(扣减掉主要商业票据利率)之间存在较弱的负相关(-0.18)。

另一方面,1919年之前的整个时期,信贷市场可能在不断改善。借款和贷款之间实际利率的利差减小,实际上推动了V_t的上升,因而也推动了V_y的上升。然而,由于V_y(V_t显然也是如此)在这些年间是下降的,从而这一因素更加难以解释已经观察到的V_y变化。

1869—1919年,除了一些周期性的下降,人均实际收入是稳定增加的。[①] 如果美国经济在这些年间,D_m的收入弹性大于零,将会导致V_t与V_y的下降。关于这一弹性,我们已经指出过与它有关的证据相当少。[②] 根据我的判断,它无疑是正的。在1839—1919年,人均实际收入的增加、持有货币成本的下降、交易量相对收入增加使得流通速度一定程度上发散,三者共同构成了解释已经观察到的V_y下降的主要原因。

(三) 1919—1929年流通速度的发散

在20世纪20年代,尤其是1924—1929年,如果存款周转率作为V_t的指数,那么两个流通速度的趋势是发散的:V_y下降,

---

[①] 参见 Robert F. Martin, *National Income in the United States*, 1799 – 1938 (New York: National Industrial Conference Board, 1939), Table 1, pp. 6 – 7.

[②] 参见第一章"1.收入"部分的内容。

存款周转率上升。① 如上一节所述,这个发散由以下一种或多种原因所引起的:(1)相比于一般价格水平,当期生产的(例如"收入")商品和服务的价格是下降的;(2)相比于收入,金融交易是上升的;(3)相比于收入,非金融交易是上升的(例如,纵向非一体化);(4)非收入实物交易向货币交易的转移,或者货币经济向非货币经济的转移。

根据第四个原因解释流通速度的发散,似乎是不可能的。几十年来,农业的重要性一直在下降,因而农产品的现金交易在农业中变得更加重要。这两种趋势都意味着,实物的收入支付比实物的其他支付萎缩得更快。此外,金融交易(银行清算、经纪人账户等)不断替代实物交易。这些发展趋势都可能使 V_t 和 V_y 之间收敛。

1919—1929 年,收入产品价格的净变化很小,而综合性产品价格指数则适度上涨。② 在 1922 年,所有指数达到了战后最低点。1922—1929 年,消费者价格指数从 119.7 上涨到 122.5,批发价格指数从 96.7 下降到 95.3,一般价格指数从 158 上涨到 179。③ 一般价格指数和其他指数之间的差别,主要是由于股票价格的上涨引起的。这些价格的相对变化只能解释一小部分 V_t 和

---

① 表 5-4 的脚注对本章使用的存款周转率的数据做了说明。
② 消费和批发价格指数是最终产品价格的最好指标。(参见 U. S. Department of Commerce, Bureau of the Census, *Historical Statistics of the United States* [Washington, D. C.: Government Printing Office, 1949], Series L-15, L-40, and L-41.)Carl Snyder and Rufus S. Tucker 计算了一个"一般"价格指数,上述引文的 L-1 数列中重现了该指数的计算。
③ 数据来源同上。当然,基年的选择是不同的。

V_y 之间的趋势发散。一方面,在 1929 年,如果 V_t 与 V_y 之间的比率能够保持在 1919 年的水平,那么 V_t 比原来将高出 49.4%;另一方面,在 1929 年,如果一般价格水平与消费者价格之间的比率能够保持 1919 年的水平,那么一般价格水平比原来将高出 4.4%。

因此,20 世纪 20 年代流通速度的发散,可能是由金融支付相对收入的增加引起的,也可能是由纵向非一体化引起的。前者的影响无疑更重要:从 1919—1929 年,纽约股票交易所交易的股票数量增加了近 4 倍。① 安杰尔发现,20 世纪 20 年代后期,纽约 V_t 的增长显著高于其他 140 个城市,这一发现支持了上述的观点。②

学术界对 20 世纪 20 年代纵向一体化的趋势,意见并不一致。大多数经济学家认为,这是一个通过并购提升市场集中度的年代。③ 但是,并购中涉及诸多企业,它们之间并没有采用正式的支付方式,因而不会显著减少非金融交易的数量。在 20 世纪 20 年代,经济体明显地脱离了农业,尤其是脱离基础性的种植业,这意味着总产出中很大的部分来自于这个部门,其中劳动分工不断深化且企业间支付的总量很大。即使不考虑产出构成的这种变化,市场区域的发展也可能导致已有企业将其剥离掉的业务转向新成

---

① U. S. Department of Commerce, Bureau of the Census, *Historical Statistics*, Series N-228.

② *The Behavior of Money*, Chart XIV.

③ George W. Stocking and Myron W. Watkins, *Monoply and Free Enterprise* (New York: Twentieth Century Fund, 1951), pp. 39-41.

立的、更加专业化的企业。①

如果企业间支付的相对总支付增加,同时如果企业能够保持经常性的支付与货币之间比率,那么企业将持有更大一部分货币总量。这样,研究现金在不同经济部门间的分布,可能为研究流通速度间的发散和收敛的趋势提供重要线索。同样,数据粗糙和不足的问题依然存在,1929年是最早的数据可得年份。1929—1950年现金分布的估计(表5-10)显示:1929年,公司性质的企业(不包括保险公司)持有的现金在货币总量中只占18.6%。② 1839年,如果企业持有的货币只占货币总量的5%,而且如果在这两个年份中,企业持有的每1美元货币所支撑的支付量是别的经济单位的货币所支撑的支付量的5倍,那么企业间支付的增加所引起的V_y相对于V_t的下降,最多是40%。③ 实际上,相对于1839年,1929年的V_y下降了75%以上。即使基于这些比较宽松的假设,纵向一体化还是很难解释1839年以后V_y的长期下降,尤其是为什么1919—1929年,V_y相对于V_t下降了30%以上。由此可见,公众们积极参与的金融支付的增加,是20世纪20年代流通速度发散的主要原因。

---

① George J. Stigler, "The Division of Labor is Limited by the Extent of the Market," *Journal of Political Economy*, June, 1951, pp. 185–193.
② 当然,如果包括非公司性质的企业,这一数据将会略高。
③ 这一结果是从如下的关系中推倒得出的:
$$V_t/V_y = an/(1-a) + 1,$$
其中,a是企业持有的全部现金的百分比,n是部门流通速度比率,$V_{t(企业)}/V_{y(非企业)}$。计算得出1839年和1929年的V_t/V_y的比率,同时基于1839年和1929年V_t相等的假设,得出$V_{y(1929)}/V_{y(1839)}$的比率。

表 5-10　1929—1950 年各主要经济部门的货币持有比例

年份	总货币量（10 亿）	占持有量的百分比				
		美国政府	世界各国	公司性质的企业	州和地方政府	其他
1929	55.5	0.4	2.2	18.6	4.1	74.8
1930	54.2	0.6	2.0	18.3	4.0	75.1
1931	49.0	1.0	1.8	16.3	3.9	76.9
1932	45.7	1.1	1.5	16.6	3.7	77.0
1933	42.8	2.3	0.9	16.6	4.2	75.9
1934	48.4	3.7	1.0	16.1	5.4	73.8
1935	53.3	2.8	1.9	16.1	5.8	73.4
1936	58.3	2.0	2.2	15.6	5.7	74.4
1937	57.6	1.7	2.4	14.8	5.7	75.4
1938[1]	60.7	3.0	3.0	15.8	5.9	72.3
1938[2]	63.2	7.1	3.0	15.3	5.8	68.7
1939	65.9	2.3	4.2	16.2	5.3	71.9
1939	68.4	5.7	4.4	15.8	5.3	68.8
1940	75.2	4.4	4.9	17.4	5.3	68.0
1941	82.2	6.0	4.1	16.8	5.1	68.0
1942	104.3	10.9	3.4	16.9	4.4	64.3
1943	127.9	10.4	3.4	16.9	3.9	65.4
1944	156.0	15.1	2.9	13.8	3.3	64.8
1945	180.8	15.4	2.8	12.0	3.2	66.5
1946	171.7	3.4	3.0	13.3	4.0	76.4
1947	175.3	2.1	2.9	14.3	4.4	76.3
1948	176.1	2.8	3.2	14.1	4.8	75.1
1949	177.3	3.0	3.3	14.6	5.0	74.0
1950	184.4	2.7	3.4	14.6	5.1	74.2

[1]此处以及之前各年度（包含 1938 年）的数据来自于：Solomon Shapiro, "The Distribution of Deposits and Currency in the United States, 1929-39," *Journal of the American Statistical Association*, Decemeber, 1943。

[2]此处以及之前各年度（包含 1939 年）的数据来自于：Daniel H. Brill, "Progress

Report on the Money-flows Study" (Washington, D.C.: Board of Governors of the Federal Reserve System, 1951). (Mimeo-graphed)。这些数据可能经过很多修正。

以上分析只涉及了发散的原因。当问到更一般性的 V_y 为什么会下降时,有三种可能的解释。首先,尽管其他一些力量会推动 V_t 上升,但发散可能只影响 V_y 并使其下降;其次,尽管其他一些力量会促使 V_y 下降,但发散可能只影响 V_t 并使其上升;第三,发散可能同时解释部分 V_y 下降和 V_t 上升的原因。

第一种解释与这一期间的事实相差根大。1919—1929 年,所有 D_m 的客观决定因素都意味着 V_t 和 V_y 的下降:持有货币成本略微下降、货币替代品成本有所上升、人均实际收入继续上升。相对于收入,如果金融支付的上升可以看作促使 V_y 下降的因素,那么对 V_y 的变化本文有几种解释,然而只有偏好与预期能够解释存款周转率的大幅上升。几乎可以肯定的是,发散是两个流通速度变化的部分原因。因此,在 1919—1929 年,导致 V_y 一定程度下降的因素包括金融支付相对于收入的上升、货币替代品成本的上升、人均实际收入的上升,以及持有货币成本的下降。无论绝对水平还是相对水平,交易相对于收入都有所增加,同时预期还发生了改变,这些都导致在此期间存款周转率大致是上升的。

(四) 1929—1933 年成比例的变化

该期间经济危机和衰退的一个特征是 V_y 和存款周转率大致成比例地急剧下降,到了 1933 年才有所恢复。解释这一问题很困难,因为我们可以大致这样说:对这种条件下流通速度变化的解释,实际等同于对经济周期的解释。

不过,我们可以对这一期间流通速度急剧下降的原因,做出一些一般性的推断。持有货币成本可能是其中的原因之一;此外,1929—1933年,批发价格的变化率和普通股股票的总收益率都大幅下降,直到1933年才强势回升。① 然而,持有货币成本的第三种计算方法:债券收益减去货币收益,实际上从1929年的3.0上升到1932年的4.2。一个可能的更重要原因就是1866年以来,随着短期利率首次大幅低于长期利率,货币替代品的成本急剧上升。② 此外,相比前几年,信贷配给也更为严格。

另一方面,人均实际收入急剧下降,根据第五节的假设,该变化与流通速度的上升有关。显然,收入迅速下降引起的不确定性和不利预期,超过了收入效应本身。在1929—1933年,收入的减少和失业的增多无疑增加了人们防范意外的储备。这个因素与上文提到的持有货币成本与货币替代品成本的变化一起,能够充分解释这一时期流通速度的变化。

(五) 1933—1943年流通速度的收敛

在此后的十年中,除1938和1943年,V_y都是稳定上升的。1933—1938年,存款周转率的变化趋势基本相同,但是上升的不如V_y快。1939、1940和1942年,存款周转率下降,而V_y上升;1943年,它上升,而V_y下降。到这一时期末,V_y比1933年高出80%,而存款周转率下降了19%。因此,两个数列间存在很

---

① 这些序列见表5-4和表5-6。
② 在1878、1905、1906、1924、1925和1926年,短期利率比长期利率略低。

强的收敛性,能够完全改变20世纪20年代的变化趋势。

相比当期的产出价格,一般价格水平的下降可能导致这种收敛,但是检验各种价格指数可以看出,相对价格变化本身可能引发流通速度的发散。1933—1938年,一般价格指数与批发价格指数几乎以相同的速度上升。另一方面,消费者价格指数上涨较慢。[①] 1938年,一般价格指数停止上涨,但在1933—1943年,批发价格上涨了56%,而消费者价格上涨了34%。1939—1943年,股票价格的净变化不大,所以一般价格的上升某种程度上低于批发价格指数。即使这样,1933—1943年,它们至少与当期产出价格的变化保持了同步。

对20世纪20年代非货币交易变动的分析,在这里同样适用。[②] 农业部门所创造的国民收入占比持续缓慢下降。[③] 这与其他的一些变化一起,可能导致实物性的收入支付相对于实物性的其他支付下降,从而引起流通速度的收敛。

纵向一体化可能是导致收敛的另一个原因。然而,对经济中主要部门持有现金的考察(见表5-10),并不支持这一假说:公司性质的企业持有货币所占的比例,1943年比1933年稍微高一点。[④] 除非商业部门的 D_m 相对经济体其他部门的 D_m 是增加的,

---

① 参见 U.S. Department of Commerce, Bureau of the Census, *Historical Statistics Series* L1, L-15, and L-41。

② 详见本书第31页,第(三)小节部分的内容。

③ U. S. Department of Commerce, *Survey of Current Business*, *National Income Supplement*, 1951, Table 13.

④ 当然,垂直一体化并不一定意味着企业间的支付减少。一体化后的企业可能继续持有自己的现金余额,同时对一体化集团中的其他商业部门进行货币支付。

否则非金融交易支付相对于收入的减少不会引起流通速度的收敛。

1933—1943 年,金融支付相对于收入的下降,可能是流通速度收敛的主要原因。1933 年,纽约市每周申报银行的借方数额占所有申报中心借方数额的比重是 0.489。这一比率稳步下降到了 1942 年 0.354。[1] 纽约银行的借方数额中的大部分都是金融支付。纽约股票交易所交易量的大幅下降,是金融支付相对于所有支付下降的另外一个证据。[2] 此外,1933 年,国民收入的 14.4% 来自于金融、保险和房地产部门;1943 年,这些部门创造的国民收入只占 7.2%,这说明中间业务和其他金融服务部门在经济体中重要性的下降。[3]

与 20 世纪 20 年代类似,1933—1943 年流通速度的变化,有三种解释:尽管其他力量使得存款周转率下降,但收敛使得 V_y 上升;尽管其他力量使得 V_y 上升,但收敛使得存款周转率下降;或者收敛对存款周转率的下降和 V_y 的上升均起到一定影响。从经验的角度来看,究竟是哪一种原因,尚缺乏依据。D_m 的一些决定性因素变化意味着流通速度的下降;而另外一些因素则意味着恰恰相反的情形。持有货币成本和人均实际收入的变化,本质上降低了流通速度。扣减货币收益后的债券收益有所下降,而其他

---

[1] 根据 U.S. Department of Commerce, Bureau of the Census, *Historical Statistics Series* 中 N-76 和 N-77 计算得出。

[2] 同上,N-228 和 N-229 序列。

[3] 根据 U.S. Department of Commerce, *Survey of Current Business*, *National Income Supplement*, 1951 中的 Table 13 计算得出。

两种成本衡量的方法则没有明显的变化趋势。这一期间,人均实际收入的急剧上升可能降低了流通速度。另一方面,货币替代品成本下降,这一变化导致更多地依赖非现金来源的流通性。此外,在前一时期中,相反的预期和应急性货币需求增加的状况,已经逐渐得以好转。总之,V_y的上升和存款周转率的下降都有可能对收敛有影响。

(六) 1943—1946 年战时的发散

1943 年,V_y 达到了 1925 年以来的峰值,第二年略有下降。然而,到了 1946 年,它已经下降了近 32%,达到 1935 年以来的最低水平。某种程度上,存款周转率的变化是不同的。战争之初的 1941 年,它曾经有过一个峰值,尽管仍远远低于 1929 年的水平。在 1943—1946 年,存款周转率下降了 14%,其中 1945 年下降到了最低水平。V_y 净下降的幅度与存款周转率之间的比率是适度的:1943 年这一比率是 0.108,1946 年只有 0.085。

相对价格的变动可能引起战时流通速度的发散。1943—1946 年,批发价格指数上涨了 17.5%,比较而言,消费者价格指数上涨了 12.7%。这一期间股票价格的上涨超出了 35%,显然,一般价格超出了当期产品价格的上涨。①

---

① U.S. Department of Commerce, Bureau of the Census, *Statistical Abstract of the United States*, 1949, Table 339, 345, and 515.战时由于价格管制,毫无疑问,价格、收入和流通速度的数据均被低估(尽管被低估的程度不同)。

实物支付的增加是引起发散的次要原因。① 然而,即使把实物性的消费支出包括在 V_y 的分子中,发散的基本趋势依然不变。

显然,相对收入,企业间的支付并没有增加。相反,1943—1946年,公司性质的企业持有的现金在货币总额中的比重急剧下降(见表 5-10)。这意味着,相对于国民收入而言,企业间的支付是下降而非上升的。

战争期间,金融交易某种程度上有可能增加,因而会影响 V_y 和存款周转率的发散趋势。纽约市申报银行的借方余额与所有申报中心的借方余额的比率,从 1943 年的 0.374 上涨到 1945 年的 0.415,1946 年为 0.398。② 同时,上市证券的交易量也急剧上升,③ 金融、保险和房地产所创造的国民收入占比略有上升。

在此期间,如果使用债券收益或者普通股股票总收益来衡量(二者都扣减掉货币收益)持有货币成本,它适度下降了。1942—1944 年,批发价格变化率下降,但在 1945—1946 年,却显著增加。④ 持有货币成本自身的这些变化,使其难以作为流通速度的决定因素。货币替代品成本和人均实际收入的变化,也不能较好地解释战时流通速度的变化:短期利率上升而长期利率下降;1943—1944 年,人均实际收入上涨,之后两年随着流通速度的持续下降而下降。

---

① U.S. Department of Commerce, *Survey of Current Business*, *National Income Supplement*, 1951, Table 39.
② 根据 U.S. Department of Commerce, Bureau of the Census, *Statistical Abstract*, 1949 中表 472 计算得出。
③ 同上,表 512。
④ 见表 5-4 和表 5-6。

如果战时 V_t 和 V_y 的下降是真实的,那么这可能是由于各种偏好的改变而引起的。其中,一个重要的变化就是联邦政府经济活动的大量增加,从而它的现金行为对货币需求总量 D_m 有更大的影响。可以预期,政府支出的增加将使得 D_m 下降、流通速度上升,但是事实并非如此。在此期间,政府支出与政府持有现金之间的比率下降的幅度远远高于 V_y 或存款周转率。[1] 同时,相对于支出,即使政府比家庭持有的现金少,但却远高于企业持有的现金。

偏好的第二个改变是增加了现金的谨慎性需求。战争期间,这反映在人口在国内的大范围迁移。随着军队复员军人的增加,工作的不确定性是导致对货币的谨慎性需求上升的另一个来源。

另一种意义上,偏好的改变是政府直接管制的结果。由于很多商品实行配给制,而且普通民众根本无法得到有些商品(例如汽车),从而替代手持现金的可选范围就缩小了。如果没有管制,收入原本可以购买某些特定的商品,然而现在只能用于其他用途。在后一种情况下,人们自然会通过持有更多的现金余额来提升货币的消费功能。

以上的三个段落,很大程度上解释了战时流通速度变化,但是还不够全面。部分原因是流通速度变化的真实性问题,这种变化是根据收入数据计算得出的,而收入数据所基于的价格是有问题的。货币流通速度的下降幅度,并没有官方公布的数据那么大。

---

[1] 政府支出与现金之间的粗略估计可以使用表 5-10 中政府持有的货币数量除以联邦政府支出,后者的数据详见:U. S. Department of Commerce, *Survey of Current Business*, *National Income Supplement*, *1951*, Table 8; 1943, 6.5; 1944, 4.1; 1945, 3.1; and 1946, 6.39.

（七） 1946—1951 年成比例的变化

1946—1948 年，V_y 和存款周转率均上升，1949 年下降，而 1950 和 1951 年再次上升。在此期间，这两个数列之间大致呈比例关系：V_y 上涨了 46%；存款周转率上涨了 40%。

计算持有货币成本的两个指标，即债券收益和普通股股票收益（均扣减货币收益）都有上升的趋势，这在流通速度上升时期是可预期的。另一方面，批发价格的变化率，1946 年较高、1947 年非常高、1948 年较低、1949 年为负、1950 年较低、1951 年相当高——总体看来是降低，但是并没有呈现确定的趋势。再次可以看出，持有货币成本和流通速度之间并没有很强的关系。一个比较重要的变化可能是 1947 年实际人均收入的下降。然而，在 1949—1951 年，这一变量随着流通速度的增加而上涨。

该期间一个更为重要的变化是：短期利率无论是绝对量还是相对量（相对长期利率）都急剧上涨。结果，货币替代品的成本减半，D_m 肯定有某种程度的下降。然而，1946—1948 年，流通速度增加的更重要的原因与上面讨论过的战争期间偏好变化恰恰相反：政府在经济中的作用减少、工作不确定性的减弱、直接管制的停止以及价格恢复正常。到了 1949 年，这些因素的影响已经基本消失。从本质上看，1951 年流通速度的上涨，无疑是可预期的。

（八） 历史分析的启示

上述的历史分析对研究货币流通速度理论有重要意义。通过对 1919 年之前的全面研究和之后各个时期的分析，已经证实了第四和第五节得出的一个的结论——用各种长期证券收益衡量的持有货币成本,对美国货币流通速度变化的影响很小。人均实际收入的增长是 V_y 长期下降的一个主要决定因素。

另一方面,对 1919 年以来各个时期的分析表明,短期变动与偏好、导致流通速度不均衡的各种因素以及货币替代品成本之间有着更加密切的联系。这就回到了第五节末讨论的方程(3)和方程(4)的有效性问题。如果我们更仔细地检验 1919—1951 年这一时间段,尽管与这些方程有关的相关系数的较高,但它们的重要性就会大打折扣。总而言之,方程(3)和方程(4)中包含的 D_m 的决定因素——持有货币成本、货币替代品成本、人均实际收入等,并不能解释大多数较短时期的各种发展变化。

历史分析的一个非常有趣的启发是:"价值储藏"功能是持有货币的一个非常重要的动机。正如第五节中所指出的,如果这个动机很强,交易的增加可能会使 D_m 下降、V_t 和 V_y 上升。进而,如果 T/y 随着交易的增加而上涨,V_y 与 V_t 之间的趋势将会发散。如果忽视货币的"价值储藏"功能的重要性,就很难解释 20 世纪 20 年代流通速度的变化。显然,这一时期交易的增加——尤其是相对收入而言,能够部分地解释存款周转率的急速上涨,同时也能解释 V_y 的下降。

第七节 结论

本文对货币流通速度的研究是一项探索性的工作。我花费了诸多篇幅阐释定义、检验之前的研究,并建立一个合适的分析框架。对流通速度的各种假设进行检验,是一项困难但是重要的工作,这只是一个开始。

从分析方法的角度来看,本文的基本方法是从正统的需求函数的视角来分析流通速度,而非把它仅仅看作是一个随意的或机械决定的数据。这就意味着研究流通速度的决定因素时,需要按照分析需求函数的要求进行分类:商品的价格、相关商品的价格、收入、偏好和预期。在构建相应的货币流通速度函数时,很难在货币中找到与前两项相对应的类别,我把前两项称为"持有货币成本"和"货币替代品成本",但是我相信根据这种方法来分析货币流通速度,毋庸置疑是可行的。

从实证分析的角度来看,本文未能完全解释美国流通速度的全部变化,但是已经缩小了不确定性的范围。本文的一个主要发现是:在 20 世纪,无论如何衡量持有货币成本,它都不是流通速度的一个重要的决定因素。对那些依赖信贷满足意外需求的人来说,或许利率已经代表了货币替代品成本。因此,从机会成本的角度来看,利率的上升意味着持有现金的成本更高。同时,信贷作为流动性的一个来源,持有现金的吸引力有所下降。前者倾向于减少货币需求,而后者倾向于增加货币需求,因而两者的净效应可以忽略不计。

另外一个比较有趣的发现是在 1919—1951 年,存款周转率和两个独立变量之间——货币替代品和人均实际收入——存在较强的相关性。然而,对这一时期的深入研究发现:不能只通过两个主要的决定因素来解释流通速度的变化。经过分析可以看出,V_t 和 V_y 之间不成比例或多或少会影响这两个流通速度。19 世纪

20年代的经验发现：货币替代品成本和人均实际收入的变化,意味着流通速度的下降、存款周转率的急剧上涨。这一现象可以解释为：交易相对收入的增长导致货币流通速度明显的发散。只要现金中有相当大的部分作为财富的贮藏手段,而不是交易媒介,那么交易相对于收入的增加就会促使 V_t 上涨。因此,不言而喻的是,在流通速度决定性因素的清单中,必须加上导致流通速度不成比例的因素,此外可能还需要加上偏好。

不成比例的主要原因是金融交易量相对于收入的变化,而不是相对价格的变化、非货币交易的变化或者企业一体化程度的变化。这意味金融活动在决定收入流通速度和货币收入方面,比人们通常认为的更为重要。

最后,本文得出了关于 V_y 长期趋势的一些结论。沃伯顿认为 V_y 在过去一个多世纪中急剧下降,这个观点是有根据的。不过,几乎所有的下降都发生在1919年之前,这一点不利于研究趋势变化的决定性因素。出于几个原因,流通速度的发散或许不是导致 V_y 下降的主要因素。人均实际收入的增加可能更为重要,此外或许还有持有货币成本的下降。

或许我们会问,为什么货币流通速度的理论发展得如此缓慢呢？一个原因可能要怪罪凯恩斯及其追随者,他们不但反对发展新的分析框架,而且经常嘲笑正统的货币理论研究者。不过,问题远不止是凯恩斯主义的兴起。几十年来,正如凯恩斯所强调的,[①]货币理论脱离了主流的经济思想,很少有经济学家懂得货币需求

---

① *Gernal Theory*, p.292.

和其他需求之间在本质上是相似的。剑桥经济学家的方向是正确的,然而不幸的是他们使用长方形双曲线这种无效的方式来展示货币需求,并且建立货币数量与其价值而非成本之间的关联。[①]在美国,费雪没有在传统的供给-需求的框架来中分析流通速度,尽管他认识到有几个因素会影响人们持有货币数量的意愿。接下来的一代经济学家采用的分析工具有问题,因而未能取得实质性的进展。他们专注于货币流动的算术案例,或多或少用来阐明货币流动的机制,但并未能发展流通速度函数(即货币需求函数)的思想。[②]

希克斯1935年的著名论文[③]和凯恩斯的《通论》,使流通速度理论重新回到主流的正轨,这实在是功不可没。然而,自相矛盾的是,他们两人都偏离了自己的方向,并且摈弃了这一概念。他们著作的重要性在于,他们是从持有货币机会成本的角度,来分析货币需求。一旦"凯恩斯革命"尘埃落定,我们便发现,这种看待货币的方法与传统的流通速度方法并不矛盾。

当然,最后流通速度概念的命运将取决于它与凯斯主义或者其他分析方法相比,在经济预测中的价值。本文没有直接论述这一问题:我们没有试图预测收入,更没有将这种预测与其他分析方法的结果加以比较。据我判断,在这种比较中,我们不能简单利用流通速度的趋势进行外推,而应该使用诸如第五节中回归方程得

---

① E.g., see Pigou, *op. cit*.
② 典型的案例,详见 Ellis, *op. cit*。
③ J. R. Hicks, "A Suggestion for Simplifying the Theory of Money," *Economica*, II (new ser., 1935), 1–19.

出的结论。这是货币研究所忽略的领域。

毫无疑问,流通速度估计的可靠性还可以通过以下方法得到改善:例如研究其他国家的流通速度数据、将美国 V_y 的年度数据扩展到 1899 年以前,以及更深入地研究流通速度的季度数据。另一个很有前景的方向是研究部门的流通速度。这种方法至少可以粗略地对公司性质的企业做整体研究,同时对该部门中的子部门进行研究。① 另外,对政府部门,也可以进行这样的研究。部门流通速度将有助于解释加总流通速度的变化。美国联邦储备委员会的"国民核算资金流量体系"②的制定,虽然不是为了分析流通速度,但是对研究主要经济部门现金余额的变动情况很有帮助。

总之,通过这些以及其他方法,与现在的研究状况相比,货币流通速度的概念很快将成为一个更加有用的经济分析工具。

---

① 详见 Robert Dean, "Corporate Cash Balances, Relation to Asset Size and Industrial Activity" (unpublished Master's thesis, Vanderbilt University, 1955)。
② *Federal Reserve Bulletin*, Oct., 1955 中描述过该体系。

附录 A 收入流通速度的定义

（一）综合考虑

估计收入流通速度的学者们，都深切感受到了这一概念是非常繁杂的。附录 B 描述了表 5-1 中给出的 38 个 V_y 数列之间定义的差别。这些定义间的不同主要与三个一般性的问题相关：(1)在诸多种收入概念中，具体应该使用哪一个？(2)应该把哪些资产看作货币？(3)如何看待经济体中的政府部门？在这个附录中，我将逐一考察这些问题。不过在此之前，我们首先讨论一些更具一般性的问题。

从字面意思上看，"货币流通速度"是一个误称。经济学家感兴趣的不是货币在空间上的运动速度和方向，而是一个完全不同的概念，即货币的使用频率。货币流通速度仅仅指每一单位货币对应的平均交易量，它与有些货币没被使用的事实无关。如果所有货币交易都包含在内的话，这个频率指数就叫作"交易流通速度"。

显然，之所以存在诸多其他的流通速度概念，主要是受交易类型的限制。"货币的收入流通速度"（V_y）衡量货币作为收入所得或者支出的频率。同样，我们还可以衡量"货币的消费流通速度"

等。这些几乎无所不包的流通速度与交易流通速度一样,都是恰当的衡量频率的指标。这是因为反对一些货币用于其他类型的交易,与批评有些货币是闲置的都是没有意义的。

然而表面上来看,频率指标本身并没有货币流通速度指标更具吸引力。作为经济学家,我们寻找对分析实际问题有用的指标,而有些频率指标的分析价值较小。因此,问题就在于在诸多频率指标中,选择那些值得关注的分析工具。当然,根据分析的问题,选择会有所不同。

在本文的研究中,我们希望寻找这样一个流通速度概念,它能够有助于分析加总货币收入的决定因素。使用流通"速度"的方法来分析收入,主要包括三种情形。(1)集中关注 V_t,在这种情况下,收入的决定因素可以分为三个方面:货币数量、与交易量相关的货币需求以及交易总量与收入(不管如何定义)之间的比率;(2)强调 V_y,这将产生一个不同的分类结果:货币数量、与货币收入相关的货币需求以及货币收入与总收入之间的比率;(3)放弃真实的频率指标,直接研究总收入与货币数量之间的比率。上述每一种情形,都可以进一步研究部门的流通速度,凯恩斯和马吉特也曾这么主张过。[①]

首先,让我们来比较前两种方法。与货币收入有关的货币需求受很多因素的影响,包括所有影响 V_t 的因素(即持有货币和货币替代品的成本、人均实际收入、偏好和预期),以及其他影响收入与总货币交易之间比率关系发生变化的因素。如果后面这个比率

---

① 参见 Marget,*The Theory of Prices*,pp. 389-90。

基本稳定,那么两种方法之间的区别不大。即使决定 D_m(例如,实际收入)某一个特定因素与其他因素相比,对持有现金的意愿影响更大,这一结论依旧成立。

然而,随着时间的变化,收入与总交易之间的比率会发生很大变化。相比于交易媒介的功能,当价值储藏的功能更能反映对货币的基本需求时,非货币交易的增加(当收入保持不变)就不会引起对实际余额需求的大幅增加。那么结果就是,V_y 大致保持稳定,而 V_t 上升。这种情况下,在分析收入的决定因素时,上述的第二种方法比第一种方法更为简单。但是,如果相比于价值储藏的功能,当交易媒介的功能更能反映对货币的基本需求时,那么非货币交易的增加,意味着 V_y 下降,而 V_t 大致保持稳定。在这种情况下,两种方法之间的选择主要取决于个人的偏好,因为个人总是要选择一种方法来思考收入的决定因素。因为并不是在任何情况下,第一种方法都优于第二种方法,而当货币的价值储藏功能更为重要时,第二种方法略优于第一种方法。

接着,我们再比较第二种和第三种方法。直接研究总收入与货币之间比率的唯一理由基于这样的假设:人均实际收入是需要持有的现金的主要决定因素。在这种情况下,与第二种方法相比,"流通速度"代表着一个更稳定的量,因为用货币计算的总收入,比用货币计算的货币收入更加接近真实收入。尽管这一点是正确的,但是如果货币收入与总收入之间的比率不能保持固定,那么我们不能肯定地认为第三种方法优于第二种方法。本章第五节的发现表明:人均实际收入并不是 D_m 唯一重要的决定因素。进一步来看,由于货币收入与总收入之间的比率变化缓慢,实践中两种方法之间的差异并不大。在我看来更重要的问题是,第三种方法把两个本质上不同的问题放在了一起:货币需求和相对重要的非货币收入。收入是货币收入还是非货币收入,这将使得实际收入的上涨对收入与货币之间的比率有不同的影响。由于上述第二种方法明确区分了这两种因素,那么用它来分析"流通速度"就更为合理。

(二) 不同的收入概念

现在,我们已经明确了使用哪种收入概念来计算 V_y。具体而言,我们必须决定是否包括非货币项目(例如,耐用消费品的租赁价值)、是使用"要素—成本"还是使用"最终销售"概念,以及选择哪个特定的变量。我们将在下一部分讨论如何看待政府部门的问题。

上一小节讨论了这三个问题中的第一个。结论是,流通速度的分子中不应该包括非货币收入,因为影响非货币收入相对重要性的因素与影响货币持有量决策的因素并不相同。问题的重点在于分析长期的趋势。非货币收入的相对下降有可能引起总收入与货币之间比率的下降,而货币收入与货币之间的比率有可能上升。

至于第二和第三个问题,最明智的是选择与持有货币意愿最相关的收入概念(扣减非货币因素)。这么做可以减小其他情况下流通速度可能的变化,这是由于计算现金持有量时实际使用的概念与其他起指导作用的概念之间,可能存在差别。国民收入、净国民产值与个人收入之间就是较好的例证。资本利得可能也算一个。由于这些概念之间的界限并不特别清晰,我选择的是本研究尤为感兴趣的收入概念——国民收入和净国民产值。

(三) 货币的定义

毫无疑问,货币定义的主要问题是计算 V_y 时,是否把定期存款与通货及活期存款同样处理,将其归为货币。如何处理定期存款,在分析上的区别并不大。如果不把它计算在内,在分析时,就必须把定期存款看作是货币的近似替代品。无论在哪种情况下,都不能忽视定期存款。

然而,从经验上看,有充分的理由将这些存款包含在内。(1)1892 年之前,并没有单独的活期存款数据;估计在此之前的 V_y 时,货币中应该包含定期存款;(2)1917 年之前,对美联储会员银行的活期和定期存款的准备金要求是相同的。1892—1917 年,存款的分类是尤为不可靠的,因为当时精确的存款分类对银行和储户来说,都不如现在这样意义重大;(3)1917 年以后,活期存款和定期存款各自附加的条件都发生了变化,因而存款在二者之间出现了转移。因而,在研究长期趋势时,货币尤其需要包含定期存款。因此,本文在衡量 V_y 时,对其专门进行了这样的定义。

美国政府持有的现金,是定义涉及的另一个问题。下面这一节将讨论这个问题,在对 V_y 的估计中,它是如何看待政府部门这个更大问题的一个部分。

(四) 如何看待政府部门

在对 V_y 的估计中,有四种基本方法来衡量政府部门:(1)在计算 V_y 的分子和分母时,均考虑政府;(2)只在分子中考虑政府;(3)只在分母中考虑政府;(4)在计算 V_y 的分子和分母中,均不考虑政府。

第二种方法最为常用。然而,我认为这种方法并不恰当,因为分子中包括货币支付,而与它相对应的分母中却没有包括持有的现金。上文我们讨论 V_y 的分子中包括非货币交易的理由,在这里同样适用。即使实际收入和交易量没有发生变化,经济活动从私人部门转移到政府部门,也将影响总货币收入与私人持有现金之间的比率。

第三种方法也没有明显的优点,除非假定来自政府部门的收入对持有现金的意愿没有任何影响。然而,我们并没有理由认为一种类型的收入对持有现金行为的影响,与其他类型的收入有不同的影响。

戈登认同第四种衡量 V_y 的方法。① 这种看法代表了在 V_y 和凯恩斯在《货币论》中倡导的部门流通速度之间的一种折中。② 不过,作为 V_y 的一种近似,它与第三种方法存在同样的问题;同时,作为部门流通速度,它不能在分母中排除企业以及政府持有的现金。因而,这是一个真正的"混合概念"。

只有第一种方法避免了这些缺陷。因此,本文始终采用这种方法。

(五) 小结

以上的讨论表明:为了分析收入的变化,最好按下面的方法来

---

① R. A. Gordon, "The Treatment of Government Spending in Income-Velocity Estimates," *American Economic Review*, March, 1950, pp.152-59.

② Ⅱ, 22ff.

定义 V_y：

1. 分子中应该包括国民收入、净国民产值或个人收入，扣减所有的非货币因素，但是应包括来自政府部门的收入。

2. 分母应包括银行之外的全部通货和经过调整的存款总额，包括政府在联邦储备银行的存款。

然而，理解采用不同的定义会产生不同的结果，比具体采用哪一个定义更为重要。

附录B 比较对美国收入流通速度的估计

对 V_y 的估计,通常每一年都不一样。这种差别是由定义、基础数据以及数据处理方法的不同而引起的。本附录比第三章更深入地分析导致 V_y 估计差别的各种原因。

(一) 定义之间的区别

1.货币的定义。有17个 V_y 数列采用广义的货币定义,包括银行之外的通货、活期存款和定期存款,分别包括 V.1、V.5、V.7、V.9、V.15 至 V.21、V.25 至 V.28、V.30 和 V.38。货币中包括定期存款,显然比不包括使得 V_y 的分母更大,从而 V_y 本身更小。此外,由于定期存款的相对重要性逐年发生变化,这两种估计之间通常不能保持同比例变化。考虑 V.5 和 V.6,除了 V.6 中不包括定期存款,这两个数列完全相同。两个数列开始于1909年,V.5 为 1.81,而 V.6 为 3.25;前者只有后者的 55.7%。17年之后,V.5 下降到 1.56,而 V.6 上升到 3.29;前者只有后者的 47.4%。这使我们能够很容易理解,为什么安杰尔[①]发现 V_y 在

---

① "Money, Prices, and Production: Some Fundamental Concepts," *op. cit.*, p.75.他的结论基于 V.1 的变化,该数列与 V.5 非常接近。

1909—1928年是稳定下降,而古列①强调V_y在1921—1930年是上升的。在计算V_y时,安杰尔使用的货币中包括了定期存款,而古列没有。

只有V.17和V.25两个数列中,货币包括所有的政府现金余额。然而,有些数列只是没有考虑"国库现金",这些数列是V.5至V.14。另外一些数列没有考虑政府在联邦储备银行的存款,这些数列是V.2到V.4,V.6(1895—1940),V.24以及V.27(1899—1930)。剩下的20个数列,分母中均未考虑政府持有的现金。②

一个V_y数列在分母中包括政府持有的全部现金,与另外一个数列在分母中未包括其中的一项或几项,二者之间会有显著的差别吗?首先,美联储的数据可以让我们比较极端的情况。③ 在1892—1950年,私人持有的现金占总货币的83.5%—99.2%(极端值分别出现在1945年和1925年)。可以预期到,私人持有的货币占比在两次世界大战期间都是下降的,而且在第二次世界大战期间下降的幅度更大(从1915年的98.3%下降到1918年的94.0%。相比而言,从1941年为94.8%下降到1945年下降到83.5%)。在20世纪30年代早期,这个百分比也有过一次剧烈下降,

---

① Lauchlin Currie, "Money, Gold, and Income in the United States, 1921-31," *Quarterly Journal of Economics*, November, 1933, p.6, n.1.
② V.18也没有考虑州政府和地方政府的存款。
③ Board of Governors of the Federal Reserve System, *Banking and Monetary Statistics* (1943), Table 9 and 104, for 1892-1941, and *Federal Reserve Bulletin* (1942-50). 1892—1913年的"国库现金"数据来源于 *Annual Report of the Secretary of the Treasury*, 1947, p.479.

1934年降低到90.4%。在19世纪30年代到40年代期间,私人持有的现金占总货币的比重一直保持相对较低的水平。然而,战后再次上升,达到了50年前的水平(约为97%)。由于这些原因,对V_y的估计出现了相当大的不同,尤其是战争期间的估计。在这两次战争之间的各年度,情况也是如此:1934年,使用货币总额计算的V_y比使用私人持有的货币计算的V_y低9.6%;1928年这个数据是0.9%。与其他方法相比,在20世纪20年代使用私人持有的货币计算的V_y略高,但在接下来的年份中要高很多。显然,趋势曲线也是有差别的。

进一步看,只排除国库现金计算的V_y与使用货币总量计算的V_y,常常可能存在较大差异。在1920—1933年,国库现金在货币总量中占比很小,处于0.4%—0.6%。然而,在1934年的财政年度,国库现金增加了11倍。这样,它在1934年的货币总量中占了6%,但此后这一比例稳定下降,再次变得无关紧要(1950年为0.7%)。

政府在联邦储备银行的存款在货币总量中的占比从未超过1939年的1.5%。因此,在诸多年份中,尽管剔除该存款会使V_y的趋势线稍微向上倾斜,但其影响并不大。因为38个数列都没有剔除政府在商业银行的存款,我就不讨论这么做的影响。

上述讨论的结论:如果不考虑政府持有现金的所有组成部分,那么就会导致对V_y的估计之间出现很大分歧;如果只剔除国库现金,也可能产生显著分歧(尽管相对说来较小);至于是否包含政府在联邦储备银行的存款,影响并不是很大。

2.收入的定义。表5-1中超过一半的V_y数列,分子都剔除了全部或部分非货币收入。这些数列是 V.1、V.3 至 V.11、V.15 至 V.20、V.25 至 V.29,以及 V.30(1800—1905 年)。大多数对收入的估计未能明确指出其包含的范围,因而很难准确地判断非货币收入因素的重要性。从几个资料来源来看,我们对近年来非货币收入的规模会有一些大致的了解。美国商务部给出了 1929—1950 年,个人实物消费支出主要项目的数据。① 从净国民产值中扣减掉这些项目之和,得到对"当期产出的资金支出"一个合理的近似值。近些年来,这个数列比净国民产值增长的更快:1929 年,它是净国民产值的 89.5%;到了 1950 年,达到了 92.7%。此外,分子中剔除非货币收入的 V_y 数列比分子中包含这些项目的数列,要低 7% 到 10%。而且,前一个数列比后一个数列趋势曲线的斜率更大。

古列的数列,即 V.2 和 V.3,也支持这一结论。这两个数列的唯一区别是后者扣减了非货币收入的主要项目。1921 年,V3 是 V2 的 91.5%;1929 年,它是 V.2 的 93.7%。比较科普兰(Copeland)的"货币收入"数列②(安杰尔在 V.7 和 V.8 中使用)

---

① *Survey of Current Business*, *National Income Supplement*, *1951*, Table 30, pp.192 - 99, and Table 30, pp. 192 - 99, and Table 39, p. 203. 为了本文计算的需要,我们对下列项目进行了加总:表 30,项目 I.3, I.4, II.4, IV.1, V.19b 和 VII.12. 表 39,"供应家庭仆人与护士的膳食"、"'员工'住宿"以及"机构折旧"。上述资料还给出了对这些项目的推算,参见 Part III, esp. pp. 83, 96, and 106 - 7. 商务部对个人消费支出的估计中,包含一个较大的计算项目"所有者拥有农业房屋的空间价值",但不能完全确认这一点。因为它与表 30 中的"租用的农业房屋的空间价值"是合在一起的。

② Morris A. Copeland, "The National Income and Its Distribution," *Recent Economic Changes*, II (1929), 763. 需要注意的是:V.2、V.3、V.7 和 V.8 的分子是要素—成本概念;要素的非货币收入的总和未必等于当期生产的产品与服务的非货币支付。

和他的"已经实现的总收入"数列,得出的一般性结论是相同的。1913 年,前一个数列是后者的 88.2%,1927 年该数值上升到了 91.1%。

表 5-1 中 38 个数列使用的收入概念也不同。8 个数列(V.1、V.5、V.6、V.9、V.10、V.13、V.24 和 V.33)使用国民收入①做为分子;10 个数列(V.2 至 V.4、V.7、V.8、V.11、V.12、V.16、V.23 和 V.27)使用的是各种形式的个人收入;18 个数列(V.14、V.15、V.17 至 V.22、V.25、V.26、V.28、V.29、V.32、V.34 至 V.38)使用的是国民总产值或相似的概念;两个数列(V.30 和 V.31)在早期年份使用的是个人收入的概念,但后来又使用了国民收入的概念。

这些差别有时是重要的。② 在 1929—1950 年,国民收入占国民生产总值的 71.0%—87.3%,这两个极端值分别出现在 1933 年和 1943 年。不过,这两个数列在整个期间中的净增长是相似的。与国民生产总值相比,国民收入在 20 世纪 30 年代下降的幅度更大,而在 40 年代上升的幅度更大;因此,在这一期间,国民收入曲线的斜率比国民生产总值的斜率更大。这意味着,如果 V_y 是按照国民收入而不是按照国民生产总值计算的,那么在 1929—1950 年,$V_y(1)$ 将会低 29%,同时(2)趋势线的斜率某种程度上更大。此外,如果按照国民收入而非国民生产总值计算,V_y 也将

---

① 本文始终使用美国商务部对收入的定义,参见 *The National Income Supplement*, 1951, Part Ⅲ。

② 同上,第 150 页。

会有更大的周期波动。

国民收入与个人收入之间的比较,也能反映出一些不容忽视的差异。1929年和1940—1950年,前者超过后者;在20世纪30年代,情况则恰恰相反。1929年,国民收入是个人收入的102.6%,1932年是84.6%,1943年是112.9%,1950年是106.3%。因此,与个人收入相比,国民收入在大萧条期间下降的更多,而在战后的经济扩张期间上升的更快。因此,如果使用国民收入而不是个人收入做为分子,V_y曲线在1929—1950年的斜率会更大。同时,国民收入的周期变化也大于个人收入,这意味着使用国民收入计算的V_y与使用个人收入计算的V_y相比,可能小15%,也可能大12%。

还有一个重要的定义差别在于,V_y的分子中是否考虑政府的作用。在"收入"数据中,28个数列中包括政府商品和服务的支出(或者说要素的支付)。另外,8个数列(V.15、V.18至V.20、V26、V.28、V.29、V.35)是一种折中状态,它包括部分由税收融资的政府贡献,还有两个数列(V.23和V.34)完全没有考虑政府因素。

在当期产出的总支出中,近年来政府所占的比重较大,V_y的计算很大程度上受到是否考虑政府作用的影响。1929—1950年,私人支出[①]占净国民产值的比重处于98.6%(1929年)和55.8%(1943年)之间。因此,使用净国民产值计算的$V_y(1)$将会

---

① 根据上述文献计算所得,使用净国民产值减去联邦政府的商品和服务支出。

更高,(2)与只使用私人支出计算的结果相比,曲线的斜率更大。

把税收收入与私人的商品和服务支出同等看待,这个折中的定义在税收收入超过政府的商品和服务支出时,就会得到不同的结论。在这种情况下,使用净国民产值计算的 V_y 实际上会小于使用折中概念计算的结果。如果"税收"只意味着个人税,这种情况在 1929—1950 年只出现过一次:1947 年,折中计算的分子是净国民产值的 101.2%。在 20 世纪 30 年代,这样计算的收入是净国民产值的 95%;类似于私人支出,相对于净国民产值,它在第二次世界大战期间急剧下降。因此,即使 V_y 这个折中概念,与没有经过政府支出调整的数列相比,也会引起很大的差异。

(二) 基本数据之间的差异

1.货币数据。1892 年以来的货币数据,主要来源是《银行与货币统计》(*Banking and Minetary Statistics*)(华盛顿特区,1943)以及《美联储公报》(*Federal Reserve Bulletins*)(华盛顿特区,月报),两者都是美联储理事会出版的。这些出版物中包括:"银行以外的通货"、"经调整的货币需求"、"定期存款"、在所有银行的"美国政府存款"、"国库现金"以及其他诸多相关的货币数据。存款数据是由所有银行(包括互助储蓄银行和邮政储蓄系统)以及准银行机构提供的。同时,扣减掉银行同业间以及"在途"(在收款过程中的款项)的存款。

在 1892—1922 年,"所有银行"的数据均按每年中期(通常为 6 月 30 日)计算。从 1923 年 12 月 31 日,开始可以获得年末数据。1943年每月末(从1947年开始,是最后一个星期三)的估计数,也可以在美联储公报中找到。

19个V_y数列①全部使用美联储的货币数据(V.15至V.18、V23,以及V.25至V.38),其他几个数列也主要依据这些数据。这样,V.19(沃伯顿)的分母等于美联储的企业和个人的现金余额减去公司的现金余额(见美国商务部,《收入统计》)。V.20(也是沃伯顿)采用的数据,源自美联储公报每年"个人与企业持有的流动性资产估计"的文章。哈特(V.21和V.22)使用的是美联储1918—1941年6月和12月的数据,但经美国国民经济研究局②的月度通货估计数调整过。美国国民经济研究局数据的主要特点在于它是月度数据。比较1918—1941年6月份国民经济研究局的"公开流通的通货"、"美国国库通货资产"③和美联储的"银行以外的通货"、"国库现金"④,发现并没有较大区别。就外部通货数列而言,与国民经济研究局的数据相比,美联储的数据大约在98.6%(1930年)和101.7%(1923年)之间变化。维拉德(V.24)使用美联储1940—1947年的数据;然而,1929—1939年,他使用安杰尔的货币数列替代了美联储的数据。

---

① V.16、V.27与V.30中1892年之前的数据,来自于其他来源(将在下文介绍)。
② Anna J. Schwart and Elama Oliver, *Currency Held by the Public, the Banks, and the Treasury* (New York: Nationa Bureau of Economic Research, 1946). 下一节将讨论哈特所做的调整。
③ 同上, pp. 11 – 16.
④ *Banking and Monetary Statistics*, pp. 34 – 35 and 395 – 396.

附录 B　比较对美国收入流通速度的估计

表 B1　主要收入流通速度之间定义差异的小结

序列	是否包括定期存款	是否包括政府现金余额	是否不包括非货币收入	是否包括非货币收入	是否包括政府的实际支出
V.1	是	否	是	是	是
V.2	否	部分[1]	否	是	是
V.3	否	部分[1]	是	是	是
V.4	否	部分[1]	是	是	是
V.5	是	部分[1]	是	是	是
V.6	否	部分[2]	是	是	是
V.7	是	部分[2]	是	是	是
V.8	否	部分[2]	是	是	是
V.9	是	部分[2]	是	否	是
V.10	否	部分[2]	是	否	是
V.11	否	部分[2]	是	是	是
V.12	否	部分[2]	否	否	是
V.13	否	部分[2]	否	是	是
V.14	否	部分[2]	否	否	是
V.15	是	否	是	否	部分[4]
V.16	是	部分[1][3]	是	是	是
V.17	是	是	是	否	是
V.18	是	否	是	否	部分[4]
V.19	是	否	是	否	部分[4]
V.20	是	否	是	否	部分[4]
V.21	是	否	否	否	是
V.22	否	否	否	否	是
V.23	否	否	否	是	否
V.24	否	部分[1]	否	是	是
V.25	是	是	否	否	是

(续表)

序列	是否包括定期存款	是否包括政府现金余额	是否不包括非货币收入	是否包括非货币收入	是否包括政府的实际支出
V.26	是	否	是	否	部分[4]
V.27	是	部分[1]	是	是	是
V.28	是	否	是	否	部分[4]
V.29	否	否	是	否	部分[4]
V.30	是	否	部分[5]	是	是
V.31	否	否	否	是	是
V.32	否	否	否	否	是
V.33	否	否	否	是	是
V.34	否	否	否	否	否
V.35	否	否	否	否	部分[4]
V.36	否	否	否	否	是
V.37	否	否	否	否	是
V.38	是	否	否	否	是

[1] 只包括美国政府在商业银行的存款。
[2] 只剔除国库现金。
[3] 只包括税收融资的支出。详细说明参见表5-5和附录B。
[4] 在1895—1940年,包括所有政府的现金余额。
[5] 在1800—1905年,不包括非货币因素。

7个数列(V.1至V.5,V.7,V9)都是在《银行与货币统计》(1943)出版的之前编制的,全部基于通货监理官年度报告提供的"所有银行"的货币数据。这些也都是以6月为截止日的数据,没有经过在途资金的调整。① V.6、V.8和1909—1918年的分母也是来自监理官;安杰尔采用的1919—1939年(V.10、V.11、V.6

---

① 然而,编制这些数列的工作人员已经根据在途资金做过调整。

和 V.8)的监理官数据,使用美联储每周数据(源自成员银行的申报)进行了调整。剩下的三个数列是 V.12 至 V.14(费尔纳),它们也主要基于监理官的数据,但补充使用了美联储成员银行的"在途资金"和国库外的通货数据。

使用在途资金调整过监理官的数据作为数列的分母,例如 V.5,与类似定义的美联储的货币数列进行比较,[1]可以看出差别并不大:在 1914—1932 年,V.5 的分母大于美联储的数列,后者是前者的 96%—99%;在 1909—1913 年,美联储的数列略高。显然,V_y 数列(例如,V.1 至 V.14)与所有其他数列之间的差别,只有很小一部分可以归因于货币数据的不同。

以上的结论只适用于 1892 年之后的年份。然而,V.16、V.17 和 V.30 三个数列涵盖了整个 19 世纪。全面研究这一时期的货币统计,已经超出了本文的范围,但是简要的评述或许是有必要的。沃内特[2]与沃伯顿部分使用了相同的基础数据,他们很大程度上基于《监理官年度通货报告》(1876)和派亚特·安德鲁的《1876—1909 年美国统计》中所提供的存款和通货数据。[3] 每次,沃伯顿的估计都比沃内特的早一年。

与之后年份的数据相比,1799—1830 年的货币数据远不能令人满意。沃内特使用的 1800—1830 年的存款数据,基于 1840 年和 1850 年存款与流通银行券的比率推算而来,即使在早些年间

---

[1] "Total Deposits Adjusted and Currency outside Banks" plus "Treasury Deposits with Federal Reserve Banks."

[2] 汉森的 V.30 只是重现了沃内特的货币数列。

[3] National Monetary Commission, Senate Doc. 570 (61st Cong., 2rd sess.).

银行券相对比较重要。他的通货数据来自 1876 年监理官的报告；没有调整银行持有的铸币和纸币。基于这些考虑，我们认为沃内特高估了这些年份的货币数量。另一方面，他没有考虑 1875 年之前储蓄银行的存款，再加上 1840 年和 1850 年（以及以后年份）存款数额的低报，可能低估了 1800—1830 年的货币数量。这两种错误相互抵消，很难说哪一个影响更大。

沃伯顿 1799—1829 年的估计避免了上述缺陷，但是我们不能马上认为他的数列更准确。他使用的银行持有铸币的数据来自加勒廷，[①]没有扣减银行持有的银行券。这本身意味着沃伯顿得出的数据过高。然而，他使用的铸币数字无疑又过低，因而净影响是不确定的。假设 1799 年的银行铸币数据是 1800 年全国铸币的一半，1809 年、1819 年和 1829 年的数据分别是加勒廷使用的 1811 年、1820 年和 1828 年的数据。沃伯顿使用的存款数据可能过小，尤其是我们不知道加勒廷使用的加总数据中是否包括互助储蓄银行。因此，沃伯顿对早期 V_y 的估计可能偏高。然而，由于这些数据与沃内特自己估计的数据大体一致，它们也不会过于偏高。

1839 年之后，除了内战期间，货币数据的质量得到了显著改善。沃内特使用的数据继续剔除储蓄银行的存款，但是包括了银行持有的铸币。由于对州立银行存款的估计不足，他严重低估了 1870 年储蓄数据。沃伯顿避免了这个缺陷，他 1869 年的数据采

---

① Albert Gallatin, *Considerations on the Currency and Banking Systems of the United States* (Philadelphia, 1831), pp. 45, 49, and 53; republished in *Annual Report of the Comptroller*, 1876, p. xli.

用了联邦存款保险公司的数据[1],其根据银行存款缴纳的联邦税估计而得出。1879年的数据,沃伯顿使用的是联邦存款保险公司的数据;1889年和1899年的数据,他基于的是监理官的数据。[2]

2.收入数据。主要有三个组织公布了国民收入的统计数据:美国国民经济研究局、美国国民产业理事会和美国商务部。V_y的衡量使用过每种收入来源,但最主要的来源是商务部的数据。除了第一个数列外,表5-1中的数列都至少部分使用了商务部的数据:V.12至V.14、V.19至V.24,以及V.32至V.38。V.1至V.10使用了国民经济研究局的各种收入数据;此外,沃伯顿的几个数列(V.15、V.17、V.18、V.25、V.26、V.28和V.29)综合使用了国民经济研究局、商务部和国民产业理事会的数据。另外5个数列(1899—1929年V.11、1800—1908年V.16、1799—1929年V.27、1800—1905年V.30,1895—1905年V.31)主要基于国民产业理事会的收入估计。

收入数列之间的主要差别是由概念不同引起的。如果假设概念的界定相同,再试图区分数列间差别的大小,将会超出本文的研究范围。不过,商务部几乎每年都会使用新数据对估计进行进一步的修正,由此计算的V_y差异并不大。V.21、V.32和V37使用的是商务部估计的国民生产总值;V.21和V.32使用1948年版的1945—1947年的数据,而V.37使用的是1949年比原数据高1%的数据。类似地,1944—1946年V.24的数据,使用的是

---

[1] *Annual Report of the Federal Deposit Insurance Corporation*, 1934 (Washington, D.C., 1935), pp.103-8.

[2] 参见下文附录C,我自己使用的数列:1839、1849、…1899。

1947年的国民收入数据；略有差别的1948年修正数数据，用于计算相同年份的 V.33。

上述讨论只涉及年度收入的估计。V_y 的计算中使用过两种不同类别的季度数列：(1) 商务部自从1939年开始的数列（V.36 和 V.38）；(2) 沃伯顿 1919—1947 年的数列。1945—1948 年 V.36 使用的是1949年商务部估计的国民生产总值，而 V.38 使用的是普遍较低的1950年的数据。不同于沃伯顿的数列，这两个收入数列都是经过季节调整的年度比率。沃伯顿的数据基于上年度的国民生产总值的估计值，根据不同的资料来源分配到了各个季度。与之后的年份相比，1919年和1920年的季度分配是不充分的，因为它们只基于美联储的零售贸易指数。1936—1937年的分配数与商务部的数据相同。V.17 和 V.25 之间以及 V.18 和 V.26 之间的细微差别，主要是由概念间的细微差异引起的。

1929 年至今，美国商务部的个人收入序列是仅有的月度收入序列，并使用年度比率进行了季节调整。

（三）计算方法之间的差异

附录 A 中流通速度分母的定义使用的是某一期间平均货币数量。然而遗憾的是，现有的货币数据并不能较好地估计平均货币数量。1923 年之前的数据只包括 6 月 30 日或 6 月下旬某一天的单个统计数值。从 1923 年开始，美联储的数列是所有银行 12 月和 6 月到期日的数据。1943 年以后，才开始有了月度估计数据。

通过研究 1919 年以来成员银行的到期日数据，可以推断 6 月

附录 B 比较对美国收入流通速度的估计

和 12 月到期日之间总货币数量的一些变化;这样,大多数年份都有额外的两个统计数据可利用。[1] 18 个 V_y 数列[2]的货币估计,依据的不只是一个统计数据,其中 V.15、V19、V.20、V.28、V.29 和 V.37(1943—1948 年)使用的是 6 月和 12 月数据的平均数。V.21、V.22(1942—1947 年)、V.36、V.37(1943—1948 年)使用的是美联储月度估计的平均数。另外一组数列的分母包括月度或季度货币估计的平均数,这些数据是作者们借助成员银行的数据计算得出的,包括 V.6(1919—1928 年)、V8(1919—1928 年)、V.10、V.11(1919—1939 年)、V.17、V.18、V.24(1929—1939 年)、V.25 和 V.26。

在计算 V.21 和 V.22 时,哈特显然使用了复杂的方法来推算存款数据:(1)对上一年 12 月美联储所有银行的数据和当年 6 月、12 月的数据求平均值;(2)同样的方法只用于成员银行;(3)对上一年 12 月会员银行的数据和当年所有到期日的数据求平均;(4)计算后者平均数与前者(第二项)的百分比;(5)使用这个百分比调整最初所有银行的平均数。对美联储外部通货数列也进行了同样调整;基于这个目的,他使用了国民经济研究局的月度数列[3]。

现在唯一没有说明的是麦基恩的数列(V.23)。它包括美联储对所有银行 1929—1941 年净活期存款的月度估计,以及估计

---

[1] *Banking and Monetary Statistics*, Table 18. 通过研究成员银行的每周上报的数据,还可以拓展这一方法。
[2] V.6、V.8、V.10、V.11、V.15、V.17 至 V.22、V.24 至 V.26、V.28、V.29、V.36 和 V.37。
[3] Schwartz and Oliver, *op. cit.*, pp. 11–16.

接下来年份的"经过调整的活期存款"。

对这些计算方法,我们有如下评论:首先,增加 12 月份到期日数字,比单独依靠 6 月 30 日的数据要好;第二,基于这些数据计算平均值时,上一年和当年 12 月的数据均按 1/4 加权,而 6 月的数据则按 1/2 加权。因为 12 月份货币的季节性增加,这种方法能够避免对货币数列的高估。大多数 V_y 数列使用的 12 月份货币数据包括上一年和本年度的 12 月,但是对每一年的三个统计值均使用相同的权重。平均月度数据估计的情况也是如此;第三,哈特的方法看起来没有刚才描述的方法好。因为他额外使用的到期日数据,发生的期间并不规则。因此,如果考虑到季节波动,就会带来复杂的权重问题;第四,月度和季度货币数列的平均值基于成员银行每周上报的数据计算得出。这种平均值与用其他方法计算的平均值相比,可能有所改善,也可能没有改善,这主要取决于随着季节性变化,各个银行在经济体中的相对重要程度是否稳定。我们还不能肯定,这种方法所增加的准确性与它所带来的额外计算成本相比,是否值得。

如果可能,方法的改善在实证上的重要性可以通过使用不同的计算方法来验证。比较 1924—1950 年 6 月 30 日的数据,和 12 月、6 月、12 月的平均数,可以看出偶尔存在较大的差异,如在 1924 年和 1942 年;在这两年中,后一种方法的结果是前者的 104%。在这 27 年间,6 月份的数据有 6 次超过平均数。[①] 显然,加权处理的方法(上一段第二点)在实证方面的意义并不大:用

---

① 并没有识别出这一结果对趋势线的影响。

这两种方法分别对 4 年数据进行抽样计算,其中只有一年的数据相差 0.8%。使用月度数据,而不是 12 月－6 月－12 月平均,二者的差异也是相同的幅度。比较三年来哈特所用的方法,和 12 月、6 月、12 月的平均方法:1929 年,哈特的数据是后者的 99.7%,1930 年是 97.8%,1940 年是 98.5%。1930 年的数据表明:这两种方法计算的数列结果,有时差异会较大。但总体来说,计算方法之间的差别并不是很重要。

(四) V_y 估计的一致性

对 38 个 V_y 数列的比较,最后还要说明的一点:这些数列在时间上是否具有一致性,即每个数列的定义、数据来源和计算方法,是否自始至终保持一致?从长期趋势来看,这个问题显然很重要。

V.6、V.8 和 V.11(安杰尔)在计算方法上不一致,这可能使得曲线稍向下倾斜:1919 年以前使用的是 6 月 30 日的货币数据,而此后的年份使用的是月度估计的平均值。V.11 的分子也缺乏一致性:安杰尔 1939 年的收入数据来自商务部,而 1899—1939 年的数据来自国民产业理事会。通过提高国民产业理事会数列的方法,他把这两种估计连接起来,从而使得两个数列在重叠年份(1929—1939 年)的数据之和相等。这种做法对长期趋势看似并没有影响。

沃伯顿的数列几乎全部使用的 1929 年前后不同来源的数据。在 V.27 中,1899 年的分母和 1939 年的分子都有中断。不过,似乎并没有办法来识别该数列的长期偏差。他的每一个数列的定义和计算方法始终是一致的(正如上文指出的,唯一可能的例外是19世纪的货币数据)。

沃内特的数列(V.16)中有几处定义不统一:(1)1800—1870年的数据,未包括储蓄银行的存款,而1880—1940年的数据则包括了;(2)1800—1890年的数据,未包括政府现金余额,而1900—1940年的数据则包括了;(3)1800—1890年的数据,包括了银行持有的通货,而1900—1940年的数据则没有包括。前两个不一致意味着沃内特数列夸大了V_y长期下降的趋势,而第三个不一致则恰恰相反。此外,沃内特数列的分子包括两处不同的片段,由于引证不够充分,不能进行比较。

哈特的数列至少有三处地方不一致。他使用的1945—1947年的收入数据是修正过的商务部估计数,这比原先旧的数列高7%(1945年);旧的1909—1944年的数列,哈特使用了一个近似的估计。因此,V.21和V.22的曲线斜率稍微偏高。在1919年和1942年,哈特还两次改变过计算方法。这可能使曲线稍向下倾斜。

如麦基恩所强调,[①]由于月度数据在1934年和1942年的定义有间断,它(V.23)不适合研究长期趋势。威拉德1929—1939年的货币数列(V.24)比他1940—1947年改用美联储数据的数列高出3.6%。也就是,他的V_y数列曲线的斜率稍微偏高。

1910年,汉森(V.30和V.31)用原商务部的数列替代了国民产业理事会的收入数列,同时,1930年该数据又被修正后的商务

---

① *Op. cit.*

部数据所取代。第一个改变的结果使 V.30 和 V.31 曲线的斜率偏低。与使用原来旧的数列相比,1930 年的改变对 V_y 高估了大约 11%;显然,曲线是向上方旋转的。

戈登的数列在所有方面都是一致的。由于钱德勒(V.37)1943 年时改用月度平均数,在计算方法上存在较小的不一致性;在早期年份中,钱德勒使用的是 12 月、6 月和 12 月的平均数。V.38(戈尔登韦泽)在 1929 年前后使用了不同的收入数据,因而使得曲线的斜率有所升高。

附录 C 对收入流通速度的新估计

表 C1 对美国年度收入流通速度的新估计

年份	V.39	V.40	V.41	V.42	V.43
1839	6.35				
1849	7.91				
1859	6.09				
1869	3.23				
1879	2.50				
1889	2.20				
1899	1.87	1.87			
1900		1.77			
1901		1.66			
1902		1.65			
1903		1.66			
1904		1.64			
1905		1.58			
1906		1.60			
1907		1.58			
1908		1.56			
1909	1.64	1.64	1.78		
1910		1.63	1.76		
1911		1.55	1.69		
1912		1.53	1.71		
1913		1.59	1.76		

(续表)

年份	V.39	V.40	V.41	V.42	V.43
1914		1.53	1.66		
1915		1.55	1.76		
1916		1.58	1.82		
1917		1.63	1.89		
1918		1.79	1.83		
1919		1.75	1.89		
1920		1.71	1.73		
1921		1.49	1.36		
1922		1.46	1.51		
1923		1.53	1.62		
1924		1.50	1.54		
1925		1.44	1.52		
1926		1.45	1.51		
1927		1.41	1.45		
1928		1.38	1.43		
1929	1.43	1.43	1.50	1.40	1.53
1930		1.33	1.25	1.21	1.34
1931		1.13	1.01	0.97	1.14
1932		1.02	0.86	0.75	0.94
1933		1.06	0.99	0.77	0.98
1934		1.05	1.00	0.88	1.07
1935		1.06	1.05	0.95	1.10
1936		1.12	1.11	1.00	1.17
1937		1.14	1.17	1.10	1.24
1938		1.04	1.08	0.99	1.15
1939	1.08		1.10	1.01	1.18
1940			1.12	1.06	1.23
1941			1.26	1.23	1.41
1942			1.46	1.44	1.60

(续表)

年份	V.39	V.40	V.41	V.42	V.43
1943			1.34	1.39	0.15
1944			1.16	1.22	1.35
1945			0.99	1.01	1.13
1946			0.99	0.95	1.06
1947				1.08	1.20
1948				1.20	1.30
1949				1.15	1.29
1950				1.24	1.37
1951				1.39	1.53

表 C2　对美国季度收入流通速度的新估计

季度	V.44	V.45	季度	V.44	V.45	季度	V.44	V.45
1943-1	0.390	0.412	1946-1	0.234	0.254	1949-1	0.332	0.339
2	0.383	0.406	2	0.251	0.269	2	0.317	0.341
3	0.368	0.397	3	0.265	0.295	3	0.318	0.350
4	0.350	0.394	4	0.279	0.319	4	0.310	0.362
1944-1	0.349	0.375	1947-1	0.299	0.299	1950-1	0.308	0.338
2	0.350	0.375	2	0.292	0.314	2	0.332	0.353
3	0.326	0.360	3	0.296	0.320	3	0.353	0.384
4	0.321	0.365	4	0.304	0.355	4	0.367	0.416
1945-1	0.309	0.336	1948-1	0.306	0.324	1951-1	0.366	0.406
2	0.307	0.334	2	0.326	0.340	2	0.379	0.408
3	0.207	0.299	3	0.333	0.356	3	0.386	0.413
4	0.250	0.290	4	0.334	0.383	4	0.384	0.435

表 C3　V.39 至 V.43 使用的货币数据

年份	货币（百万美元）				
	V.39	V.40	V.41	V.42	V.43
1839	257				
1849	306				
1859	708				

(续表)

年份	货币(百万美元)				
	V.39	V.40	V.41	V.42	V.43
1869	2115				
1879	2889				
1889	4871				
1899	8222	8222			
1900		9150			
1901		10321			
1902		11153			
1903		11769			
1904		12257			
1905		13532			
1906		14452			
1907		15444			
1908		15059			
1909	16094	16094	16094		
1910		17294	17294		
1911		18104	18104		
1912		19229	19229		
1913		19759	19759		
1914		20367	20367		
1915		21027	21027		
1916		24591	24591		
1917		28480	28480		
1918		31771	31771		
1919	36036	36026	36036		
1920		40118	40118		
1921		38032	38032		
1922		39251	39251		
1923		42989	42989		

(续表)

年份	货币（百万美元）				
	V.39	V.40	V.41	V.42	V.43
1924		44772	44772		
1925		48552	48552		
1926		50782	50782		
1927		52471	52471		
1928		54902	54902		
1929	55411	55411	55411	55411	55411
1930		54626	54626	54498	54498
1931		53145	53145	52173	52173
1932		45637	45637	46379	46379
1933		41992	41992	43109	43109
1934		48976	48976	47980	47980
1935		52849	52849	53031	53031
1936		58239	58239	57935	57935
1937		60796	60796	60491	60491
1938		59728	59728	60610	60610
1939	69815		64450	64656	64656
1940			69372	69807	69807
1941			77408	77368	77368
1942			84440	88100	88100
1943			112884	113417	113417
1944			139118	139433	139433
1945			165662	165948	165948
1946			174321	174270	174270
1947				169622	169622
1948				172486	172486
1949				172133	172133
1950				177264	177264
1951				184555	184555

附录 C 对收入流通速度的新估计

表 C4　V.44 和 V.45 使用的货币数据

季度	货币（百万美元）V.44 和 V.45	季度	货币（百万美元）V.44 和 V.45	季度	货币（百万美元）V.44 和 V.45
1943 – 1	103.6	1946 – 1	179.2	1949 – 1	172.4
2	110.7	2	176.5	2	169.9
3	116.8	3	173.7	3	170.8
4	125.6	4	172.3	4	173.3
1944 – 1	129.1	1947 – 1	169.4	1950 – 1	174.4
2	131.9	2	167.3	2	174.3
3	141.9	3	168.8	3	176.4
4	145.3	4	172.5	4	178.7
1945 – 1	153.8	1948 – 1	172.4	1951 – 1	180.6
2	156.2	2	170.4	2	181.2
3	166.1	3	171.9	3	183.0
4	169.8	4	173.3	4	187.8

表 C5　对收入流通进行新估计的数据来源

数列	数据来源
V.39	*Income*：与 V.27 相同， *Money*：见表 C6
V.40	*Income*："Total Realized National Income," from National Industrial Conference Board, *National Income of the United States*, Table 1. *Money*："Total Deposits Adjusted and Currency outside Banks," Board of Governors of the Federal Reserve System, *Banking and Monetary Statistics*, Table 9, plus "Treasury Cash" and "Treasury Deposits with Federal Reserve Banks," *ibid.*, Table 104, for 1914 – 38, and *Annual Report of the Secretary of the Treasury*, 1947, p.479, "Money Held in Treasury" 扣减掉相对于黄金券、白银券和美国政府债券来说，以信托形式托管的数量。数据尽可能选自 6 月份赎回日的金额。

(续表)

数列	数据来源
V.41	*Income*: "National Income," U.S. Department of Commerce estimates. For 1909-28, 发表在 U.S. Congress, Senate, Committee on Banking and Currency, Print No. 4 (79th Cong., 1st sess. [1945]), *Basic Facts on Employment and Production*, Table E - 2. For 1929 - 46, "National Income," U.S. Department of Commerce, *Survey of Current Business*, *National Income Supplement*, July, 1947, Table Ⅶ ("former concept, statistically revised"). *Money*: For 1909 - 38, same as V.40; for 1939 - 46, *Federal Reserve Bulletin*.
V.42	*Income*: "National Income," U.S. Department of Commerce, *Survey of Current Business*, *National Income Supplement*, *1951*, Table 1; 扣减掉脚注 152 中列示的项目。1951 年的数据源自 1952 年的商业版本, *Survey of Current Business*, July 1952. *Money*: For 1929 - 41, sum of "Total Deposits Adjusted and Currency outside Banks," *Banking and Monetary Statistics*, Table 9, "Treasury Cash," *ibid*., Table 104, and "Treasury Deposits with Federal Reserve Banks," *ibid*., Table 104. 数据计算方法是把 6 月 30 日的数据加起来后除以 2。对于 1942 年到 1951 年源自 *Federal Reserve Bulletin* 中货币构成的数据,使用同样的方法。
V.43	*Income*: "Net National Product," same source as V.42, with identical adjustments. *Money*: 与 V.42 相同。

（续表）

数列	数据来源
V.44	*Income*: "National Income, by Distributive Shares, Quarterly," U.S. Department of Commerce estimates. For 1943-48, *Survey of Current Business*, *National Income Supplement*, 1951, Table 40. For 1949-51, *Survey of Current Business*, July, 1952. *Money*: 与 V.42 的构成相同。月度数据的季度均值来自 *Federal Reserve Bulletin*，计算方法如下：把上个季度中最后一个月中一半的数据、这个月前两个月的数据、这个季度最后一个月中一半的数据求和；然后把求和数除以3。所有的数据都是这个月底或者这个月上周三的数据。
V.45	*Income*: "Net National Product, Quarterly." For 1943-48, 源自 U.S. Department of Commerce estimates for "Gross National Product, Quarterly," 减去 "capital consumption allowances," *Survey of Current Business*, *National Income Supplement*, 1951, Table 46. For 1949-51 与 V.44 相同。 *Money*: 与 V.44 相同。

表 C6　推导 1839—1889 年 V.39 的分母（单位：千美元）

组成部分	1839	1849	1859	1869	1879	1889
1.国库以外的通货	219704	232558	438968	740641	818632	1380362
2.减去：银行铸币	45133	43619	104538	149200	190200	488400
银行持有的银行券	27373	12708	18858	11524		
3.银行以外的通货（第一项减第二项）	147198	176231	315572	579917	628432	891962
4.个人存款,州立银行	90240	91179	259568	361140	410276	507100
5.个人存款,储蓄银行	13344	36074	128658	457675	802490	1425230
6.个人存款,国民银行				574300	648900	1442100
7.个人存款,信托公司					75900	299600
8.个人存款,私人银行						83200
9.个人存款总计（第4-8项之和）	103584	127584	388226	1393115	1937566	3757230
10.私人持有的货币总计（第3项和第9项之和）	250782	303484	703798	1973032	2565998	4649192
11.美国政府的存款	3992			8598	208034	43091
12.美国政府持有的通货	2467	2185	4339	133118	115009	178311
13.货币总量（V.39的分母）（第10、11、12项之和）	257241	305669	708137	2114748	2889041	4870594

数据来源：

第 1 项：1839 - 1859, *Annual Report of the Comptroller of the Currency*, 1920, Vol. II, Table 24; 1869 - 1889, *Annual Report of the Secretary of the Treasury*, 1947, Table 88.

附录 C 对收入流通速度的新估计

第 2 项:1839 – 1859, *Annual Report of the Comptroller of the Currency*, 1876, p. xcv; 1869 – 1889, A. Piatt Andrew, *Statistics for the United States*, 1867 – 1909, Table 11. 1869 年的"银行持有的银行债券"数据来自监理官 1876 年的年度报告,第 6 页(只包括国家银行)。

第 4 项:1839 – 1859, *Annual Report of the Comptroller of the Currency*, 1876, p. xcv; 1869, *Annual Report of the Federal Deposit Insurance Corporation*, 1934, Table 45; 1879 – 1889. Andrew, *op. cit.*, Tables 9 and 11.

第 5 项:1839,通过把增量在 1830 – 1940 年这 10 年间平均分配的方式来进行估计;1830 年、1840 年和 1849 – 1889 年的数据来自于 *Annual Report of the Comptroller of the Currency*, 1920, I. 241.

第 6 项:1869 – 1889, Andrew, *op. cit.*, Tables 9.

第 7 项:1879 – 1889,同上。

第 8 项:1889,同上。

第 11 项:1839, David Kinley, *The Independent Treasury of che United States and Its Relations to the Banks of the Country* U.S. Congress, Senate Doc. 587 [61st Cong., 2nd sess. (1910)], pp/ 81 – 82); 1869 – 1889, Andrew, *op. cit.*, Table 3.

第 12 项:1839 – 1859,与第一项相同;1869 – 1889,与第一项相同。

索 引

(索引中的页码为英文版页码,即本书边码)

Aememtrout, Charles, 查尔斯·艾纳恩特劳特, 170

Andrew, A. Piatt, 派亚特·安德鲁, 245–46, 257

Angell, James W., 詹姆斯·W.安杰尔, 183–84, 186–89, 207, 222, 239, 241, 245, 250

Bailey, Martin J., 马丁·J.贝利, 82

Barter 以货易货, 171, 175

Becker Gary, 加里·贝克尔, 20–21, 25

Beckhart, B. H., 贝克哈特, 99, 100

Behrman, J. N., 贝尔曼, J.N., 196–97

Black markets, 黑市, 141–42

Brill, Daniel H., 丹尼尔·布里尔, 224

Brown, A.J., 布朗, 63, 202

Burns, Arthur F., 阿瑟·伯恩斯, 187, 190, 192, 194

Cagan, Phillip, 菲利普·卡甘, 16, 18–21

Cambridge cash-balances equation, 剑桥现金余额方程, 28, 180, 195, 232

Cash balances; see Real cash balance series, 现金余额;见实际现金余额

Chandler, Lester V., 钱德勒·莱斯特, 183, 185, 188, 211, 251

Change in price; see Expected rate of change in price 价格的变动;详见预期价格变化率

Clark, Colin, 科林·克拉克, 127

Cleveland, William C., 威廉·克利夫兰, 106

Coefficient of expectation 预期系数

as affected by past inflations, 过去通货膨胀影响的预期系数, 60-62

definition of, 预期系数的定义, 37-41

estimates of, 预期系数的估计, 43, 45, 51

increases of, during inflation, 通货膨胀期间, 预期系数的增加, 58-60

see also Expected rate of change in price 也可见预期的价格变化率

Controls, price, and production 价格和生产的管制

effect on cash balances of, 对现金余额的影响, 126, 128-31, 146-48, 157-59

in Germany, 在德国, 123-25, 137, 153-57

in Italy, 在意大利, 126

in United Kingdom, 在英国, 126-27

in United States, 在美国, 129

Copeland, Morris A., 莫里斯·科普兰, 241

Cost-price spiral, 成本-价格螺旋上升, 90-91

Costs of holding money 持有货币成本

differential between short-and-long-term rates 短期和长期利率的差异

data on, for United States, 美国的数据, 213

effect of, on demand for money 对货币需求的影响, 212, 214, 217-18, 221, 225, 227-31

methods of measuring 测量方法, 212, 214

as the price of money substitutes, 作为货币替代品的价格, 19, 208-9

return on bonds 债券收益率

data on, for United States 美国的数据, 200, 220

effect of, on demand for money 对货币需求的影响, 201, 203, 205, 214-15, 217, 219-20, 225, 227-31

return on commodities, 商品收益率

data on, 数据

for Austria, 澳大利亚的商品收益率数据, 98

for Germany, 德国的商品收益率数据, 102-3

for Greece, 希腊的商品收益率数据, 107

for Hungary, 匈牙利的商品收

益率数据,108,110
　for Poland,波兰的商品收益率数据,112
　for Russia,俄罗斯的商品收益率数据,115-16
　for United States,美国的商品收益率数据,200,220
　effect of on demand for money,对货币需求的影响,31,33,87-88,201,203,205,219-20,225,227-31
　methods of measuring,测量方法,31,37,39,87-88,202
return on common stocks,普通股股票收益率
　data on, for United States,美国的数据,200,204,220
　effect of, on demand for money 对货币需求的影响,201,203,205,208,219-20,227-31
　Methods of measuring,测量方法,197-203
Counterfiet currency,假币
　in Confederacy,南方联盟,168
　in hyperinflations,通货膨胀中的假币,47,96
Currency; see Money, stock of 货币;见货币存量
Currency reform; see Monetary reform 货币改革;见货币改革

Currie Laughlin,劳克林·古列,183,184,189,239,241

Davidson, J. D.,戴维森,J. D.,170
Dean, Robert,罗伯特·迪恩,233
Delivanis, Dimitrios,迪米特罗斯·德利瓦尼斯,106
Demand for money,货币需求
　by business firms,商业企业的货币需求,11-14
　effect on,影响
　of alternatives; see Cost of holding money 替代品对货币需求的影响;见货币持有成本
　of complements,互补品对货币需求的影响,209
　of expectations,预期
　of duration of inflation,通货膨胀持续时间预期对货币需求的影响,20,76-77
　of future income,未来收入预期对货币需求的影响,19,208
　of monetary reform,货币改革预期对货币需求的影响,55-57,90,172
　of price changes; see Expected rate of change in prices 价格变化预期对货币需求的影响;见预期价格变化率

of unemployment 失业对货币需求的影响,225,230

of financial transactions 金融交易对货币需求的影响,222-24,227-28,232

of other currencies, 其他货币对货币需求的影响,51,53

of pay periods, 支付周期对货币需求的影响,13

of population movements, 人口流动对货币需求的影响,8-9,229

of price controls 价格管制对货币需求的影响,137,146-48,150-51,157-59,229-30

of rapidity transportation 交通的变化对货币需求的影响,211

of real per capita income, 实际人均收入对货币需求的影响,18,29,53,205-7,217-18,221,227,230

of real wealth, 实际财富对货币需求的影响,4,29

of tastes 偏好对货币需求的影响,207

of transportation disruption, 交通瘫痪对货币需求的影响,150-51,156-57,159

elasticity of 弹性

definition of, 货币需求弹性的定义,35

estimate of, 货币需求弹性的估计,43,45,51,63-64,87-88

in last stages of hyperinflation, 恶性通货膨胀最后阶段的货币需求弹性,55-57

formulations of, 货币需求的公式,3-15,27-35,180-81,205-12

importance of "asset" over "transactions" motive"资产"相对"交易"动机的重要性,216-17,224-25,227,230-31

see also Velocity 也可见流通速度

Dension, Edward F., 爱德华·丹尼森,141

Deposits, correction of; see also Money, stock of 存款,存款的修正,51,见货币,存量

Des Essars, Pierre, 皮埃尔·德埃萨斯,183

Dessirier, Jean, 珍·德西利埃,117

Doblin Ernest, 欧尼斯特·多布林,187

Durand David, 戴维·杜兰德,197

Ellis Howards S., 埃利斯·霍华德,207,216,233

Employment 就业,122-23
Eucken Walter,沃尔特·欧肯,124
Evans Clement A,克莱门特·埃文斯,174
Exchange rates, depreciation of,汇率,汇率贬值,90-91
Expectations of monetary reform 货币改革预期
see Monetary reform 见货币改革
Expected income,预期收入,19,208
Expected rate of change in price 预期价格变化率
　based on past price changes,基于过去价格变化的预期价格变化率,37-41
　characteristics of weighting pattern,加权方式的特点,41
　as a cost of holding money,预期价格变化率作为一种货币持有成本,31-35,208
　estimates of 预期价格变化率的估计,97-98,102,107-8,110,112,115
　lags in forming expectations, see also Coefficient of expectation 预期价格变化率滞后于预期形成,41,73-74
　see also Coefficient of expectation 见预期的系数

Fand, David I.,戴维·I.范德,21
Fellner, William J.,威廉·费尔纳,183,184,245
Fiscal policy 财政政策
　of Confederacy,南方联盟的财政政策,163-69
　of Germany,德国的财政政策(1932-44年),137,151-53
Fisher Irving 欧文·费雪,180,181,183,187-88,205,211,232
Flight frommoney; see Self-generating price increases 货币的逃离；见自发的价格上涨
在途资金,211,245
Friedman, Milton,米尔顿·弗里德曼,19,25,170,202
Funk, Walther,沃尔特·丰克,155

Gallatin Albert,阿尔伯特·加勒廷,246
Garvy George,乔治·加维,182,219
General price stop,一般物价限额,122,153-54
Goldenwiser E. A.,戈登威泽,183,185,251
Gordon 戈登,183,185,238,251
Graham, Frank,弗兰克·格雷厄姆,90,105
Greenwood, A. B.,格林伍德,165

Gregg, William, v 威廉·格雷格, 171

Grüning, Ferdinand, 斐迪南·尼格, 141

Guillebaud, C. W., 吉耶博, 132

Halm, George N., 乔治·哈尔姆, 188

Hamilton, Earl J., 厄尔·J.汉密尔顿, 25, 172

Hamilton, Sir William, 威廉姆·汉密尔顿, 179

Hansen, Alvin H., 阿尔文·汉森, 183, 185, 186, 205, 251

Haraldson, Wesley C., 韦斯利·哈拉德森, 141

Harold, Roy F., 罗伊·哈罗德, 179

Hart, Albert G., 阿尔伯特·哈特, 183, 184, 186 – 89, 207, 219, 243, 248 – 51

Hart, B. I., 哈特, 58

Hicks, J. R., 希克斯, 206, 207, 233

Hitler, Adolf, 阿道夫·希特勒, 151, 153

Hyperinflation 恶性通货膨胀

  in Austria, 澳大利亚的恶性通货膨胀, 26, 28, 42, 51, 97 – 100

  definition of, 恶性通货膨胀的定义, 25

  effects of 影响

    on cash balances, 恶性通货膨胀对现金余额的影响, 27

    on real income, 恶性通货膨胀对实际收入的影响, 53

  in Germany, 德国的恶性通货膨胀, 26, 30, 44, 51, 100 – 106

  in Greece, 希腊的恶性通货膨胀, 26, 32, 46, 106 – 7

  in Hungary, 匈牙利的恶性通货膨胀, 26, 34, 36, 48, 50 – 51, 108 – 11

  in Poland, 波兰的恶性通货膨胀, 26, 38, 51 – 51, 111 – 114

  in Russia, 俄罗斯的恶性通货膨胀, 26, 40, 54, 114 – 17

  theory of, see also Expected rate of change in prices; Self-generating price increase; Taxes on cash balances 恶性通货膨胀理论, 也见预期价格变化率; 价格自发上涨; 现金余额税

Idle balances, see also Demand for money 闲置余额, 14; 也见货币需求

Income 收入

  expected, 预期收入, 19

  in kind, 实物收入, 10

  national; see National income se-

ries 国家收入；见国家收入序列
real 实际收入
  data on 实际收入数据
    for Confederacy，南方联盟的实际收入数据,174
    for Germany，德国的实际收入数据,105,139-42,148-50
    for Hungary，匈牙利的实际收入数据,111
    for Poland，波兰的实际收入数据,114
    for Russia，俄罗斯的实际收入数据,117
    for United States 美国实际收入数据,213
  effect of, on demand for money, 实际收入对货币需求的影响,53,217-18,221,225

Inflation 通货膨胀
  南方联盟的通货膨胀,183-75
  effects of 通货膨胀的影响
    on cash balances, 通货膨胀对现金余额的影响,25,43,62-63,173-174
    on creditors 通货膨胀对债权人的影响,170-71
    on use of barter 通货膨胀对以物易物的影响,171,175
  preceding hyperinflation; see also Hyperinflation; Repressed inflation; interest rates; see Costs of holding money 恶性通货膨胀之前的通货膨胀,61；也见恶性通货膨胀,抑制性通货膨胀
Interest rates 利率；见持有货币的成本

Jacobs, Alfred, 艾尔弗雷德·雅各布,141
Javons, W. Stanley, 斯坦利·杰文斯,183
Jordan, Jack, 杰克·乔丹,170

Katzenellenbaum, S. S., 卡泽勒尔伦鲍姆,115,116,117
Kemmerer, E. W., 克莱默拉,183
Kessel, Reuben, 鲁本·凯塞尔,10
Keynes, John M., 约翰·凯恩斯, 17, 174, 180, 181, 182, 199, 205, 207, 208, 211, 232-33, 235, 238
Kinley, David 戴维·金利,257
Kisselgoff, Avram, 阿夫拉姆·基赛尔霍夫,202
Klein, John J., 约翰·克莱因,17, 18,121,135,140,142
Klein, Lawrence, 劳伦斯·克莱因,206

Knight, Frank, 弗兰克·奈特, 3
Koopmans, T. C., 库普曼斯, 71

Lags 滞后
    in adjustment of cash balances, 现金余额调整的滞后, 74–76, 87
    in forming price expectations, 预期价格形成的滞后, 73–74, 87
    owing to expected duration of inflation, 由于预期通货膨胀持续时间的滞后, 76–77

Lerner, Eugene M., 勒纳·尤金, 17, 164, 169
Lewis, H. Gregg, 格雷格·刘易斯, 25
Lincoln, Abraham, 亚伯拉罕·林肯, 164
Livermore, Thomas 托马斯·利弗莫尔, 174
Lutz, Friedrich, 弗里德里希·卢茨, 207
Lutz, Vera, 薇拉·卢茨, 106

Macauley F. R., 麦考利, 197
McCormick Cyrus H., 古列·麦考密克, 171
McCormick, William S., 威廉·麦考密克, 171
McHugh, Loughlin, 洛克林·麦克休, 200
McKean, Roland N., 罗兰德·麦基恩, 182, 185, 209, 249, 251
Makower, H., 麦考尔, 198, 209
Mancini Marcello, 马尔切洛·曼奇尼, 126
Marget Arthur, 阿瑟·马吉特, 179, 181, 182, 216, 235
Marschak, Jacob, 雅各布·马尔沙克, 25, 65, 198, 209
Marshall, Alfred, 艾尔弗雷德·马歇尔, 180, 202, 205
Martin, Robert, 罗伯特·马丁, 221
Meiselman, David, 戴维·迈泽尔曼, 21
Memminger, Christopher G., 克里斯托弗·梅明杰, 163–74
Merlin, Sydney, 悉尼·梅林, 154
Mints, Lloyd W., 劳埃德·明茨, 3, 207
Mitchell, Wesley C., 韦斯利·密契尔, 190, 192, 194
Mobilization Wartime 战时的动员, 155, 174–75
Monetary reform, effects of expected 货币改革, 预期影响
    in Confederate inflation 南部联盟通货膨胀预期对货币改革的影响, 172
    in hyperinflations 恶性通货膨胀

预期对货币改革的影响,55-57,90

Money 货币

Demand for; see demand for money 货币需求

stock of 货币存量

in Austria 澳大利亚的货币存量,97-100

in Confederate 南部联盟的货币存量,167-169

in Germany 德国的货币存量,101,104-6,121-22,131-35

in Greece 希腊的货币存量,106

in Hungary 匈牙利的货币存量,108-11

on including time deposit in 包括定期存款的货币存量,134,237

in Italy 意大利的货币存量,125

in Poland 波兰的货币存量,111-14

in Russia 俄罗斯的货币存量,114-15

in United Kingdom 英国的货币存量,127

in United States 美国的货币存量,129

supply of 货币供给

by banks 银行的货币供给,78-79,165,169-170

by governments 政府的货币供给,77-78,167-69,172

independent of demand 货币供给独立于需求,17,91

Money substitutes 货币替代品,208-10,221,225

Moore A. B., 摩尔,164-65

National income series 国民收入系列

for Germany 德国的国民收入

adjusted 经调整后的,149-50

official 官方的,121-22

for United Kingdom 英国的国民收入,127

for United States 美国的国民收入,129

see also Income, real 参见实际收入

Nerlove, Marc, 马克·纳洛夫,25,74

Neuman, J. von, 冯·诺依曼,58

Nogaro, Bertrand, 伯特兰·诺加罗,85,111

Oliver Elma, 埃尔马·奥利弗,242,249

Papen, Franz von, 冯·帕彭, 151
Payment in kind; see Barter 支付类型; 见以货易货
Petty, Sir William, 威廉·配第, 179
Pietranera, Guilio, 古丽奥·彼得拉内拉, 125
Pigou, A. C., 庇古, 181, 232
Price change, expected rate of; see Expected rate of change in prices 价格变动, 预期价格变动率; 见预期价格变动率
Prices indexes, 价格指数
  bias in, 价格指数偏差, 47, 49, 137-38
  data on, 价格指数数据
    for Austria, 澳大利亚的价格指数数据, 97
    for Confederacy 南方联盟的价格指数数据, 171
    for Germany, 德国的价格指数数据, 100, 121-122, 137-38, 140, 142-43
    for Greece, 希腊的价格指数数据, 106
    for Italy, 意大利的价格指数数据, 118, 110
    for Poland, 波兰的价格指数数据, 111
    for Russia, 俄罗斯的价格指数数据, 114
    for United Kingdom, 英国的价格指数数据, 127
    for United States, 美国的价格指数数据, 129
  implied 推算
    by average denomination of money 平均纸币面额, 142-46
    by real income series 实际收入序列, 138-42
Prokopovicz, Serge N., 塞尔日·N.普罗科伯维茨, 117

"Quantity theorists", 数量理论, 3, 15-17
Quantity theory of money, 货币数量论
  essentials of, 货币数量论的要素, 15-17
  formulations of, 货币数量论的形成, 4-15, 27-35, 180-81, 205-12
  see also Demand for money, 见货币需求

Rate of change in prices; see Expected rate of change in prices, 价格变化率; 预期价格变化率
Real-bills doctrine, 真实票据理论,

17

Real cash balance series, 实际现金余额序列
  for Austria, 澳大利亚的实际现金余额序列, 98
  for Confederacy 南部联盟的实际现金余额序列, 173
  for Germany, 德国的实际现金余额序列, 102, 122, 147
  for Greece, 希腊的实际现金余额序列, 107
  for Hungary, 匈牙利的实际现金余额序列, 108, 110
  for Italy, 意大利的实际现金余额序列, 125
  for Poland, 波兰的实际现金余额序列, 112
  for Russia, 俄罗斯的实际现金余额序列, 115
  for United Kingdom 英国的实际现金余额序列, 127
  for United States 美国的实际现金余额序列, 129
  see also Demand for money 也见货币需求

Real income; see Income, real, 实际收入; 见收入, 实际

Repressed inflation 抑制型通货膨胀
  characteristics of 特征, 124
  correct dating 校正数据的时点
    in Germany 校正德国数据的时点, 124
    in United Kingdom 校正英国数据的时点, 128
  description of 描述
    in Germany 描述德国的抑制型通货膨胀, 124
    in Italy 描述意大利的抑制型通货膨胀, 125-26
    in United Kingdom 描述英国的抑制型通货膨胀, 126-27
    in United States 描述美国的抑制型通货膨胀, 128-30, 227-29
  effects of 影响
    on cash balances 对现金余额的影响, 126, 128-29
    on income velocity 对收入流通速度的影响, 128, 130, 227-28

Robertson, D. H., 罗伯森, 180
Robinson, Joan, 琼·罗宾逊, 90
Rogers, James Harvey, 詹姆斯·哈维·罗杰斯, 90
Rompe, F., 龙佩, 138
"Runaway inflation"; see Self-generating price increases "恶性通货膨胀"; 见自发价格上涨

Schwartz, Anna, 安娜·施瓦茨, 243, 249

Selden, Richard T., 理查德·赛尔德, 18-20

Self-generating price increases, 自发价格上涨

    affected by lag in expectations, 预期滞后引起的自发价格上涨, 63-67

    evidence on, 自发价格上涨的证据, 69-73

    indicated by "reaction index", "反映指数"表示的自发价格上涨, 64-68

Shapiro, Solomon, 所罗门·夏皮罗, 224

Simons, Henry, 亨利·西蒙斯, 3

Smith, J. Ralph, 劳伦·史密斯, 171

Snyder, Carl, 卡尔·施耐德, 187, 194, 222

Speer, Albert, 艾伯特·斯皮尔, 155

Stewart, Dugald, 杜格尔德·斯图尔特, 179

Stigler, George J., 乔治·斯蒂格勒, 223

Stocking, George, W., 乔治·斯托金, 223

Substitute moneys; see Money substitutes 替代货币;见货币替代品

Supply of money; see Money, supply of; Money, stock of, 货币供给;见货币, 供给;货币, 存量

Suppressed inflation; see repressed inflation 抑制型通货膨胀;参见抑制性通货膨胀

Tastes, effect of, on demand for money 偏好;偏好对货币需求的影响, 207

Taxation; see also Fiscal policy 税收, 137, 152, 163-65;也见财政政策

Taxes on cash balances, 现金余额税

    estimates of, 现金余额税的估计, 77-86, 89-90

    optimum rate of, 现金余额税的最优税率, 80-81

Thian, Raphael P., 拉斐尔·蒂安 165, 171

Tobin, Jame 詹姆斯·托宾, 196-97

Transactions motive; see Demand for money; Velocity, transactions 交易动机;见货币需求;流通速度;交易

Tucker, Rufus, 塔克·鲁弗斯, 222

Unemployment; see Demand for money, effect on, of unemployment 失业；见货币需求，货币需求对失业的影响

Varga, Stefan, 斯蒂芬·瓦尔加, 110

Velocity 流通速度

 income 收入

  cyclical movements in 收入的周期变化, 192-94

  data on 收入数据

   for Germany 德国的收入数据, 122, 124, 160

   for United Kingdom 英国的收入数据, 127

   for United states 美国的收入数据

    new series 美国新的收入数据序列, 129, 186-87, 253-57

    old series 美国旧的收入数据序列, 238-51

  definitions of 定义

   income concepts used in 使用的收入概念的定义, 235-36, 240-43

   money concepts used in 使用的货币概念的定义, 237, 238-40

   treatment of government sector in 使用的政府部门的定义, 237-38, 239-40, 242-43

  seasonal movements in 收入的季节性变化, 192, 194-95, 227-29

  secular trend in 收入的趋势变化

   measures of 趋势变化的测量, 187-91

   owing to real-income effect 真实收入效应带来的趋势变化, 18, 205-7, 217-18, 221, 227, 230

  wartime movements 战时收入的变动, 192, 194-95, 227-29

 sector 部门, 233, 235, 238

 transactions 交易

  effects on

   of financial transactions 金融交易对收入的影响, 222-24, 227-28, 232

   of "income in kind" 不同交易类型对收入的影响, 222, 226, 228, 235-36

   of interfirm payments 企业间支付对收入的影响, 222-23, 226, 228

   of relative price movements 相对价格变动对收入的影

响,222,226,228

as a measure of transactions demand 作为交易需求的一种方式对收入的影响,216 - 17,224 - 25,227,230 - 31

methods of measuring 衡量收入的方法对收入的影响,218 - 19

theoretical limitations of 理论的局限对收入的影响,12,234 - 35

"virtual"实际上的收入,187

see also Demand for money; Real cash balance series 也可见货币需求;实际现金余额序列

Villard, Henry H., 亨利·威拉德, 183, 185, 188, 245, 251

Viner, Jacob, 雅各布·瓦纳,3

Wage-price spiral, 工资-价格螺旋上升,90 - 91

Wald, Haskell, 哈斯凯尔·沃尔德,196 - 98

Walre de Bordes, J. van, 范威尔德博斯,96, 97, 99, 100

Warburton, Clark, 克拉克·沃伯顿,183,184,185,186 - 92,194,196 - 98,205,243,245 - 47,250

Watkins, Myron W., 迈伦·沃特金,223

Weighting pattern; see Coefficient of expectation 加权的范式,详见预期的系数

Wernette, J. Philip, 菲利普·沃内特,183, 184, 186, 188 - 89, 205, 246, 250 - 51

Whale, P. Barret, 巴雷特·惠尔,105

Wicksell, Knut, 克努特·威克塞尔,187, 188, 211

Wilks, S. S., 威尔克斯,94

Wilks, H. Parker, 帕克·威利斯,99, 100

Wolf, Edward, 爱德华·沃尔夫,152

Yong, John Parke, 约翰·帕克·杨格,108,109, 111, 114

Zelder, Raymond, 雷蒙德·泽尔德,21

图书在版编目(CIP)数据

货币数量论研究/(美)米尔顿·弗里德曼编；王敬敬，孙计领译.--北京：商务印书馆，2024.
(汉译世界学术名著丛书).--ISBN 978-7-100-24496-1

Ⅰ.F820

中国国家版本馆CIP数据核字第2024X4Q673号

权利保留，侵权必究。

汉译世界学术名著丛书
货币数量论研究
〔美〕米尔顿·弗里德曼 编

王敬敬 孙计领 译

王国成 审校

商 务 印 书 馆 出 版
(北京王府井大街36号 邮政编码100710)
商 务 印 书 馆 发 行
北京市白帆印务有限公司印刷
ISBN 978-7-100-24496-1

| 2024年10月第1版 | 开本850×1168 1/32 |
| 2024年10月北京第1次印刷 | 印张10½ |

定价：48.00元